건강한 사회로 가는 길

건강한 사회로 가는 길

건강한 사회로 가는 길
8인의 건강한 현장 이야기

1판 1쇄 발행 2026년 3월 16일

지 은 이 원창희
펴 낸 이 원창희
펴 낸 곳 한국협상경영원
기획홍보 조윤근
편   집 최 숙
등   록 2020년 5월 11일
주   소 서울특별시 서초구 서초대로46길 99, 4196호(현빌딩)
전   화 02-6223-7001
팩   스 050-4186-4540
이 메 일 k-nego@daum.net
홈페이지 www.k-nego.com

책값은 뒤표지에 있습니다.

ISBN 979-11-979913-8-7

이 도서의 국립중앙도서관 출판도서목록은 서지정보유통지원시스템
홈페이지(http://seoji.nl.go.kr)와 국가자료공동목록시스템(http://www.nl.go.kr/kolisnet)에서
이용하실 수 있습니다.(ISBN 979-11-979913-8-7으로 검색)

바코드로 검색 가능

8인의 건강한 현장 이야기

건강한 사회로 가는 길

원창희, 류경선, 조윤근, 이강수,
권희범, 김용섭, 김용춘, 이혜경 지음

프롤로그

• 놀라운 발전 모습

　60-80년대를 살아온 기억이 있는 한국인이라면 얼마나 우리나라가 변했는지 알 수 있다. 한국 전쟁 후 70년대 초까지 미국으로부터 연평균 2억 달러의 원조를 받아 지탱했던 경험은 아픈 기억으로 남아 있다. 또한 1963-73년에 베트남 전쟁에 32만 명의 군인을 파병했고, 1966-76년에는 1만여 명의 간호사를 독일에 파견하였고, 또 70-80년대에는 중동 국가들의 건설 붐에 16만 명의 근로자들이 파견되어 경제 개발을 위한 외화 획득에 크게 기여한 역사도 우리는 기억한다.

　이렇게 원조를 받고 수많은 근로자들이 해외 파견으로 외화를 벌어온 우리나라가 90년대까지 크게 발전하였고 비록 IMF의 외환위기를 겪었지만 2000년대 들어서서 이를 극복하고 발전하는 저력을 보였다. 1인당 국민소득이 3만 달러를 돌파하고 메모리 반도체 등 세계적 기술 수준을 보이고 K-Pop, K-Drama, K-Food 같은 문화예술 분야에서 세계적 인기를 끌고 있다.

• 어두운 그림자 조명

　우리나라의 눈부신 발전의 뒷면에는 어두운 그림자가 있음을 인식하게 된다. 세계에서 연간 근로시간(2022년 1,901시간)이 최상위권의 나라, 세계에서 자살률(2024년 인구 10만 명 당 26.2명)이 가장 높은

나라, 세계에서 출산율(2024년 0.75명)이 가장 낮은 나라. 이러한 어두운 모습은 어릴 때부터 지나친 경쟁에 내몰리고 학교와 직장에서 심리적 스트레스와 공격성으로 이어지는 한국사회의 각박한 현실의 결과일 것이다. 말하자면 자기 생존을 위한 처절한 투쟁의 결과물이 곳곳에서 드러나고 있는 셈이다.

• 함께 살아가는 좋은 세상

한국의 이러한 모습을 풍자한 드라마가 아마 '오징어 게임'이 아닐까 한다. 오로지 1등만이 생존하는 게임 세계에 갇힌 검투사와 같다고나 할까. 상대와 내가 함께 공존하는 세계란 없어 보인다. 승자는 살아남고 패자는 도태되고 사라지는 생존법칙이 작동한다.

경쟁과 투쟁, 스트레스와 공격성은 한국의 눈부신 발전이 치러야 할 대가인가? 반드시 그렇지는 않다. 함께 공동목표를 달성하고 더 많이 나누어 가지는 원리가 성숙한 사회에서 더 빛을 발할 수 있다. 제로섬게임(Zero-sum Game)에서 승자가 다가지는 승자독식(Winner takes all)이 아니라 포지티브섬게임(Positive-sum Game)에서 모두가 더 가지는 방식, 바로 윈윈(Win-Win) 협상이다. 이것은 경제발전을 더욱 견고히 하기 위해 사회발전을 도모하는 핵심이다.

윈윈 협상은 합리적이고 생산적인 갈등해결과 효과적인 공동문제해결로 실현된다. 또한 윈윈 협상은 우리 사회의 좋은 인간관계를 형성하는 핵심적인 도구가 된다. 이렇게 하여 만들 수 있는 사회는 분명 선진화된 건강한 사회 모습일 것이다. 이러한 배경에서 이 책은 '건강한 사회'의 그림을 그리고자 한다.

• 건강한 사회 개념 창안

건강한 사회(healthy society)는 신체가 건강한 사람들의 사회라고 생각할 수도 있지만 여기서는 사회가 건강하게 잘 작동하는 의미를 내포하고 있다. 사회의 건강성(healthiness)을 4가지로 구분하여 정의하고 있다. '건강한 사회'란 인간의 존엄성을 토대로 하여 타인의 다름을 인정하고 존중하며, 경청과 공감의 소통으로, 갈등을 해결하고, 상호 이익을 충족시키는 윈윈 협상으로 좋은 관계를 구축하는 사회를 의미한다. 이러한 건강한 사회의 개념에 기초하여 문헌조사, 사례 분석 및 평가, 제언, 실천 원칙 등을 개발하려고 한다.

• 목차별 설명

제1부는 건강한 사회의 개념을 정립하고 문헌연구로 시작한다. 그리고 국가별로 건강한 사회의 제도와 운동을 어떻게 전개하고 있는지를 살펴보고 있다. 해외 다른 나라로는 남아프리카공화국, 캐나다, 미국, 일본, 핀란드의 제도와 운동을 조사하여 포함하였고 우리나라는 회복적 정의, 비폭력 대화, 직장 내 관계 회복 프로그램을 소개하였다. 또한 건강한 사회가 주는 가치를 행복지수로 식별하고 한국의 행복지수를 분석하고 향후 실천과 비전을 제시하고 있다.

제2부는 8개의 분야별로 갈등해결과 협상의 사례를 분석하고 기법과 교훈을 제시하고 있다. 제1부에서 정의한 건강한 사회를 얼마만큼 접근하고 있는지도 살펴보고자 하였다. 각 분야별 사례는 저자 한명씩

담당하여 저술하였는바 요약하면 다음과 같다.

- 정치갈등 해결 사례: 원창희
- 행정갈등 해결 사례: 이강수
- 민원갈등 해결 사례: 이혜경
- 비즈니스 협상 사례: 류경선
- 조직갈등 해결 사례: 조윤근
- 노사갈등 해결 사례: 권희범
- 학교갈등 해결 사례: 김용섭
- 공공갈등 해결 사례: 김용춘

각 분야별 사례는 2가지씩으로 작성되었다. 대부분 사례는 성공적인 사례이지만 몇몇 사례는 실패 사례를 선택하여 반면교사의 교훈을 주고자 하였다. 사례의 비교분석을 위해 각 사례별로 협상의 배경, 당사자, 쟁점, 이해관계, 전략, 과정, 결과, 교훈을 포함하고자 노력하였다.

제3부는 제2부의 총 16개 사례를 평가하고 분석한 후 제언과 실천원칙을 제시하고 있다. 건강한 사회의 4가지 척도를 적용하여 8명의 저자가 16개 사례를 모두 평가하여 평균 점수에 따라 상위, 중위, 하위 등급을 부여하였다. 또한 사례들이 어떤 기법과 교훈을 담고 있는지 4가지 건강성 척도별로 분석하였다. 특히 건강성 상위그룹의 기법을 정리하였고 교훈은 등급 관계없이 정리하였다.

건강한 사회의 실천적 요소를 추출하기 위해 개별 갈등과 집단 갈등으로 대별하여 살펴보았다. 왜냐하면 갈등의 당사자 규모가 개인이냐 집단이냐에 따라 성격이 달라지는 특징이 있기 때문이다.

건강한 사회를 위한 제언을 4가지 단계, 즉 인식 단계, 소통 단계, 해결 단계, 관계 단계로 나누어 저자들이 분야별로 제시하도록 하여 정리하였다. 분야별 제언은 그 분야가 가지는 특징이 반영된 것이기 때문에 분야에 특화되었다고 볼 수도 있다.

마지막으로 건강한 사회를 구현하기 위한 실천 원칙을 도출하였다. 8명의 저자 모두가 공동으로 참여하여 작성하였다. 건강한 사회의 기본 구조가 인식, 소통, 해결, 관계의 4단계로 구성되어 있어서 단계별 업종 공동의 실천 원칙을 수립하였다. 꼭 해야 할 실천 사항과 더불어 해서는 아니 될 금지 사항도 제안함으로써 보다 선명한 실천 원칙을 수립하고자 하였다.

· 감사 표현

집필을 시작하는 초기 단계에서 연구는 앞이 보이지 않은 형태였으나 1년간 매월 1회씩 회의를 통해 소통과 연구가 진행되면서 차츰 자리가 잡히고 방향성을 보게 되었다. 참여한 모든 저자들의 노고에 대표 저자로서 감사의 말씀을 표한다. 제1부는 대표 저자, 원창희가 집필하였으며, 제2부는 8명의 저자, 원창희, 이강수, 이혜경, 류경선, 조윤근, 권희범, 김용섭, 김용춘이 담당하였으며, 제3부는 대표 저자의 기획을 기초로 하여 8명의 저자가 모두 합동으로 완성하였음을 밝혀 둔다.

이 책의 추천사를 써 준 잰 선우(Jan Sunoo) 조정관께 진심으로 감사의 말씀을 드린다. 선우 선생은 한국계 미국인이면서 1999년부터

지금까지 한국의 사회 발전을 위해 많은 관심을 가지고 조언과 용기를
주신 스승이다. 또한 한국협상경영원 협상가1급 자격과정을 수료한
학습공동체인 한국협상가그룹의 모든 회원들에게 감사를 드린다. 회
원들은 수료 후에도 함께 연구하고 학습하고 현장을 탐방하는 지속적
인 학습을 하면서 자신과 우리 사회의 발전에 기여하는 훌륭한 모습을
보이고 있다.

• 희망 사항

이 책은 우리 사회의 현실을 탐구하고 세계를 선도할 건강한 사회를
제시하고 실천하는 원칙을 제시하려는 일환으로 8개 분야 저자들의
힘을 모아 만들어졌다. 많은 독자들이 우리의 뜻에 함께 하여 건강한
사회를 실현할 수 있기를 희망한다. 그래서 우리나라가 모든 문화와
사회의 표준이 될 수 있는 비전을 가져본다.

모든 문화와 사회는 한국으로 통한다.
(All culture and societies lead to Korea.)

2026년 2월 20일
대표 저자 원창희

추천사

최근 한국은 계엄 선포와 그 후유증으로부터 심각한 고통을 겪고 있다. 새 정부가 시작되었지만 보수와 진보 정당이 서로 공격적이어서 국민의 양극화를 초래하고 있다. 이제 총선이 다가오면서 이러한 양극화는 더 심화되고 있다.

그러한 갈등과 대치가 한국의 정치적 영역에 국한되지 않고 많은 분야에서 나타나고 있다. 이러한 현상은 경제의 급격한 성장의 결과로 발생하고 있는데 한국의 사회적, 경제적 갈등이 더 심화되고 있다. 어떤 사람은 한국을 '갈등공화국'이라는 악명 높은 이름으로 부르기도 한다.

물론 갈등이 없는 나라는 없다. 갈등수준을 평가하는 핵심은 갈등이 어떻게 해결되느냐에 있다. 한국 사람들은 갈등 해결을 법적 소송에 지나치게 의존하는 경향이 있다. 그들은 역사적으로 볼 때 스스로 갈등을 해결하기 위해 상대와 직접적으로 대화하지 않았다. 갈등을 해결하기 위해 불행하게도 법적 시스템에 의존하게 되면 일반적으로 당사자 관계가 손상되고 파괴된다.

이 책은 8개의 다른 분야에서 법원으로 가지 않고 직접적으로 심각한 갈등을 해결하는 성공적 이야기를 다루고 있다. 저자들은 함께 살아가는 방법을 '건강한 사회'라고 직접 표현하고 있다. 그들은 이러한 접근방법의 많은 참고문헌을 제공하고 건강한 사회를 실현하는 강력한 실천방법을 공유하고 있다.

이러한 갈등 해결의 건전한 도구들은 우리가 건강한 사회를 실현할 수 있도록 돕는 건전한 문화를 창조해내는데 도움을 줄 수 있다.

저자들이 이 중요한 주제를 열정적이고 사려 깊게 다루고 있음을 보고 정말 기쁘다. 또한 저자들이 서로 다른 관점 사이에 건설적인 대화를 위한 가치 있는 연구와 대중 교육을 지속해가기를 적극 권장한다.

2026년 2월 10일
잰 정민 선우
미국 연방조정알선청 조정관(전직)

Recommendation for
"The Road to a Healthy Society"
By Chang Hee Won, et al.

Recently Korea has severely suffered from proclamation of martial law and its aftermath. Although a new government was established, conservative and liberal parties have remained aggressive to each other, causing the polarization among the people. Now as the general local election approaches this polarization only intensifies

Such a conflict and confrontation is not restricted to the political sector but appears in many areas in Korea. This phenomenon takes place as a result of the rapid growth of the economy so that Korea has intensified such social and economic conflict. Some refer to Korea infamously as The Republic of Conflict.

Of course there is no country that has no conflict. The key to evaluating the level of conflict is how the conflicts are solved. Many Koreans tend to rely heavily on legal litigation in solving conflicts. They have not historically communicated directly with counter parts to solve conflicts for themselves. Unfortunately relying on the legal system to resolve conflicts generally leaves the relationship between parties damaged and broken.

This book deals with some success stories of resolving serious conflict directly and without going to court in 8 different sectors. The writers referred to the way of getting together directly as "healthy society." They provide numerous reviews of the literature in this approach and share powerful methods of practice to realize a healthy society.

These sound proven tools of conflict resolution can help create a sound culture which can help us realize a healthy society.

I am delighted to see the authors engage this critical topic with such passion and thoughtfulness and strongly encourage them continue their valuable research and education of the public for constructive dialogue between differing perspectives.

February 10, 2026
Jan Jungmin Sunoo
US Federal Mediation and Conciliation Service,
Commissioner(retired)

차례

표 차례

그림 차례

제1부

건강한 사회의 개념과 비전

제1장 건강한 사회의 개념

1. 건강한 사회의 단어적 의미

건강(健康, health)이라는 단어는 인간의 신체와 정신에 해당하는 말이어서 보건의료 쪽을 먼저 생각하게 된다. 하지만 자연과 사회의 많은 분야에서도 건강이라는 말을 사용하여 해당 분야의 건강성(健康性, healthiness)을 나타내고 있다. 마찬가지로 이 책에서 건강이라는 단어도 사회와 결합하여 사회의 건강성을 나타내고자 한다.

사회(社會, society)는 정치, 문화, 제도적으로 독자성을 지닌 공통의 신념, 사상, 이해에 기반한 다수의 집합이나 공동체를 말한다.[1) 보다 쉽게 말하면 사회는 사람들이 함께 모여 살아가는 집단이나 공동체를 의미한다. 좁게는 정치, 경제, 문화 등 특정 영역이나 집단을 지칭하기도 한다.

단어적 의미로 건강한 사회는 사람의 집단이 건강성을 보여주고 있음을 말한다. 그러나 여기서는 다른 의미와 구체성으로 개념을 정리할 필요가 있다. 건강한 사회를 개발하게 된 배경과 사회적 현상을 먼저 살펴본 다음 그에 부합한 개념을 도출하는 것이 적절해 보인다.

2. 사회적 병리 현상의 검토

　먼저 갈등이 사회적 병리 현상의 원인으로 주목되어 갈등의 관리가 필요하다. 사회적 병리 현상이란 사회 구성원들의 행동이나 관계에서 발생하는 비정상적인 상태 또는 문제를 의미한다. 이상영 외(2013) 연구에서는 가족이나 이웃과의 갈등이 개인의 정신건강이 나 우울증, 음주·흡연 행태, 자살 등과 같은 사회병리 현상에 영향을 미치는 것으로 나타났다. 이 연구에서는 혼자서 해결하려고 하지만 잘 안 되어 병리적 결과로 나타나므로 필요할 경우 적절한 상담이나 이를 기초로 한 후속적인 서비스를 받아야 한다고 제안하고 있다.[2]

　우리나라의 과열 경쟁은 어린이 학원에서부터 시작하여 평생을 두고 이어진다. 중고등학교, 대학교, 취직, 업무성과 등 교육과 직장생활에서 경쟁의 서바이블 게임에 들어가 있는 형국이다. 과열 경쟁은 한국 사회를 무자비한 승자독식 사회로 변하게 하고 최근 유행어가 된 '1등만 기억하는 더러운 세상'은 결국 인간과 공동체를 불행하게 만들 것이다.[3]

　이러한 경쟁과 승자독식 사회는 교육현장에서 지식을 흡수하여 입시관문에 승자로 남게 되는 교육시장을 만듦으로써 인간을 기계화시키는 철학 없는 교육의 위기를 맞이하고 있다.[4] 청소년의 10% 이상이 자살 충동을 느끼고 실제로 매년 수백 명이 자살하는 교육 현실에 직면해 있다. 인공지능(AI)가 삶의 모든 부분에 파고드는 시대에 인간을 하나의 인공지능으로 만드는 오류를 범하고 있다. 세계의 문제를 고민하고 서로 소통하는 자유롭고 창조적인 인간이어야 오히려 인공지능을 통제하고 관리할 수 있는 인공지능 시대의 인간일 것이다.

경쟁의 족쇄는 선거와 정치 현장에서 상대를 공격하고 깎아내리는 무서운 무기로 나타난다. 승자를 가리는 선거판에서 언제나 등장하는 네거티브 전략은 미래지향의 대안제시를 무력화시키고 진흙탕 싸움으로 변하게 한다. 미국 럿거스대학의 리처드 라우 교수팀이 1990년대부터 2000년대 초까지의 여러 선거를 분석한 결과 네거티브를 주 전략으로 쓴 후보자 대다수가 낙선했다.[5] 선거가 끝난 후 여야 간, 정당 간, 국회 정부 간 경쟁도 네거티브 전략을 벗어나지 못하고 상대를 흠집 내기에 급급하다. 국민을 위해 무엇을 할지 논의하는 선거와 정치가 되어야 사회가 발전하는 나라가 될 것이다.[6]

경쟁이 만연한 사회는 집단 이기주의를 촉진하게 된다. 집단 이기주의는 특정집단이 공동체 혹은 국가 전체 이익을 고려하지 않고 자기 집단의 이익만을 고집하는 사회현상을 말한다. 여기서 말하는 집단에는 노동조합, 기업, 농민, 의사 등과 같은 이익집단을 포함하며, 정부에 소속된 고위 관료, 검찰, 경찰 더 나아가 군인, 가장 크게는 지역주민까지 확대시킬 수 있다.[7] 집단 이기주의는 사회 곳곳에서 갈등과 분열을 초래하는 주요 원인으로 작용한다. 각 집단이 자신들의 이익을 최우선으로 삼으면서, 상호 간의 신뢰는 무너지고 협력의 기반은 약화된다. 이러한 현상은 특히 정치, 경제, 사회 전반에 걸쳐 심각한 문제로 대두하게 된다.[8] 집단 이기주의 해결 방안으로는 사회 구성원 간 소통 증진으로 문제 이해도를 높이고 투명하고 공정한 의사 결정 과정을 확립하는 것이 중요하다. 또한 공동체 의식을 함양하고 타협하는 자세도 필요하다.[9]

3. 사회의 건강성 추구

사회의 병리 현상과 과열 경쟁 시대에 해결과 예방대책으로 다양하게 제시할 수 있다. 국가의 정책과 제도적 측면에서 여러 대책을 제시할 수 있으나 여기서는 사회구성원의 자율적 참여와 행동과학적 측면에서 실천할 수 있는 언어, 행동, 심리, 관계에 초점을 맞추고자 한다.

첫째, 인간은 존엄하다는 인식이 필요하다. 인간의 존엄성이란 인간은 출생으로부터 권리를 갖고 태어나고 인간이라는 이유만으로도 존엄한 가치를 보장받고 존중받아야 한다는 원칙을 말한다.10) 유엔 세계 인권 선언 제1조에서도 "모든 인간은 태어날 때부터 자유로우며 그 존엄과 권리에 있어 동등하다. 인간은 천부적으로 이성과 양심을 부여받았으며 서로 형제애의 정신으로 행동하여야 한다."라고 규정하고 있다.11) 인간이 존엄하다는 인식은 긍정적인 인간관계를 형성하는데 매우 중요하다.

둘째, 타인의 다름을 인정하고 존중하는 인식이 필요하다. 인정이론에 의하면 타인의 인정이 개인의 정체감 형성, 소속감 및 행동에 영향을 미치기 때문에 타인의 다름을 긍정적으로 포용하는 필요성을 강조하고 있다.12) 아론의 자기 확장(self-expansion) 모델에서도 다른 사람과의 관계를 통해 자아를 확장하려는 동기로 타인의 차이를 긍정하고 관계를 넓히는 것이 인간 성장에 도움이 된다.13) 타인과의 관계를 긍정적이고 건설적으로 형성하기 위해 그 사람의 고유한 특징, 다른 가치관, 다른 견해를 인정하고 존중하는 것이 중요하다.

셋째, 경청과 공감을 기반한 의사소통이 필요하다. 비폭력 대화 (Nonviolent Communication, NVC)를 통해 공감 중심의 의사소통을 추구하면 편견과 갈등이 감소하고 관계 형성에 도움이 되며 삶의 질을 향상시킬 수 있다.14) 비폭력 대화의 목적은 개인 간 화합과 미래 협력에 대한 지식을 얻는 것이다. 경청과 공감의 소통은 갈등을 줄이고 인간관계를 개선하는 좋은 방법임에 틀림없다.

넷째, 갈등을 해결하고 예방하는 기술 습득이 필요하다. 사회 병리 현상의 대처방법으로서 해당 개인을 둘러싼 갈등관계에 있는 동료집단, 가족 등에 대한 갈등관리 프로그램을 개발 시행하는 것이 필요하다.15) 갈등의 해결과 예방의 기본적인 자세와 소통은 앞의 3가지 요소를 모두 필요로 한다. 여기에 추가적으로 문제해결기법(Problem-solving technique)이 필요하다. 문제해결기법은 갈등으로 발생한 문제를 식별하여 당사자들이 만족스러운 해결책을 도출함으로써 갈등을 해결하는 것이다.16) 집단적 갈등에서는 공동체 의식을 바탕으로 타협하는 자세도 필요하다.

다섯째, 상대방과 좋은 관계를 구축할 수 있는 윈윈 협상이 필요하다. 윈윈 협상(win-win negotiation)은 이해관계를 토대로 하여 상호 이익을 주는 합의를 만드는 방법으로 협력적 협상(collaborative negotiation) 또는 이해기반 협상(interest-based negotiation)이라고도 한다.17) 윈윈 협상은 자신의 성과와 상대방과의 관계를 모두 충족시킴으로써 관계형성에 매우 효과적인 협상 방법이다.

4. 건강한 사회의 개념 정립

앞의 사회의 건강성을 반영하여 건강한 사회의 개념을 정립할 수 있다.

그림 1.1.1 건강한 사회의 개념

'건강한 사회'란 인간의 존엄성을 토대로 하여
타인의 다름을 인정하고 존중하며
경청과 공감의 소통으로 갈등을 해결하고
상호 이익을 충족시키는 윈윈 협상으로
좋은 관계를 구축하는 사회를 의미한다.

그림 1.1.2 건강한 사회의 개념 구조

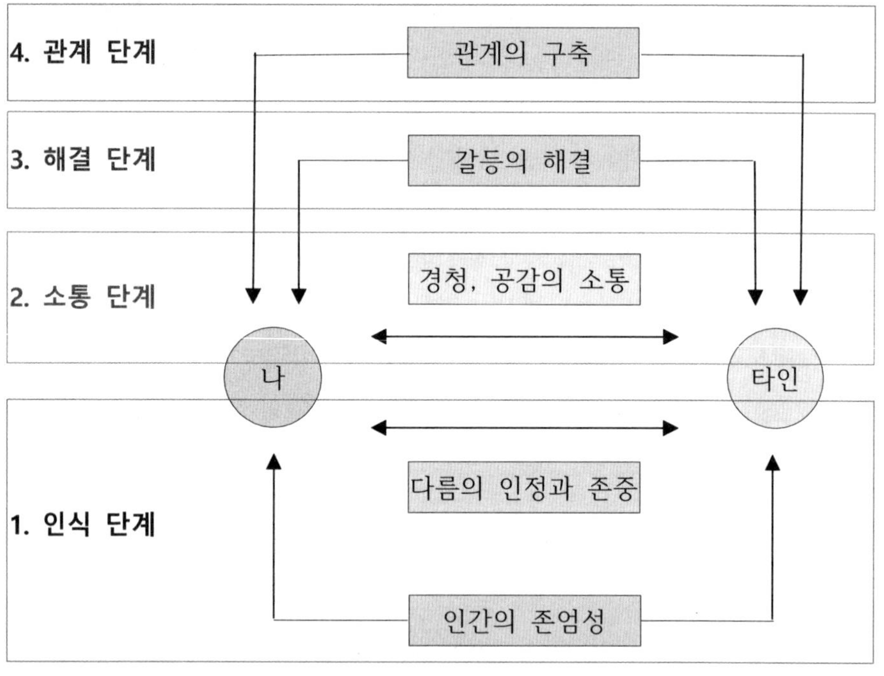

　그림 1.1.2는 건강한 사회의 개념을 구조적으로 나타낸 모양이다. 타인을 대할 때 먼저 인간이 존엄하다는 생각을 해야 하고 타인이 나와는 다르다는 것을 인정하고 수용해야 한다. 이것이 타인과의 관계에서 제일 먼저 시작하는 인식 단계이다. 그 다음은 어떤 형태로든 소통이 이루어지는 소통 단계이다. 건강한 사회는 타인의 말을 경청하고 공감하는 소통을 실천하는 사회이다. 제3단계는 해결 단계로서 타인과 발생한 갈등을 해결하는 단계이다. 인식과 소통 뿐 아니라 문제를 해결하는 방법도 사용된다. 제4단계는 관계 단계로서 타인과 관계를 구축하는 단계이다. 상호 이익을 충족하도록 협상 기술을 구사하는 원원 협상을 통해 좋은 관계를 구축할 수 있다.

제2장 건강한 사회의 문헌 연구

건강한 사회를 정확하게 표현한 문헌은 별로 없으나 의미상 유사한 단어를 사용하는 문헌을 조사하여 우리의 건강한 사회 개념과 비교하고자 한다. 먼저 거시적 차원에서 건강한 사회와 유사한 개념을 제시한 몇 가지 문헌을 보자.

1. 거시적 문헌 연구

에리히 프롬(Erich Fromm)의 건전한 사회(The Sane Society)는 현대 사회의 비판이면서 보다 인본주의적이고 사회적으로 공정한 세계의 요구이다.[18] 건전한 사회의 핵심 요소로서 4가지를 제시하고 있다.[19]

-정신 건강에 대한 사회의 영향: 정신 건강은 사회가 개인 적응이 아니라 인간 욕구를 잘 충족하는 가를 기준으로 평가되어야 한다.

-인간 욕구: 인간의 5가지 근본적 욕구가 있다. 관계성, 초월성, 안정감, 정체성, 지향과 헌신의 구조

-자본주의 비판: 자본주의는 소외를 촉진하고 인간 복지보다 이윤을 우선시하고 있다.

-공동체 중요성: 공동체와 의미 있는 관계의 욕구를 강조하면서 진정한 성취는 사랑, 창의력, 생산적 작업에서 나온다.

아마르티아 센(Amartya Sen)의 '자유로서의 발전(Development as Freedom)'은 경제적 번영을 넘어서, 자유(freedom)와 역량(capability)을 핵심으로 한 인간 중심 발전 이론이다.[20] 센은 교육, 건강, 민주주의, 정치적 자유, 경제 기회 등의 요소가 사람들의 자율성과 상호 존중을 가능하게 한다고 한다. 사람들이 단순히 생존할 뿐 아니라 자기 삶을 선택하고 실현할 수 있는 자유를 갖춘 사회라고 보며, 상호 존중과 사회적 참여를 중시하고 있다.

찰스 테일러의 '인정의 정치'는 문화와 정체성의 다양성을 인정하고 상호 존중을 사회 구성 원리로 삼아야 함을 주장하고 있다.[21] 테일러는 이러한 주장의 토대로서 3가지를 가정하고 있다.

① 인정(recognition)은 인간의 기본 욕구다

테일러는 인간의 정체성(identity) 형성에 있어서 타인의 인정이 필수적이라고 보고 있다. 인간은 독립적으로 자기를 구성하는 존재가 아니라, 타인의 존중과 반응을 통해 자기를 이해하고 확립함.

② 오랜 억압의 원인은 오인정(misrecognition)에 있다.

특정 집단이나 개인이 인정받지 못하거나 왜곡되게 인정받는 경우, 이는 단순한 불쾌감의 문제가 아니라 존재론적 피해(being harmed in one's being)를 초래한다. 예를 들어 여성, 원주민, 소수자 등은 사회 주류가 설정한 기준에서 '덜 가치 있는 존재'로 인식되어 왔으며, 이는 정체성의 손상을 야기하고 있다.

③ 현대사회는 평등한 인정에 대한 요구가 커지고 있다.

과거에는 '동일한 인간'으로 인정받는 보편주의적 인정(difference-blind equality)이 중요했지만, 오늘날에는 각 개인 또는 집단의 고유한 차이를 인정하는 차이의 정치(politics of difference)

가 핵심이 되고 있다. 테일러는 이 두 가지를 균형 있게 다루어야 건강
한 사회가 가능하다고 주장하고 있다.

제1장에서 한국협상경영원이 제시하는 건강한 사회 개념(KNMI 건
강한 사회)과 3가지의 거시적 문헌의 공통점과 차이점을 표 1.2.1과
1.2.2에서 요약할 수 있다.

표 1.2.1 '건강한 사회' 거시적 문헌의 공통점

구분	한국협상경영원 '건강한 사회' 에리히 프롬 '건전한 사회' 아마르티아 센 '자유로서 발전' 찰스 테일러 '인정의 정치'
인간 존엄 강조	모든 이론이 인간을 수단이 아닌 목적 그 자체로 존중함.
구조 비판	현재 사회(경제·문화·정치) 구조에 대한 비판을 공통적으로 내포.
관계와 상호성 중시	공통적으로 '고립된 개인'이 아닌 사회적 관계 속 인간을 전제.
건강한 사회는 인간 중심	물질 중심 발전이나 권위주의를 넘어서, 인간 중심의 가치와 구조를 지향함.

표 1.2.2 '건강한 사회' 거시적 문헌의 차이점

구분	한국협상경영원 '건강한 사회'	에리히 프롬 '건전한 사회'	아마르티아 센 '자유로서 발전'	찰스 테일러 '인정의 정치'
접근 방식	인간행동적·정서적 강조	심리적·사회철학적 접근	윤리학·경제학 결합, 실질적 자유 중심 접근	정치철학·정체성 중심
문제의 원인 진단	상호 존중의 결핍	소외를 초래하는 자본주의 구조	개인 자유, 역량 제한하는 구조적 불평등	인정의 결핍과 오인정
해결 방법	상호 이익의 관계 구축	사회구조 및 가치체계의 전면 개혁	개인 자유, 역량 보장의 제도적·사회적 개선	다원성과 차이에 대한 제도적·문화적 인정

2. 미시적 문헌 연구

로젠버그(Marshall Rosenberg)의 비폭력 대화(Nonviolent Communication)는 감정과 욕구를 기반으로 한 공감적 소통(Empathic Communication)을 강조하는데 갈등을 경쟁이 아닌 상호 이해와 존중의 기회로 전환하도록 제안한다.[22] 비폭력 대화는 "평화로운 사회는 평화로운 대화에서 시작된다."는 전제에 기반하고 있다. 갈등 해결이 긍정적 대화와 상호 만족을 지향한다는 건강한 사회 개념과 깊이 부합하고 있다.

레더라크(John Paul Lederach)의 도덕적 상상력(Moral Imagination)은 갈등은 파괴가 아니라 관계 회복의 기회로 보고 평화를 위해서는 구조적 해결뿐 아니라 상상력, 감정, 대화, 일상의 관계 회복이 필수적이라고 주장한다.[23] 건강한 사회란 창조적이고 관계 중심적인 평화 구축 능력을 갖춘 사회를 말한다. 도덕적 상상력은 구조적 접근과 인간관계적 회복을 동시에 강조하고 있다.

파머(Parker J. Palmer)의 진정성 공동체는 진정성(authenticity), 내면성(integrity), 공감적 공동체의 중요성을 강조하고 경청과 대화의 공간(circle of trust)을 통해 치유와 통합이 이루어진다고 보고 있다.[24] 그래서 건강한 사회는 사람들이 자기 자신과 연결되고, 타인과 진정한 만남을 가지는 곳으로 해석할 수 있다. 진정성 공동체는 소통과 신뢰, 상호 존중 기반의 공동체성에 집중하고 있어서 건강한 사회와 유사성을 보이고 있다.

거시적 문헌과 마찬가지로 미시적 문헌 간의 유사성과 차이점을 살펴볼 필요가 있다. 표 1.2.3과 1.2.4는 건강한 사회의 미시적 문헌의 비교분석을 요약하고 있다.

표 1.2.3 건강한 사회 미시적 문헌의 유사점

항목	한국협상경영원 '건강한 사회' 마샬 로젠버그 '비폭력 대화' 존 폴 레더라크 '도덕적 상상력' 파커 파머 '진정성 공동체'
접근 방식	모두 실천적 대화와 신뢰 회복에 초점. 이론보다 행동과 관계 개선에 중점.
문제 진단	인간관계의 단절과 불신이 근본 문제로 인식됨. 갈등의 심화 원인으로 작동.
해결 전략	공감, 경청, 진정성, 상상력, 신뢰를 통해 관계를 회복하는 방식 제시.

표 1.2.4 건강한 사회 미시적 문헌의 차이점

구분	한국협상경영원 '건강한 사회'	마샬 로젠버그 '비폭력 대화'	존 폴 레더라크 '도덕적 상상력'	파커 파머 '진정성 공동체'
접근 방식	관계 중심 · 윤리적 실천 · 감정과 존중 기반의 소통 강조	공감적 대화와 감정 표현을 통한 비폭력 소통 접근	관계 회복과 평화 구축을 위한 창조적 상상력 강조	진정성과 신뢰를 바탕으로 한 내면·관계 통합적 접근
문제의 원인 진단	상호 단절, 불신, 갈등의 반복(대화와 존중의 부재)	비판·비난·요구 중심의 언어 습관이 공감을 차단함	갈등을 고정된 적대 관계로 인식하고 창조적 대화를 차단함	인간 내면의 분열과 타인과의 진실한 연결 부족
해결 방법	공감과 존중에 기반한 긍정적 대화 실천과 관계 회복	관찰·감정·욕구·요청의 4단계 비폭력 대화 실천	도덕적 상상력을 통한 관계 중심의 평화 구축	신뢰 기반의 대화 공간을 통해 내면과 관계를 통합

3. 문헌 연구의 시사점

건강한 사회 개념이 얼마나 적절하고 의미 있는지를 알아보기 위해 거시적 및 미시적 문헌을 조사하였다. 거시적 문헌들의 비교에서 공통점으로 제시된 것을 보면 건강한 사회의 기본 철학을 읽을 수 있다.

-모든 이론이 인간을 수단이 아닌 목적 그 자체로 존중하고 있어서 인간은 수단이 아닌 목적으로 존엄성을 표방하고 있다.

-현재 사회(경제·문화·정치) 구조에 대한 비판을 공통적으로 내포하고 있어서 더 나은 사회를 갈망하고 있다.

-공통적으로 '고립된 개인'이 아닌 사회적 관계 속 인간을 전제하고 있어서 사회적 관계를 중시하고 있다.

-물질 중심 발전이나 권위주의를 넘어서, 인간 중심의 가치와 구조를 지향하고 있어서 휴머니즘을 지향하고 있다.

이로부터 건강한 사회는 더 나은 사회를 갈망하면서 인간은 존엄하다는 전제 하에 인간 중심의 사회적 관계를 지향하는 휴머니즘 철학을 담고 있음을 평가할 수 있다.

한편 미시적 문헌들을 비교하면서 유사점으로 제시된 항목을 살펴보면 건강한 사회의 실천적 행동을 알 수 있다.

-모두 실천적 대화와 신뢰 회복에 초점을 두면서 이론보다 행동과 관계 개선을 중시하고 있어서 관계 개선을 목표로 대화를 실천해야 한다.

-인간관계의 단절과 불신이 갈등의 심화 원인으로 작동하고 있어서 인간관계 단절과 불신 해소가 건강한 사회의 배경이 된다.

-공감, 경청, 진정성, 상상력, 신뢰를 통해 관계를 회복하는 방식을 제시하고 있어서 공감적, 창조적 대화를 실천하기를 제안하고 있다.

미시적 문헌들의 비교에서 인간관계 단절과 불신을 해소하여 관계를 개선하기 위해서는 공감적, 창조적 대화를 실천하는 것이 매우 적절한 방법임을 알 수 있다.

우리의 건강한 사회 개념은 인간 중심의 사회적 관계를 지향하는 휴머니즘 철학을 내포하고 있으며 관계를 개선하기 위해서 공감적, 창조적 대화를 실천하기를 제안하고 있다. 이러한 철학과 방법론은 여러 문헌에서 유사성을 발견할 수 있어서 건강한 사회 개념은 매우 적절하고 견고하다고 평가할 수 있다.

제3장 해외 건강한 사회 제도 및 운동

건강한 사회의 철학과 방법을 유사하게 적용하고 활용한 각국의 제도나 운동을 살펴보는 것은 건강한 사회의 활용성을 모색하는데 도움이 될 것이다. 제도나 운동의 명칭은 다른 이름으로 표기되어 있더라도 인간의 존엄, 휴머니즘, 공감적 소통, 관계의 개선이 포함되어 있다면 건강한 사회와 같은 의미로 해석할 수 있다.

1. 남아프리카공화국의 진실과 화해위원회

남아프리카공화국의 진실과 화해위원회(Truth and Reconciliation Commission, TRC)는 남아공의 아파르트헤이트(Apartheid, 인종차별) 이후 사회의 회복을 위해 가해자와 피해자가 만나는 장을 마련한 기구이다. 그 철학적 기반은 정의(justice)를 넘어 화해(reconciliation)와 관계 회복이며 운영 방식은 공개 증언, 용서의 요청, 상호 존중 기반 대화 등인데 국가가 아닌 시민 참여 중심으로 진행되었다.[25] 진실과 화해위원회는 갈등을 응징이나 보복이 아닌 관계 회복의 기회로 본다는 점에서 건강한 사회와 유사성을 볼 수 있다.

2. 캐나다의 원주민과 비원주민의 화해운동

캐나다의 원주민과 비원주민의 화해운동(Reconciliation Movement)은 원주민에 대한 역사적 차별과 강제 기숙학교의 트라우마 때문에 시작되었으며 "Listening Circles" 등 원주민 문화 기반의 대화를 사용하였고 관계 회복을 목표로 전개된 운동이었다. 이 운동은 국가와 시민사회가 협력해 공동체 기반의 갈등해결을 모색하고 상호 존중하는 문화를 회복하려고 노력함으로써 긍정적 관계문화 형성에 기여하였다. 화해운동의 결과로서 화해보고서 발표, 교육과정 개편, 공동체 소통사업 확대 등 정책적 시도를 도모하였다.[26] 제도보다 관계 회복과 공감적 소통의 회복을 핵심 목표로 삼는다는 점에서 건강한 사회와 유사점을 발견할 수 있다.

3. 미국의 공동체 조정 운동

미국의 공동체 조정 운동(Community Mediation Movement)은 1960~70년대 반전 도시 폭동 이후 커뮤니티 내부 갈등이 증가함에 따라 전문 조정자가 아닌 시민들이 갈등 조정자로 활동하며 서로의 이야기를 듣고, 공동의 해결책을 찾는 과정을 모색한 시민운동이다. 그 중심 가치는 상호 존중, 경청, 자발적 합의, 공동체 회복 등이다. 샌프란시스코의 공동체 위원회(Community Boards), 뉴욕 평화연구소(New York Peace Institute) 등이 공동체 조정 운동의 사례이다.27) 이 운동은 인간관계의 질과 소통 문화를 중심에 두고 일상 갈등을 공동체 내부에서 평화롭게 해결하려고 시도하였다는 점에서 건강한 사회와 유사점을 발견할 수 있다. 공동체 조정 운동은 위계적 국가 시스템이 아닌 시민 기반의 사회 운동이라는 특징을 가지고 있다.

4. 일본의 마을 만들기 운동

일본의 마을 만들기(まちづくり, 마치즈쿠리) 운동은 고베 지진 이후 서로 돕는 관계망을 형성하는 운동으로 시작되었는데 지방 공동체에서 주민들이 직접 도시와 공동체를 설계하고 운영하는 운동이다.28) 이 운동은 사람과 사람 사이의 연결과 공동체의 자율과 협력을 목표로 하고 있다. 갈등이 발생할 때 시민 모임, 공청회, 워크숍을 통해 다수의 만족을 찾는 시민 주도의 공론 문화가 확산되었다. 마을 만들기 운동이 관계 중심적이고 상호 존중을 전제로 한 거버넌스 형성이라는 점에서 건강한 사회와 유사점을 찾을 수 있다.

5. 핀란드의 키바 프로그램

핀란드의 키바(KiVa) 프로그램은 학교 내 괴롭힘 방지를 목표로 시행되는 학교 갈등 예방 프로그램이다. 키바 프로그램은 가해자 처벌보다는 관계 회복, 감정 이해, 존중 중심의 교육을 실시하는데 구체적으로는 공감 훈련, 집단 내 긍정적 피드백 강화 등을 실시하고 있다.[29) 키바 프로그램은 갈등을 공동의 책임과 회복의 기회로 보고 긍정적 인간관계 문화 형성에 중점을 두는 점에서 건강한 사회와 유사점을 찾을 수 있다.

5가지 해외 제도와 운동 사례를 정리해서 건강한 사회와 유사성을 요약하면 표 1.3.1과 같다. 제도나 운동의 주체와 건강한 사회와의 유사성을 잘 보여주고 있다.

표 1.3.1 건강한 사회의 해외 제도 및 운동 사례 요약

주체	지역/운동	핵심 내용	건강한 사회 개념과의 유사성
국가 + 시민	남아공 TRC	진실과 화해 통한 관계 회복	갈등 → 응징보다 관계 회복
국가 + 시민	캐나다 화해운동	경청·공감 기반 화해 프로세스	존엄 회복 + 공동체 중심
시민	미국 공동체 조정	시민 간 평화적 갈등 해결	관계와 소통 중심 조정 문화
시민	일본 마치즈쿠리	주민 스스로 마을의 관계 재설계	상호 책임·존중의 사회 운영
교육 제도	핀란드 KiVa	공감 기반 갈등 예방	존중 + 관계 중심 교육

제4장 한국의 건강한 사회 제도 및 운동

1. 회복적 정의(restorative justice) 프로그램 도입

한국에서 회복적 정의 연구는 1990년대 중반, 사회복지학의 교정복지 영역에서 시작된 후 2000년대에 들어 대학, 연구기관, 민간 NGO 중심으로 회복적 정의 운동이 전개되었다. 2010년 이후로는 회복적 정의 운동이 학교의 생활교육 영역으로 확대되기 시작하여, 많은 학교와 교육청에서 회복적 생활교육이라는 이름으로 교육훈련과 실천이 이루어지고 있다.[30]

우리나라에서 회복적 정의(restorative justice)가 교육계에 도입되어 일부 시범사업으로 실시되었는데 그 효과의 과학적 측정은 아직 부족한 상태이다. 여러 보고서에서 질적 평가에 의해 긍정적 효과가 보고되기도 하였다. 피해자와 가해자가 대화하고, 공동체가 참여하는 회복적 정의 방식은 학교 내 갈등 상황(특히 폭력 사건)에 대해, 단순처벌보다 관계 회복과 신뢰 회복에 효과적이라고 한다. 또 피해자와 가해자 모두의 학교 복귀와 소속감 회복, 그리고 책임감 강화가 나타났다는 분석도 있다.

일산의 덕양중학교에서 약 9개월간 '회복적 서클(서클 프로세스)'과 회복적 생활교육을 시범적으로 적용하였다. 교사와 학생이 정기적으로 서클을 열어 감정·경험을 나누고 갈등 상황에서 피해자·가해자의 목소리를 듣는 절차를 운영하였다. 단기 관찰에서 학생들의 교실 내 소통이 개선되고, 갈등 상황에서 응보(징계)보다 대화로 문제를 해결하려는 경향이 증가했다고 보고하고 있다.[31]

2018년 서울시교육청이 교사 대상으로 '회복적 서클(RC) 및 회복적 학급운영' 직무연수(15~18시간 등)를 운영하며, 이를 수료한 교사들이 소속 학교에서 회복적 생활교육을 도입하도록 지원하고 있다.[32] 연수를 통해 교사들이 회복적 서클을 학급 운영에 적용했고, 일부 학교에서 학급 분위기·학생 참여도·갈등 처리 방식의 변화(대화 중심 전환)가 확인되었다. 교육청 차원의 연속 연수와 컨설팅이 병행되어 확산 중에 있다.

2. 마을 비폭력 대화 운동

한국NVC센터는 '마을중재 운동'을 전개하였다. 이는 마을 공동체나 이웃 간 갈등을 비폭력 대화(NVC: Nonviolent Communication)를 통해 풀고자 하는 운동이다. 2019년 서울 한국NVC센터에서 '열린 공간, 마을중재'로 시작하여 마을 주민 누구나 참여할 수 있는 공개 대화의 장을 지역에 마련하였다. 2023년부터 전국 7개 지역으로 확대되어 지역 주민들이 직접 마을 내 소소한 갈등을 공유하고 공감의 방식으로 풀어내는 워크숍·중재 사례 발표로 진행하고 있다.[33] 갈등을 계약이나 처벌로 해결하는 대신, 철학적 공감과 경청에 기반한 소통을 통한 회복을 목표로 하고 있다. 주민이 주체가 되어 관계성 회복 중심의 지역 문화를 형성하려는 노력을 의미한다.

3. 직장 내 관계 회복 프로그램

　우리나라에서는 '직장 내 괴롭힘 방지법'이 2019년에 시행된 후 가해자 처벌, 피해자 보호 제도 등이 강화되면서 징벌적 제도 운영의 특징을 보이고 있다. 공식적으로 "회복적 정의"라는 이름을 쓰기보다, 직장 내 괴롭힘 예방, 갈등 해결 프로그램이나 직원 관계 회복, 조정 절차라는 이름으로 운영되는 경우가 많다.

　한국전력공사는 직장 내 괴롭힘 신고 이후, 징계나 전보만으로는 근본적인 관계 회복이 어렵다는 점을 인식하고 사과, 피해 회복, 관계 개선을 목표로 '직장 내 갈등조정제도'를 실시하고 있다. 내부 갈등조정위원회를 통해 당사자 간 대화·조정 기회를 부여하고 문제 해결 후에도 관계 재악화 방지를 위해 후속 모니터링을 실시하고 있다. 때로는 제3자인 사내 조정전문가(교육 이수 직원) 또는 외부 조정인이 참여하기도 한다.[34]

　KB금융이나 신한은행 등 금융권에서는 '심리적 안전' 기반 직장 갈등 해결을 시도하고 있다. 직무 갈등 발생 시 내부 HRD 부서가 회복 대화 세션을 제공하고 직원들이 안전하게 감정을 표현하고, 갈등 원인을 탐색하게 된다. 직장 내 괴롭힘 사건이 아닌, 팀 내 협업 마찰에도 적용되고 있다. 개인 비난이 아닌, 행동·관계·업무 방식에 초점을 맞추고 있다.[35]

제5장 건강한 사회의 가치와 비전

1. 건강한 사회의 가치

건강한 사회의 가치는 무엇일까? 건강한 사회는 우리에게 어떤 유익함을 주기에 이를 추구하려고 하는가. 건강한 사회의 개념으로부터 그 가치를 쉽게 찾을 수 있다. 건강한 사회의 실천을 통해 상호 존중하고 협력하고 공동체적 의식을 함양할 뿐 아니라 스트레스를 줄이는 정신적 안정과 평화를 이룩할 수 있는 가치를 얻을 수 있다. 이것은 바로 인간의 행복과 직결되는 요소들이라 할 수 있다. 아리스토텔레스는 그 자체가 목적인 것을 최고의 선이라고 하는데 최고의 선은 바로 행복이라고 하였다.[36) 그는 행복한 사람은 잘 행위하며 이렇게 덕을 발휘해 선을 실현하는 삶은 그 자체로 즐거운 것이라고 하였다.[37) 따라서 건강한 사회의 가치는 인간이 목적으로 하는 최고의 선, 행복을 추구함에 있다고 할 수 있다.

행복의 요소는 매우 다양해서 일반화하긴 어렵다. 보편적으로 행복을 삶의 요소에서 분류해보면 심리적 요소, 신체적 요소, 경제적 요소, 사회적 요소, 영적 요소로 나눌 수 있다.[38) 여기서 사회적 요소는 인간관계, 사회적 지지, 공동체 참여의 개별 요소로 구성되는데 건강한 사회와 밀접한 관계를 가진다.

2. 행복지수 분석

행복을 측정하는 방법은 행복지수를 조사하는 것이 일반적이다. 2025년 세계행복보고서(World Happiness Report 2025)는 2024년의 세계 행복지수를 조사하여 발표하였다. 조사 대상국가는 전 세계 147개국인데 이 중 OECD 38개국만의 점수와 순위를 별도로 추출하여 살펴볼 필요가 있다.

표 1.5.1 2024년 OECD 국가 행복지수

순위	국가	점수	순위	국가	점수
1	핀란드	7.74	20	슬로베니아	6.74
2	덴마크	7.58	21	미국	6.73
3	아이슬란드	7.53	22	독일	6.72
4	이스라엘	7.34	23	멕시코	6.68
5	스웨덴	7.34	24	프랑스	6.61
6	네덜란드	7.32	25	에스토니아	6.45
7	노르웨이	7.30	26	폴란드	6.44
8	룩셈부르크	7.12	27	스페인	6.42
9	호주	7.06	28	칠레	6.36
10	스위스	7.06	29	이탈리아	6.32
11	뉴질랜드	7.03	30	슬로바키아	6.26
12	코스타리카	6.96	31	라트비아	6.23
13	오스트리아	6.91	32	일본	6.06
14	캐나다	6.90	33	한국	6.06
15	벨기에	6.89	34	포르투갈	6.03
16	아일랜드	6.84	35	헝가리	6.02
17	체코	6.82	36	그리스	5.93
18	리투아니아	6.82	37	콜롬비아	5.70
19	영국	6.75	38	터키	4.98

출처: TheGlobalEconomy.com, "Happiness index."

2024년 한국의 행복지수는 6.06으로 전 세계 58위를 기록했고 OECD 국가로 국한했을 때 33위를 기록하고 있다. 일본 또한 한국과 같이 6.06 점을 얻어 32위를 보이고 있다. 아시아 국가로서 가장 높은 행복지수로 조사된 나라는 이스라엘(7.34)이다. 동아시아에서 싱가폴(6.52), 대만(6.5)이 우리보다 높은 점수를 얻고 있지만 OECD 국가에 들지 않는다.

한국이 어떤 부분에서 점수가 낮은지 보기 위해 행복지수의 주요 요소를 들여다보아야 한다. 세계행복보고서에서 사용한 6가지 요소를 보면 다음과 같다.

① GDP(국내총생산, 소득 수준)

　1인당 GDP(구매력 기준)으로 경제적 풍요를 반영

② 사회적 지원(Social Support)

　어려울 때 의지할 수 있는 가족·친구·사회적 네트워크가 있는지

③ 건강 기대수명(Healthy Life Expectancy)

　건강하게 살 수 있는 기대수명

④ 삶의 선택 자유(Freedom to Make Life Choices)

　본인의 삶과 결정을 스스로 선택할 자유에 대한 인식

⑤ 관대함(Generosity)

　타인에 대한 기부, 나눔, 신뢰 행동의 수준

⑥ 부패에 대한 인식(Perceptions of Corruption)

　정부와 기업에서 부패가 만연해 있다고 보는 인식 정도

　(낮을수록 행복에 긍정적)

표 1.5.2 2024년 한국의 행복지수 요소별 점수

요소	한국의 수준 (랭킹 기반)	해석
GDP (소득)	★★★★☆ (높음) – 21위	경제적 풍요는 강점
사회적 지원	★☆☆☆☆ (매우 낮음) – 84위	OECD 내 최하위권
건강 기대수명	★★★★★ (매우 높음) – 3위	장수·건강 강점
삶의 선택 자유	★☆☆☆☆ (극히 낮음) – 104위	자기결정권 취약
관대함	★★☆☆☆ (보통 이하) – 55위	낮지만 극단적 약점은 아님
부패 인식	★★☆☆☆ (보통 이하) – 54위	신뢰 부족 영향

출처: The World Happiness Report, "Rankings."

한국의 행복지수 요소별 프로파일을 살펴보면 표 1.5.2와 같다. 소득점수와 건강점수는 높은데 사회적 지원과 삶의 선택 자유가 매우 낮고, 관대함, 부패 인식이 보통 이하로 나타났다. 따라서 "경제적, 건강적 풍요는 갖췄지만, 사회적 지원과 삶의 선택 자유가 매우 낮은 약점을 보이고 있으며 관대함과 부패인식은 중간 이하의 수준이다."라는 평가가 한국 행복지수의 전형적 특징이다. 과도한 경쟁으로 자기중심적이고 생존 투쟁적인 삶의 선택, 인간관계가 분절되고 타인에 대한 불신이 행복지수를 낮추는 주 요인으로 볼 수 있다.

몇 가지 추가적인 통계를 보면 흥미로운 평가를 발견할 수 있다. 표 1.5.3은 삶의 평가 변화와 더불어 요소별 랭킹과 정서적 랭킹도 보여주고 있다. 2024년 The World Happiness Report에 의하면 전 세계 147개국 중 한국의 삶의 평가, 즉 행복지수가 6.038로 58위로 랭크되어 있는데 2012년에는 41위 6.267로 12년간 17위 0.229포인트가 하락하여 행복이 악화되었음을 알 수 있다. 소득불평등도 삶의 평가 하락과 같이 17위나 하락했고 핵심적 행복지수 요소들도 삶의 선택 자유를 제외하고는 모두 하락했다. 다만 정서적 측면에서 랭킹은 상당히 상승했으나 여전히 낮은 편이다.

표 1.5.3 2012-2024년 한국의 행복지수 요소별 랭킹

요소	2012년	2024년	증감
삶의 평가	41위 (6.267)	58위 (6.038)	△17위 (-0.229)
불평등	69	86	17
GDP (소득)	21	31	10
사회적 지원	84	94	10
건강 기대수명	3	9	6
삶의 선택 자유	104	101	-3
관대함	55		
부패 인식	54	81	27
긍정 정서	111	85	-26
부정 정서	70	44	-26
기부	55		
자원	83		
타인 도움	108		

출처: The World Happiness Report, "Rankings."

한국인의 행복지수에 대한 추가적인 논의를 한 가지 소개해보자. 한국의 행복지수가 낮은 이유로는 빈부격차, 사회적 신뢰 부족, 경쟁적인 사회 분위기 등이 꼽히고 있다.[39] 행복지수를 높이기 위해 빈부격차 해소, 사회적 신뢰 강화, 공동체 의식 제고 등 사회적 지지를 강화하고 승자독식의 과도한 경쟁을 완화하는 노력이 필요하다.[40]

3. 건강한 사회의 실천 전략과 비전

건강한 사회의 가치가 최고의 선으로서 그 자체로서 목적이 있는 행복이라는 점을 이해하고 건강한 사회로 나아가는 비전을 제시하고

자 한다. 앞에서 한국의 행복지수 분석에서 진단했듯이 한국인은 경제적 풍요와 신체적 건강은 최고의 행복을 누리고 있지만 과도한 경쟁으로 인해 선택의 자유와 배려가 부족하고 상대를 불신하고 사회적 관계 형성이 저조한 자기중심적 덫에 매몰되어 있는 사회적 분위기를 통찰할 수 있다.

우리가 행복지수를 높이기 위해서는 무엇을 해야 할지는 거의 자명하다. 과도한 경쟁의 완화와 타인의 존중과 신뢰를 바탕으로 사회적 지원과 공동체 의식을 제고함으로써 행복지수를 높일 수 있다. 바로 건강한 사회가 지향하는 바가 특히 우리나라의 행복지수를 높이는 핵심적 전략이라 할 수 있다.

건강한 사회의 실천 전략을 정리해보자. 인간관계에서 어떤 형태의 문제가 발생하든지 다음의 스텝으로 해결하는 전략을 실천해본다.

① 인식 단계

타인을 대할 때 먼저 인간이 존엄하다는 생각을 해야 하고 타인이 나와는 다르다는 것을 인정하고 수용한다.

② 소통 단계

타인의 말을 경청하고 공감하는 소통을 실천한다.

③ 해결 단계

양보와 타협으로 갈등과 문제를 해결한다.

④ 관계 단계

상호 이익을 충족하도록 협상 기술을 구사하는 윈윈 협상을 통해 좋은 관계를 구축한다.

우리가 희망하는 행복지수는 어느 수준일까. 행복지수가 7점대가 되는 OECD 10위권으로 도약한다면 매우 훌륭한 발전이 될 것이다. 그렇지 않더라도 영국, 미국, 독일, 프랑스, 이탈리아와 유사한 6.5점 대로 높일 수 있다면 대성공이 된다. 우리가 단계적으로 건강한 사회, 행복지수가 높은 사회로 접근해간다면 우리의 전략은 성공한 셈이다. 10년 단위로 행복지수를 높이는 전략을 제시해보자. 표 1.5.4에서 보면 2025년 현재 6.06점에 33위로 되어 최하위 수준에서 10년마다 0.3 포인트를 높이는 전망을 해본다.

표 1.5.4 행복지수에 기초한 건강한 사회의 단계별 비전

	2025년	2035년	2045년	2055년
행복지수	6.06	6.40	6.70	7.00
OECD 순위	33위	29위	22위	12위
OECD 국가	필리핀, 포르투갈	이탈리아, 스페인	독일, 프랑스	뉴질랜드, 오스트리아

　　OECD의 순위가 현재의 33위에서 2035년에는 29위, 2045년에는 22위, 2055년에는 12위로 도약하여 경제적, 신체적 건강 뿐 아니라 사회적 건강에서도 선진국 수준을 달성할 비전을 설정할 수 있다. 국가별로는 현재 우리나라가 필리핀, 포르투갈 수준에서 10년 후 이탈이라, 스페인 수준, 20년 후 독일, 프랑스 수준, 30년 후 뉴질랜드, 오스트리아 수준으로 상승해갈 희망으로 '건강한 사회 실천'을 통해 행복지수 높이기 운동을 전개할 필요가 있다.

제2부

건강한 사회의 갈등해결과 협상 사례

제1장 정치갈등 해결 사례

제2장 행정갈등 해결 사례

제3장 민원갈등 해결 사례

제4장 비즈니스 협상 사례

제5장 조직갈등 해결 사례

제6장 노사갈등 해결 사례

제7장 학교갈등 해결 사례

제8장 공공갈등 해결 사례

사례 제목

제1장 정치갈등 해결 사례

조선 과전법과 남아공 몽플레 갈등 사례

정치갈등 사례는 현재 진행 중이거나 관계자들이 현존하는 상황에서 근현대 사례로는 예민할 수 있어서 조선으로 거슬러 올라가 과전법 개정을 국내 사례로 하고 남아공의 민주국가를 수립하는 과정에서 개최되었던 몽플레 컨퍼런스를 해외 사례로 소개하고자 한다.

1. 조선 과전법 개정 협상 사례

1) 과전법의 개요와 배경

과전법(科田法)은 고려 말기와 조선 초기의 토지 제도 가운데 중요한 축을 이루는 제도였다. 과전법은 기존에 전 국토를 대상으로 수조권을 분급하던 전시과 체제하의 사전을 혁파하고, 수조권 분급의 범위를 경기도로 한정하여 중앙 관료들에게 분급한 뒤 나머지 토지는 백성들이 소유하고 국가가 세금을 직접 거둠(국가수조지)으로써 자영농을 키우는 제도이다. 1391년(공양왕 3년) 조준이 이성계를 등에 업고 만든 과전법의 시행으로 고려 왕조 내내 강력한 가문들이 독점하고, 불교 집단이 특권을 갖던 수조권적인 토지 지배질서가 무너지게 되었고, 결국 시행 이듬해(1392년)에 고려는 멸망하고 조선이 세워졌다.41)

역사적으로는 토지의 소유권과 수조(收租) 관리의 체계를 정비하고, 재원을 확보하기 위한 목적으로 과전법이 도입되었다. 기본 아이디어는 국가가 토지를 소유하는 대신, 공적으로 관리될 토지를 각 지방의 관리에게 분배하고, 이 토지에서 발생하는 생산물의 일부를 국가 재원으로 삼는 것이었다.

과전은 정전(政田)과 사전(私田)을 구분하고, 관리가 소유권이나 용도에 따라 토지를 조사하고 수조를 거두는 방식으로 운용되었다. 사전(私田)의 경작자가 수조권자에게 조(租)를 납부하고, 수조권자는 경작자로부터 받은 전조(田租) 중 1결당 2두를 고정적으로 국가에 수납하는데, 이것이 세, 즉 전세(田稅)가 된다. 공전(公田)에 해당하는 능침(陵寢, 왕릉 비용 충당용), 궁사(宮司, 궁궐 비용 충당용), 공해(公廨, 공공기관 충당용)는 조세가 면제되었고, 또한 특별히 사전(私田) 중에서도 공신전(功臣田)은 면세였다.42)

조선 초기의 과전법은 왕권 강화를 위한 재정 기반 확보와 신하들의 충성 확보를 동시에 노리는 구조를 지녔다. 태종 때의 중앙집권화 추진으로 왕권은 강해졌지만, 그 과정에서 축적된 재원 확보의 구조적 문제와 지방 관리의 운영 효율성 문제가 남아 있었다. 세종은 태종의 제도 개혁을 계승하면서도, 이를 실제 행정 운영에서 보다 안정적으로 다듬고 국가 재정을 지속적으로 확보하려는 필요성을 느꼈다고 볼 수 있다.

2) 태종의 과전법 개정 협상

(1) 협상의 당사자

협상의 직접 당사자는 태종 이방원이다. 태종(太宗, 재위 1400~1418)은 중앙집권 강화와 재정 안정성을 확보하려는 실권자이며, 과전법의 재편 및 관리 주체 재편의 선도적 이슈를 주도했다.

태종의 상대가 되는 협상 당사자는 고려 말 기득권층인 권문세족(權門勢族), 새 왕조의 핵심 기반인 신진사대부(新進士大夫) 그리고 사원전을 보유하는 불교 사원 세력이다. 이들 당사자들은 과전의 지급 기준, 수조 방식, 그리고 토지 관리 체계의 재편에 따라 이익과 불이익이 달라지기 때문에 협상에서 중요한 이해당사자로 작용했다.43)

그림 2.1.1 태종의 과전법 협상 당사자들

(2) 당사자의 쟁점과 이해관계

태종이 협상에서 제기하는 쟁점은 재원 안정화와 권한의 재편이다. 다시 말해서 왕조의 재정 확보를 위해 과전 지급 범위와 기준을 어떻게 만들지, 그리고 중앙과 지방 간 권한 배분을 위해 토지와 수익을 어떻게 재분배할지가 핵심 쟁점이었다. 재정 확보는 수조 체계의 재설계와 토지 관리의 효율성을 통해서 달성할 수 있었다. 그리고 지방 관리에 대한 통제 강화로 중앙의 통제력 강화를 도모하였다.

태종은 조선 왕조의 재정을 확보하고 권문세족의 세력을 약화시키려는 의도가 있었다. 고려 왕조의 기득권 세력이 토지를 독점하고 있어서 왕권을 강화하고 재정을 확보하는 절대적 목표는 이러한 구 기득권 세력의 토지를 재정리함으로써 가능했을 것이다.

이와 반면에 권문세족은 기득권의 토지를 유지하고 사원도 사원전을 보존하고자 하는 욕구가 과전법 개정에서 왕권과 충돌하게 되었다. 그러나 새 왕조의 핵심 기반이 되는 신진 사대부는 토지 분배를 통한 신분 기반을 확보하려는 이해관계가 토지 개혁에 힘을 싣는 모양새이다.

(3) 협상 전략

① 재정 효율성 전략

전술적 도구로서 수조 방식의 절차적 개편과 관리 주체 재편 등 구체적 법제를 제안하였고 인사 및 관료 체계의 재편으로 재정 효율성을 확보하는 전략이 사용되었다.

② 정치적 연합 전략

신하들의 지지 확보를 통해 개혁의 안정적 추진 기반을 마련하고, 지방 세력의 양보를 얻기 위한 협력 구조를 구축하는 전략이 있었다.

③ 개혁 홍보 전략

합의의 명분으로 국가 재정 건전성과 중앙 통제의 필요성을 제시하고, 태종의 개혁 의지가 합리적이고 신뢰할 수 있음을 강조했다.

④ 단계적 개편 전략

제도 개편의 단계적 추진 여부를 고심하고, 예외 규정이나 시행 시점을 조정하는 방식으로 저항을 최소화하려는 접근이 있었다.

(4) 협상 과정

조선 초 태종의 정치 과정에서 과전법의 개정은 단순한 토지 제도의 개혁을 넘어 왕권과 신권, 구 세력과 신 세력 간의 권력 관계를 재편하는 핵심적인 정치 협상의 장이었다. 고려 말 이래 권문세족이 대규모로 장악한 토지와 불교 사원의 광대한 사원전은 조세 수취의 기반을 약화시켰고, 국가 재정을 위기에 몰아넣었다. 이러한 구조적 문제는 새 왕조가 안정적으로 존립하기 위해 반드시 해결해야 할 과제였다.[44]

태종은 먼저 강력한 토지 몰수 정책을 추진하였다. 권문세족의 대토지를 국가 소유로 환수하고, 사찰이 보유한 사원전 역시 대폭 정리하여 공전(公田)으로 편입하였다. 이는 조선 왕조의 재정 기반을 확충하는 동시에, 구세력의 경제적 토대를 해체하려는 의도였다.[45] 그러나 토지 문제는 단순한 경제적 자원의 재분배가 아니라, 세력 집단의 권력 기반과 직결된 사안이었기에 기득권 세력의 저항은 필연적이었다. 권문세족은 토지 몰수를 왕권의 과도한 전횡으로 간주하며 불만을 표출하였고, 불교계 역시 종교적 위상과 경제적 존립의 위기를 느끼며 반발하였다.[46]

태종은 이러한 반발을 단순히 무력으로 제압하지 않았다. 일부 공신 가문이나 정치적으로 필요하다고 판단되는 집단에게는 몰수에서 예외를 인정하거나 일정한 토지를 재 분급하는 방식으로 회유책을 병행하였다. 불교 사원의 경우에도 모든 사찰을 일괄적으로 몰수하지 않고, 제한된 범위에서 토지 소유를 허용하여 불만을 누그러뜨리고자 했다.[47] 이러한 조정 과정은 강경한 몰수와 제한적 보상이 혼합된 형태로 전개되었으며, 결과적으로 태종은 기득권의 저항을 최소화하면서 제도의 정착을 이끌어냈다.

어느 날 태종은 권문세족들을 불러 말했다.

태종: "나라의 땅을 일부 가문이 독차지하면 백성이 굶주리오. 이제 과전법을 시행하여 관리들에게 공평하게 나누어주려 하오."

권문세족: "전하, 저희 집안은 대대로 이 땅을 지켜왔습니다. 하루아

침에 빼앗기다니 억울합니다."

　태종: "나라가 바로 서야 가문도 함께 번영하는 법이오. 백성을 살리는 길이 곧 조선을 지키는 길이오."

　권문세족들은 불만이 컸지만, 결국 임금의 명령에 따를 수밖에 없었다.

그림 2.1.2 태종과 권문세족, 승려와 대화

　태종은 또한 큰 사찰의 승려들도 불러 과전법을 말하자 승려들은 말했다.

　승려: "전하, 절에 주어진 땅은 신도들의 시주와 정성으로 모은 것입니다. 거두어 가시면 절이 어려워집니다."

　태종: "사원의 땅이 지나치게 많아 백성이 고통 받고 있소. 백성을 살리는 일이 곧 불법(佛法)을 지키는 길 아니겠소?"

　승려: "그렇긴 하지만, … 전하의 뜻을 따르겠습니다."

이렇게 하여 불교 사원의 땅도 줄어들었고, 과전법은 더욱 널리 시행될 수 있었다.

이러한 정치 협상의 결과, 권문세족의 경제적 기반은 급격히 약화되었고, 정치적 영향력도 현저히 축소되었다. 반면, 신진 사대부들은 새로 확보된 토지를 배분받음으로써 경제적 기반을 갖추고, 왕조 체제의 충성스러운 지배 세력으로 자리매김할 수 있었다. 동시에 왕권은 과전법을 국가 재정의 제도적 장치로 삼아 조선 초기 정치 질서를 왕권 중심으로 안정시켰다.[48]

요컨대, 태종 시기의 과전법 개정은 구세력의 특권을 제한하고, 신세력을 포섭하는 과정에서 강제와 타협이 결합된 정치 협상이었다. 이는 단순한 토지 제도 개혁을 넘어 조선 초기 권력 구조 재편의 핵심적 계기였으며, 왕조 체제의 장기적 안정성을 확보하는 기초가 되었다.

(5) 협상 결과와 평가

과전법은 전국의 모든 토지를 원칙적으로 국가의 수조지로 편성한 뒤, 이를 관청에 배분하고 문·무 양반 관료들에게도 과전을 지급하여 수조권을 행사할 수 있도록 하였다. 관료들은 정1품부터 종9품에 이르기까지 18과로 나뉘어 1과 150결에서 18과 10결까지 차등적으로 분급 받았다. 과전은 경기 지역에 한정되어 지급되었으며, 태종 시기에는 토지 부족 문제와 권문세족의 반발을 해결하기 위해 현직 관료 우선 지급의 원칙이 강화되고, 권문세족의 토지와 사원전이 대규모로 환수되어 국가 재정의 기반으로 재편되었다.[49]

태종 시기의 과전법 개정은 조선 초 정치 구조 재편에서 결정적인 의미를 지니는 사건이었다. 고려 말 권문세족이 장악한 대토지와 불교 사원의 사원전은 국가 재정을 심각하게 약화시키고, 사회적 불평등을 심화시켰다. 태종은 이러한 구조적 문제를 해결하기 위해 강력한 토지 환수 정책을 단행하였으며, 이를 통해 왕조의 재정 기반을 회복하는 동시에 구세력의 정치적 기반을 약화시키고자 하였다.[50]

그러나 토지 제도의 개편은 단순한 경제적 조치가 아니라 권력 재편과 직결된 사안이었기에, 권문세족과 불교 사원 세력의 강한 저항을 불러왔다. 태종은 이들의 반발을 단순히 억압하기보다 정치적으로 관리하였다. 일부 공신 세력이나 정치적 필요성이 있는 가문에 대해서는 몰수에서 일정 부분을 제외하거나 토지를 재 분급하는 방식으로 회유책을 병행하였으며, 일부 사찰에는 제한된 범위에서 토지 소유를 허용하여 종교적 불만을 완화하였다.[51] 이는 강경한 몰수와 제한적 타협이 동시에 작동한 복합적인 정치 협상의 과정이었다.

그 결과 권문세족은 조선 초 정치 질서에서 결정적인 경제적 기반을 상실하였고, 왕권에 도전할 수 있는 세력으로서의 영향력을 상실하였다. 반면 신진 사대부들은 새롭게 확보된 토지 분급을 통해 경제적 기반을 마련하고, 왕조 체제의 핵심 지지 세력으로 부상하였다. 나아가 왕권은 과전법을 통해 국가 재정을 안정적으로 운용할 수 있는 제도적 장치를 마련함으로써, 조선 초기 정치 질서를 왕권 중심으로 확립하는 데 성공하였다.[52]

요컨대, 태종 시기의 과전법 협상은 구세력의 기득권을 약화시키고 신세력을 편입하는 과정에서 강제와 회유가 병행된 정치적 타협의 결과였다. 이는 조선 초기 국가 운영의 제도적 안정성과 왕권 중심의 권력 질서를 확립하는 데 핵심적인 역할을 하였다.

3) 세종의 과전법 개정 협상

세종(世宗, 재위 1418~1450)은 즉위 이후 태종이 마련한 제도적 기반을 바탕으로 국가 운영의 안정과 합리화를 추구하였다. 그러나 과전법은 시간이 지남에 따라 본래의 취지를 유지하기 어려운 구조적 한계를 드러냈다. 토지는 한정되어 있었으나 관리층은 계속 늘어났고, 특히 현직 관리와 퇴직 관리, 그리고 그 유족들까지 토지를 요구하면서 분급의 불균형과 갈등이 심화되었다.[53]

(1) 협상의 당사자

그림 2.1.3 세종의 과전법 협상 당사자들

협상의 핵심 당사자는 왕권을 잡고 있는 세종이다. 세종은 토지 분

급의 형평성을 유지하면서도 국가 재정의 안정을 확보해야 하는 주체
이다. 과전법의 대상이 되는 당사자는 현직 관리이다. 이들은 실제 국
가 행정을 담당하는 만큼 충분한 토지를 우선적으로 지급받기를 원하
고 있다. 과전법의 적용을 받고 있는 또 다른 당사자로서 퇴직 관리
및 그 유족은 이미 확보한 과전을 계속 유지하려 하며, 과전 상실 시
생계 곤란을 우려하고 있다. 그리고 기존 기득권 가문은 과전 세습을
주장하며 토지 수조권의 지속적 보유를 원하고 있다. 불교 사원 또한
사원전의 소유자로서 협상 당사자이다.

(2) 협상 쟁점과 이해관계

가장 큰 쟁점은 토지 부족 상황에서 누구에게 우선적으로 배분할
것인 가였다. 현직 관리들은 자신들이 국가 운영의 실질적 담당자라는
점을 근거로 과전 우선 분급을 요구했다. 반면 퇴직 관리와 유족들은
과전이 곧 생활의 기반이었기에 최소한의 분급을 유지해야 한다는 이
해관계를 내세웠다. 여기에 일부 사대부 가문은 과전의 세습적 소유를
주장하며 제도의 근간을 흔들기도 했다.[54]

세종은 이 복잡한 이해관계를 조정하기 위해 현직 관리 우선 지급
원칙을 공식화하면서도, 퇴직 관리와 유족에게는 일정한 보상책을 마
련하였다. 예컨대 일부 퇴직 관리에게는 토지 대신 곡물 지급 등 다른
형태의 혜택을 제공하여 불만을 완화하였다. 이는 태종 시기의 과전법
개정이 권문세족의 특권 몰수라는 '구세력과의 갈등 조정'에 초점을
두었다면, 세종 시기의 개정은 신구 세대 관료층 간의 '이해관계 조정'
에 더 무게가 실렸음을 보여준다.[55]

(3) 협상의 과정

세종 즉위 초기부터 과전법 운영에는 구조적 문제가 드러났다. 과전은 경기 지역 토지에 한정되어 있었으므로, 관료 수가 늘어날수록 신규 분급이 어려워졌다. 태종 대에 이미 현직 관리 우선 지급 원칙이 도입되었으나, 세종 대에 들어와 그 모순은 더욱 심화되었다.[56]

세종 4년(1422), 정부 내부에서는 토지 부족으로 퇴직 관리와 유족에게 돌아갈 몫이 줄어드는 현상이 크게 문제시되었다. 당시 일부 대신들은 퇴직 관리와 유족에게도 과전을 분급해야 한다고 주장했으나, 현직 관리들은 국가 운영의 부담을 근거로 강하게 반대하였다.[57] 세종은 우선적으로 현직 관리에게 과전을 지급하도록 하면서도, 퇴직 관리와 유족에 대해서는 일정한 생활 보장 장치를 마련하는 방향으로 절충을 시도하였다.

이후 세종 12년(1430)에 이르러 과전 분급의 원칙이 공식적으로 재정리되었다. 이 개정에서는 현직 관리에게 우선적으로 과전을 지급하되, 퇴직 관리와 그 유족에게는 "수신전(守身田)"과 "휼양전(恤養田)"이라는 보완적 토지를 지급하는 제도가 도입되었다.[58] 수신전은 퇴직 관리 본인의 생활을 보장하기 위해, 휼양전은 관리가 사망한 경우 유족을 부양하기 위해 마련된 장치였다. 이는 토지 부족으로 인해 모든 이의 요구를 충족시키기 어려운 상황에서, 사회적 불만을 완화하기 위한 절충안이었다.

어느 날, 세종은 관리들과 의논했다. 먼저 전직 관리가 어려움을 호

소했다.

　전직 관리: "전하, 저희는 벼슬에서 물러났는데 과전을 잃으니 생활이 어렵습니다."

　세종: "은퇴한 관리도 편히 살아야 나라가 안정되지요."

　그러자 현직 관리도 의견을 말했다.

　현직 관리: "하지만 나눠줄 땅이 부족해 새로 임명된 관리들이 받지 못하는 경우가 생깁니다."

　세종: "그렇다면 나누는 방식을 다시 살펴야 하오. 모두가 공평하게 살아갈 수 있도록 법을 고쳐야 하겠소."

　세종은 관리와 백성 모두를 살필 방법을 찾으며, 더 나은 제도를 고민했다.

그림 2.1.4 세종과 전직, 현직 관리의 대화

　또한 세종은 개정 과정에서 권문세족 및 불교 사찰의 토지 독점 잔재를 추가적으로 정리하여 국가 소유 토지를 확보하려 했다. 그러나

전국적인 확대는 여전히 이루어지지 않았고, 경기 지역 중심의 한정된 분배 구조는 유지되었다. 이 때문에 근본적인 토지 부족 문제를 완전히 해결하지는 못했으나, 제도의 지속가능성을 한층 높인 것은 분명한 성과였다.59)

결국 세종의 과전법 개정은 초기 과전법의 정신을 계승하면서도, 현실적 제약 속에서 현직 관리의 행정 기능 보장과 퇴직 관리·유족의 생계 안정이라는 상반된 이해관계를 조율한 과정이었다. 이는 조선 전기 정치에서 왕권이 갈등을 중재하는 방식과, 제도가 협상의 산물로 변화하는 과정을 잘 보여주는 사례라 할 수 있다.

(4) 협상 결과와 평가

① 개정 원칙

현직 관리 우선 지급의 원칙을 정하였다. 이 원칙은 국가 행정을 담당하는 관료층의 안정적 생계를 최우선적으로 보장하는 제도를 마련하게 하였다. 동시에 퇴직 관리와 유족을 배려하는 원칙도 수립하였다. 이들에게 토지를 전혀 지급하지 않을 경우 사회적 불만이 커지므로, 현직 관리 우선 지급의 기본 원칙을 보완하는 제도를 마련한 셈이다.

② 신설 제도

퇴직 관리와 유족을 위해 수신전과 휼양전을 신설하였다. 수신전(守

身田)은 퇴직 관리가 생존하는 동안 생활을 유지하도록 지급한 토지이고 휼양전(恤養田)은 관리가 사망한 뒤 그 유족에게 지급된 토지이다. 두 전(田)은 일시적·조건부 토지 분급으로, 본인 또는 유족이 사망하면 국가로 환수되어야 한다.

③ 토지 환수·정리

권문세족의 토지와 일부 사원전(寺院田)을 추가적으로 환수하여 국가 재원으로 편입하였다. 이 제도는 과전 지급 대상 토지를 확보하는 동시에, 불교 세력의 경제적 기반을 약화시켜 왕권 강화에 기여하게 되었다.

세종이 과전법의 개정에 성공할 수 있었던 것은 현직 관리와 퇴직 관리 및 유족 사이의 이해관계를 절충하는 갈등조정 기능을 성공적으로 수행했기 때문이다. 세종은 과전법 개정에 성공함으로써 한정된 토지 속에서도 과전법 체제를 유지 가능케 제도의 지속 가능성을 확보하였다. 세종은 이해 당사자 간 타협을 주도함으로써 왕권의 조정자 역할을 강화하였는바 세종 왕권의 합리적 성격을 엿볼 수 있다.

4) 태종과 세종의 과전법 개정 비교

태종 시기의 과전법 개정은 왕권 강화를 위한 정치적 조정의 성격이 강했다. 고려 말부터 조선 건국 초기까지 권문세족과 불교 사원의 토지 독점은 국가 재정을 약화시키는 가장 큰 문제였다. 이에 태종은 권문세족의 토지를 대규모로 몰수하고 사원전을 정리하여 국가 재원으로 편입하는 한편, 과전 지급을 현직 관료 중심으로 재편하였다. 이는 토지 부족이라는 현실적 문제를 해결하는 동시에, 기득권 세력을 견제하고 신진 사대부 관료층에 대한 왕권의 지지 기반을 확립하는 효과를 가져왔다. 즉, 태종의 개정은 구세력의 특권을 제약하는 정치적 협상과 권력 재분배의 성격을 지녔다.

반면 세종 시기의 과전법 개정은 제도의 지속성과 사회적 안정 유지에 초점을 맞추었다. 세종 대에는 토지 부족 현상이 심화되면서 현직 관리, 퇴직 관리, 그리고 유족 간에 과전 분급을 둘러싼 갈등이 첨예화되었다. 세종은 국가 행정의 안정을 위해 현직 관리 우선 지급 원칙을 명확히 하면서도, 퇴직 관리에게는 수신전(守身田)을, 유족에게는 휼양전(恤養田)을 지급하는 절충책을 마련하였다. 이는 이해 당사자들의 요구를 조율하면서 불만을 최소화하려는 협상적 성격을 지닌 조치였다. 결국 태종의 개정이 권문세족과의 권력 관계 조정에 방점이 있었다면, 세종의 개정은 제한된 자원을 둘러싼 관료 집단 내부의 이해관계 조정을 통해 제도의 안정적 운영을 도모했다는 점에서 성격이 구분된다.

표 2.1.1은 초기 과전법 제정에서 태종과 세종 시기의 개정을 거치며 나타난 주요 변화 양상을 한눈에 비교한 것이다. 이를 통해 과전법이 단순한 토지 제도가 아니라, 시대별로 다른 정치적·사회적 이해관계 속에서 조정과 타협을 거듭해온 정치 협상의 산물이었음을 확인할 수 있다.

표 2.1.1 과전법 변천 비교표 (1391~세종 대)

구분	초기 과전법 (1391, 제정)	태종 시기 개정 과전법	세종 시기 개정 과전법 (1430, 세종 12년)
제정 배경	고려 말 권문세족 토지 독점과 국가 재정 붕괴 수습	운영 과정에서 토지 부족 심화, 구세력의 반발	토지 수급 불균형 심화, 현직과 퇴직 관리 간 갈등
대상 토지	전국 토지를 원칙적으로 국가 소유화, 과전은 경기 지역 한정	권문세족 토지 대규모 몰수, 사원전 대폭 정리 후 재편	여전히 경기 지역 한정, 분배 토지 부족 심각
수조권 지급 대상	현직·퇴직 관리 모두	현직 관리 우선, 일부 공신·유력 가문 예외 인정	현직 관리 엄격히 우선, 퇴직 관리·유족은 일부 배려책 마련
과전 규모	정1품~종9품까지 18과, 150결~10결 지급	기본 체계 유지	기본 체계 유지
구세력 처리	권문세족·사원 토지 일부 몰수, 잔존 허용	권문세족 토지 대대적 몰수, 영향력 약화	구세력보다는 현직 관리 중심 운영 원칙 강화
정치적 의미	신진 사대부를 기반으로 왕조 성립 정당화	왕권 기반 강화, 권문세족 정치적 영향력 축소	제도의 지속가능성 확보, 신구 세력 간 균형 유지

출처: 변태섭, **한국사통론**, 삼영사, 1999, 257-263.
국사편찬위원회, **한국사 19: 조선 전기 정치사**, 탐구당, 1985, 110-118.
정두희, 조선초기의 토지제도와 그 운영, **한국사연구** 제25집, 1979, 35-47.

5) 태종과 세종의 과전법 협상 비교

태종과 세종의 과전법 개정 협상은 유사한 점도 있지만 차이점도 있는데 협상의 항목을 구분하여 비교하고자 한다. 협상의 당사자, 쟁점, 입장, 이해관계, 전략, 기법, 결과를 비교 항목으로 하여 태종의 협상과 세종의 협상을 비교하면 표 2.1.2와 같다.

표 2.1.2 태종과 세종의 과전법 협상 비교

항목	태종의 협상	세종의 협상
협상 당사자	-조선 3대 왕 태종 -권문세족 -신진 사대부 -불교 사원	-조선 4대 왕 세종 -현직 관리 -전직 관리 및 유족 -불교 사원
협상 쟁점	-재원 안정화: 과전 지급 범위와 기준 -권한 재편: 토지·수익 재분배	-과전 지급의 우선 원칙 -퇴직 관리 및 유족 지원 -불교 사원 토지 환수
입장	-권문세족, 불교 사원의 토지 몰수 -기득권 토지 유지 -사원전 보존	-현직 관리 우선 배분 -퇴직 관리 최소한 보상 -기존 사유지, 사원전 유지
이해관계	-재원 안정화, 왕권 강화 -기득권 유지	-국가 재정 안정 -토지 운영 효율성 -기득권 유지와 생계안정
협상 전략	-재정 효율성 전략 -정치적 연합 전략 -개혁 홍보 전략 -단계적 개편 전략	-재정 안정화 전략 -전직 관리와 사원 보상 전략 -의견 수렴 및 조정 전략
협상 기법	-왕권이라는 협상 파워로 강압 -제한적 보상으로 회유와 타협	-이해관계의 파악과 조정 -설득과 타협
협상 결과	-전 국토 수조지 편성 -현직 관료 우선 지급 원칙 -왕권 강화, 권문세족 약화	-현직 관리 우선 지급 원칙 확립 -수신전, 휼양전 신설 -사유지, 사원전 추가 환수 -국가 재정 안정

태종과 세종의 협상 항목별 특이한 차이점 중심으로 간단히 설명해 보자. 당사자로서 태종 협상에서는 권문세족과 신진 사대부가 등장하

지만 세종 협상에서는 전직 관리와 현직 관리가 등장한다. 협상 쟁점으로는 태종과 세종의 협상이 유사한데 유족의 지원이 세종 대에 추가되었다. 입장에서는 태종의 입장이 권문세족과 불교 사원의 토지 몰수이지만 세종의 입장은 현직 관리의 우선 배분과 퇴직 관리의 최소 보상이었다. 이해관계로는 태종이 왕권 강화에 집중해 있는데 반해 세종은 재정 안정과 토지 운영 효율성에 집중해 있다. 협상 전략으로서 태종은 정치적 연합 전략을 활용한 반면 세종은 의견 수렴과 조정 전략을 활용하였다. 협상 기법으로는 태종이 협상 파워를 사용한 점이 특징이고 세종은 이해관계에 기반한 조정과 타협을 사용한 점이 특징이다. 협상 결과로는 태종이 전 국토 수조지 편성과 왕권 강화를 얻었고 세종은 현직 관리 우선 지급으로 왕권과 재정의 안정을 얻게 되었다.

6) 정치적 협상의 교훈: 태종·세종의 과전법 개정 사례

첫째, 자원의 제약 속에서 우선순위를 명확히 해야 한다. 토지는 한정되어 있었으므로, 두 왕은 현직 관리 우선 지급 원칙을 통해 분배 기준을 명확히 하였다. 협상에서는 가용 자원을 냉정하게 파악하고, 우선순위를 설정하는 것이 핵심이다.

둘째, 기득권의 저항을 무시하기보다 관리하고 조정해야 한다. 태종은 권문세족의 반발을 억누르는 동시에 일부를 회유하여 제도 변화를 관철하였다. 협상 과정에서 상대방의 저항을 고려한 관리 전략이 필요함을 보여준다.

셋째, 타협적 보완책은 갈등을 완화한다. 세종이 수신전·휼양전을 신설한 것은 한정된 자원 속에서도 퇴직 관리와 유족을 배려한 절충안이었다. 완전한 해결은 어려워도 최소한의 보완책을 마련하는 것이 협상의 지속성을 높인다.

넷째, 협상은 단순한 이해 분배를 넘어 정치적 질서 재편의 수단이다. 태종은 과전법 개정을 통해 권문세족을 제약하고 왕권을 강화했으며, 세종은 관료 집단 내부의 균열을 완화하였다. 협상은 단순한 물질적 분배가 아니라 권력 관계를 재구성하는 과정이 될 수 있다.

다섯째, 장기적 안정을 위한 협상은 당장의 불만을 감수하더라도 필요하다. 세종의 개정은 일부 유족의 불만을 남겼지만, 결과적으로 과전법 체제를 수십 년간 유지하게 했다. 협상에서는 단기적 갈등보다 제도의 지속 가능성을 중시하는 안목이 중요하다.

여섯째, 중요 국가정책에 주요 당사자의 이해관계를 토대로 합의를 도출하는 것이 효과적이다. 연금 개혁 등 갈등이 첨예한 정책은 이해관계가 걸려 있는 당사자들의 욕구를 파악하고 이를 기반으로 한 창조적 옵션을 개발하거나 상호 타협으로 합의를 도출하여 시행함이 필요하고 적절하다.

2. 남아공 몽플레 컨퍼런스 사례

1) 컨퍼런스의 배경

(1) 넬슨 만델라의 투옥과 석방

남아공(남아프리카공화국)은 1948년 국민당이 권력을 잡으면서 오래 동안 백인정부에 의해 지배되었고 흑인과 백인의 사회적 교류가 제한되는 인종분리주의(아파르트헤이트, Apartheid)가 유지되었다.[60)]

넬슨 만델라는 1962년 10월 15일 반란 선동죄와 거주지 이탈죄로 프리토리아 형무소에 수감된 후 1964년에 국가 반역죄 종신형을 선고받아, 로벤(Roben) 섬에 수감되었다. 1982년 4월에 만델라는 월터 시수루 등 아프리카민족의회(African National Congress, ANC) 리더들과 함께 케이프타운 교외의 토카이(Tokai)에 있는 폴스 무어(Pollsmoor) 형무소로 이감된 후 1988년까지 복역하였다.[61)] 만델라가 결핵을 앓고 있다가 회복되면서 1988년 12월에 팔(Paarl) 인근의 빅터 버스터(Victor Verster) 감옥소로 이관되었다. 비교적 자유로운 감옥생활을 하면서 방문객이 허용되었고 ANC 망명지도자 올리버 탐보(Oliver Tambo)와 비밀회담도 조직하였다.[62)]

1989년 남아프리카 대통령인 보타(Botha)가 뇌졸중에 쓰러져서 국민당의 지도자로서 은퇴하였다. 데 클레르크(F. W. de Klerk)는 갑작스럽게 국민당 당수를 승계하고 6주 후에 대통령직도 승계하였다. 데 클레르크는 인종차별이 더 이상 지속되기 어렵다는 것을 믿고 많은 ANC 죄수들을 사면하기를 결심하였다. 1989년 11월 데 클레르크는 내각을 소집하여 ANC의 합법화와 만델라의 석방을 논의하여 반대의 견이 일부 있었으나 확정하였다. 1990년 2월 11일 만델라는 빅터 버스터 감옥에서 출감함으로써 27년 3개월여 만의 기나긴 감옥생활에 종지부를 찍고 자유인으로 돌아왔다.

(2) 백인 정부와 흑인 저항세력 간 갈등

출감 후 2주가 지난 2월 27일 만델라는 국가최고위원회(National Executive Committee, NEC)에 참석하기 위해 루사카(Lusaka)로 갔다. 많은 아프리카의 지도자들이 모여 있었다. 짐바브웨의 로버트 무가베, 잠비아의 케네스 카운다, 앙골라의 에두아르도 산토스, 보츠와나의 쿠엣 마시레, 모잠비크의 요아킴 치사노, 우간다의 요웨리 무세베니 등 국가 지도자들이 다 모였다. 그들은 한편으로는 만델라의 석방을 환영하면서도 석방된 만델라를 평가해보려고 하였다. 만델라는 부총재로 선출되었고 알프레도 은조(Alfredo Nzo)가 사무총장을 맡았다.[63]

그해 3월에 각 당의 대표들과 협상을 한 후 만델라와 ANC는 데 클레르크와 정부와 처음 대면 미팅하기로 하였으나 3월 26일 경찰이 요하네스버그의 남쪽 30마일에 위치한 세보켕 타운십(Sebokeng Township)에서 사전 경고도 없이 ANC 시위자들을 향해 발포하여 12명 사망과 수백 명 부상자를 내었다. NEC와 협의한 후 만델라는 회담의 중단을 발표하고 데 클레르크에게 '한편으로는 협상을 위한 회담을 하고 다른 한편으로는 사람들을 살해할 수는 없다.'고 경고하였다.

데 클레르크의 목표는 남아프리카에서 소수권력의 변형된 형태를 유지하는 집단권리에 토대한 권력공유체계(system of power sharing)를 만드는 것이다. 말하자면 그는 '단순 다수결주의(simple majoritarianism)'에 반대하고 있다. 정부는 승자독식(winner-takes-all)체계를 반대하고 백인소수를 보장하는 비례대표체계를 옹호하였다. 데 클레르크는 흑인다수가 투표하고 법률을 제정하도록 허락하더라도 소수거부권을 유지하기를 원했다. 만델라는 그런 체계는 위장된 인종차별이고 패자독식(loser-takes-all)체계라고 묘사하며 처음부터 그의 계획을 반대하였다.[64]

1990년 5월초 정부와의 1차 회담은 3일간 개최되었다. ANC의 대표는 만델라를 포함해서 11명이었다. 회담장소는 초대 식민지 정부지사의 주거지인 그루트 슈어(Groote Shuur)였다. 300년 동안 서로 싸웠던 역사적 적들이 만나서 악수를 하였다. 회담에서 만델라는 이 회담은 ANC가 오랫동안 추구해 왔던 것이며 남아프리카에서 흑인과 백인의 관계를 특징짓는 주인과 종의 관계에 대한 종식이라고 역설하였다. 3일 회담의 마지막 날 양측은 협상의 평화로운 진행을 합의하였고 폭력에 시달리는 나탈(Natal)을 제외한 전 지역에서 정부의 비상사태 해제를 약속하도록 합의하였다. 이 합의시행의 장애물들을 해결하기 위해 공동실무그룹을 설립하여 추진하기로 하였다. 협상의 결과에 따라 먼저 정치범의 석방을 착수하였다.

여러 통로로 노력을 했지만 폭력이 사라지지 않고 계속되었다. 1991년 4월 NEC의 2일간 회의에서 만델라는 데 클레르크에 대한 의심을 제기하였다. NEC는 정부가 폭력의 뒤에 숨어 있고 그 폭력은 협상의 분위기를 뒤집어 놓는다고 믿었다. 5월에 ANC는 정부와의 대화를 중단한다고 선언하였다.

1991년 7월 ANC는 30년 만에 남아프리카 내에서 제1차 연례컨퍼런스를 개최하였다. 국내외 지부에서 민주적으로 선출된 2,244명의 대표가 참석하였다. 이 컨퍼런스에서 만델라는 만장일치로 회장에 선출되었고 시릴 라마포사(Cyril Ramaphosa)가 사무총장으로 선출되었다. 시릴은 어떤 이유로도 인종차별의 고통을 연장하는 것은 안 되며 과도정부를 가능한 빨리 수립해야 한다고 역설하였다.[65]

이제 새로운 남아공의 민주국가를 수립하기 위해 정부와 ANC, 그리고 많은 정파들이 시대적 사명감을 가지고 머리를 맞대고 합의점을 도출해야 했다. 이러한 중차대한 시기에 몽플레 컨퍼런스가 개최되었다.

2) 컨퍼런스의 참석자와 쟁점

1991년 9월 남아공의 미래를 결정하기 위해 우파, 좌파, 백인, 흑인의 지도자들 22명이 몽플레 컨퍼런스 센터(The Mont Fleur Conference Center)에 초대되었다. 당시 남아공 웨스턴케이프의 흑인 대학 교수인 피터 르 루(Pieter le Roux)가 이들을 초대했으며 워크숍을 진행할 캐나다 셸(Shell Canada)의 아담 카헤인(Adam Kahane)도 초대하였다.

초기에는 영국 에너지 대기업 셸(Shell)의 시나리오 기획팀이 남아공 대학 교수들과 협업을 시작했고, 이후 컨퍼런스를 통해 다양한 배경의 정치·사회 인사들의 협력과 대화를 이끌어내기 위한 플랫폼을 제

공하고자 했다. 컨퍼런스의 진행과 후원 명단을 다음과 같이 정리할
수 있다.[66)]

행사 후원: 에버트재단(The Friedrich Ebert Stiftung)
숙식 후원: 스위스개발청(Swiss Development Agency)
과정 촉진: 아담 카페인(Adam Kahane)
기술 지원: 남아공 셸(Shell South Africa)

이에 따라 정부나 ANC 등 참여 핵심단체들의 후원은 없었고 국제기구의 후원으로 행사가 진행되었음을 알 수 있다.

표 2.1.3에서 참가자 명단을 정리해서 분류, 요약하였다. 초청된 전체 22명 중 7명은 정계, 2명 경영계, 1명 노동계, 9명 학계, 3명 국제기구로 분류되었다. 셸의 몽플레 시나리오팀 2명과 케이프 타운 지점 과장은 회의를 진행하고 촉진하는 운영자로 분류되었다. 이 분류는 원래 참석자 명단에 표기되어 있지 않고 소속과 직함을 참고하여 만들어졌음을 밝혀둔다.

표 2.1.3 몽플레 컨퍼런스 참석자 명단

이름	소속	직함	분류 (소속)
1. 사키 마코조마 SAKI MACOZOMA	ANC 정보홍보과	과장	정계 (ANC)
2. 티토 음보웨니 TITO MBOWENI	ANC 경제기획과	경제학자	정계 (ANC)
3. 트레버 마누엘 TREVOR MANUEL	ANC 경제기획과	과장	정계 (ANC)
4. 구기레 은크윈티 GUGILE NKWINTI	ANC 지역국, 동케이프 개발조달 포럼	국장, 회장	정계 (ANC)
5.	남아프리카 개발은행 /	시니어	정계

모셉야네 말라치 MOSEBYANE MALATSI	PAC	정책분석가 / 경제학자	(PAC)
6. 수 반 더 멀웨 SUE VAN DER MERWE	블랙 새시 국가최고위원회 (Black Sash National Executive Committee)	위원	정계 (BSNEC)
7. 크리스토 위세 CHRISTO WIESE	대통령 경제자문위원회	위원	정계 (정부)
8. 미셀 르 루 MICHIEL LE ROUX	스텔렌보쉬 증류회사	관리국장	경영계
9. 조안 리벤버그 JOHANN LIEBENBERG	광산회의소 대외관계	시니어 총 관리인	경영계
10. 마로모라 스코사나 MAHLOMOLA SKOSANA	전국노동조합연맹 (NACTU)	수석 부사무총장	노동계
11. 롭 다비스 ROB DAVIES	웨스턴 케이프 대학교 남아프리카연구센터	연구교수 겸 공동 센터장	학계
12. 비비엔 테일러 VIVIENE TAYLOR	웨스턴 케이프 대학교 남아프리카 개발교육프로그램 (SADEP)	센터장	학계
13. 피터 르 루 PIETER LE ROUX	웨스턴 케이프 대학교 사회개발연구소	교수	학계
14. 토베카 시키즈와 망그와나 THOBEKA CIKIZWA MANGWANA	웨스턴 케이프 대학교 사회개발연구소	강사	학계
15. 빈센트 타바네 마파이 VINCENT THABANE MAPHAI	웨스턴 케이프 대학교 정치학과	조교수	학계

16. 니키 몰간 NICKY MORGAN	웨스턴 케이프 대학교 경제경영과학부	조교수	학계
17. 필립 모르 PHILIP MOHR	남아프리카 대학교 경제학과	교수	학계
18. 패트릭 은쿠베 PATRICK NCUBE	케이프 타운 대학교 / 웨스턴 케이프 대학교	선임연구위원 / 경제컨설턴트	학계
19. 브라이언 오코넬 BRIAN O'CONNELL	케이프 타운의 반도 기술교육학교	교장	학계
20. 가비 마고모라 GABY MAGOMOLA	인터 아프리카 그룹 (Inter-Africa Group)	의장	국제기구 (IAG)
21. 호워드 가브리엘스 HOWARD GABRIELS	프리드리히 에버트 재단 (FES)	프로젝터관리	국제기구 (에버트 재단)
22. 윈프리드 베이트 DR. WINFRIED VEIT	프리드리히 에버트 재단 남아프리카사무소 (FES 케이프 타운)	소장	국제기구 (에버트 재단)
도로시 뵈삭 DOROTHY BOESAK	몽플레 시나리오 (Mont Fleur Scenarios)	행정관	운영자
아담 카헤인 ADAM KAHANE	몽플레 시나리오 (Mont Fleur Scenarios)	시나리오 전략기획 전문가	운영자
구섬 칼얀 KOOSUM KALYAN	셸 사회정치소통 미디어과 (Shell 케이프 타운)	과장	운영자

출처: Pieter le Roux, Vincent Maphai, et al., "The Mont Fleur Scenarios," Deeper News, Global Business Network.

주: ANC=African National Congress(아프리카민족회의)

    PAC=Pan Africanist Congress(범아프리카회의)

    BSNEC=Black Sash National Executive Committee(블랙 새시 국가최고위원회)

    NACTU=National Council of Trade Unions(전국노동조합연맹)

    SADEP=Southern African Development Education Program(남아프리카 개발교육프로그램)

    IAG=Inter-Africa Group(인터 아프리카 그룹)

    FES=The Friedrich Ebert Stiftung(프리드리히 에버트 재단)

넬슨 만델라가 석방되고 ANC, PAC, SACP 등 많은 조직들이 합법화된 1990년 2월부터 사상 처음으로 모든 인종의 선거가 실시된 1994년 4월 사이에 수많은 포럼이 개최되었다. 정당, 시민단체, 전문가 집단, 정부 부처, 노동조합, 경영그룹 등 많은 이해관계자들이 다양한 포럼을 개최하여 교육, 주택, 경제정책, 헌법 등의 관심 분야에 대해 토론하였다. 몽플레 프로젝트도 이들 포럼 중 하나인데 다른 포럼과 달리 시나리오 방법론을 사용하였다.

몽플레 프로젝트의 목적은 확정된 진실을 제시하는 것이 아니라 향후 10년간 남아공을 어떻게 만들어갈 것인가에 대해 토론을 촉진하는 것이다. 그래서 컨퍼런스의 쟁점 또는 아젠다는 "남아공의 향후 10년간(1992-2002) 모습의 개발과 확산"으로 요약할 수 있다.

3) 컨퍼런스의 진행과정

(1) 시나리오 작업 과정

르 루는 흑인 반대세력을 위한 새로운 시나리오 기획을 준비하고 있는 중이었다. 남아공은 이미 두 개의 시나리오를 가지고 있었다. 셸에서 은퇴한 피에르 왁이 중심이 되어 만들어졌는데 르 루는 미래 가능성을 예측하는 객관적인 두 가지 시나리오보다 더 나은 미래를 만들기 위해 구성원들의 협동을 유도하는 현실 참여적 시나리오를 원했다. 그래서 셸에 요청한 결과 아담 카헤인이 참여하는 것으로 결정되었

다.[67]

　워크숍을 시작하기 전에 참가자들을 작은 그룹으로 나누어서 10년 후 남아공의 미래에 대한 가능한 시나리오를 만들게 했다. 비슷한 배경의 사람들이 모이지 않도록 했고 자신의 지지 정당이 원하는 미래에 대해서는 말하지 말도록 했다. 백인과 흑인이 혼합되어 그룹이 만들어졌다. 앞으로 일어날 수 있는 일들에 대해서만 말하도록 요청하였다.

　각 그룹은 전체회의에서 자신의 그룹이 생각하는 남아공의 미래상을 발표하도록 요청하였다. 청취자는 '그런 일이 일어날 거라고 생각하세요?' '그런 일은 절대 일어나서는 안 돼!' 같은 평가와 판단의 말은 하지 못하도록 하고 단지 '왜 그런 일이 일어나죠?' '그 다음에는 어떤 일이 일어납니까?' 같은 질문만 할 수 있었다.

　사회주의 혁명, 우파 다시 집권, 자유시장 바탕으로 한 유토피아 수립, '억압을 통한 성장'(재분배를 통한 성장을 비꼬는 말, 강력한 독재정부를 의미함), 중국 군사지원 통한 사회주의 혁명 성공 등이 시나리오로 제시되었다.

　첫 브레인스토밍에서 30개의 시나리오가 제시되었다. 이 시나리오들을 합치고 간추려서 9개의 시나리오를 만들었다. 다시 참가자들을 4개 팀으로 나누었다. 그들에게 9개의 시나리오에 세부적인 측면에서 살을 붙이라고 했다. 즉, 시나리오대로 세상이 변하면 남아공이 사회적, 정치적 국제관계에 어떤 변화가 올지 작성해보도록 했다.

　두 번째 워크숍은 1991년 12월에 개최되었다. 9개의 시나리오를 검토한 결과 지금의 남아공 상황에 적절한 시나리오 4개를 선택하였다. 이 선택 과정에서 기준은 실현가능성(plausibility)과 내적 일관성(internal consistency)을 적용하였다.[68]

두 번째 워크숍 후 각자 자신의 네트워크에 돌아가 이 4개 시나리오를 시험해보았다.

세 번째 워크숍은 1992년 3월에 개최되었다. 최종형태의 시나리오를 다시 작성했다.

네 번째 워크숍은 1992년 8월에 소집되었다. 고위층을 포함한 많은 사람들 앞에서 시나리오를 발표하고 타당성을 시험했다.

이렇게 하여 남아공 백인 정부에서 흑인 정부로 전환하면서 향후 희망 시나리오 4개를 도출하였다: 타조(Ostrich) 시나리오, 레임덕(Lame Duck) 시나리오, 이카루스(Icarus) 시나리오, 플라밍고들의 비행(Flight of the Flamingoes) 시나리오.

(2) 시나리오 프로세스의 특징

스토리 텔링 형태의 시나리오가 확고한 가능성을 가지게 되는 프로세스의 강한 특징은 무엇일까? 5가지의 프로세스 특징을 정리하면 다음과 같다.[69]

① 시나리오 프로세스가 논리적이다. 입장이나 가치가 아니라 사실과 논리 중심이다.

② 프로세스는 공개적이지만 비공식적이다. 프로세스가 스토리 텔링이므로 시나리오는 창조적이다.

③ 프로세스는 포괄적이고 전체적이다. 사회, 정치, 경제, 문화, 생태 등 세상의 모든 측면을 아우르고 있다.

④ 프로세스는 선택을 유도한다. 미래는 사전 확정이 아니고 선택에 의해 영향을 받는다. 시나리오 이야기는 선택을 통해 합리적으로 생각하도록 한다.

⑤ 프로세스는 건설적이다. 시나리오 대화는 참가자들의 주의를 과거와 현재로부터 미래로 돌린다. 솔루션은 당사자들의 분리된 이해관계로부터 미래의 공통 토대로 전환시킨다.

시나리오 노력이 성공하기 위한 필요조건들이 있다.[70]
① 프로세스가 신뢰할 수 있어야 한다. 프로젝트 소집, 진행하는 주체가 존경을 받고 입장이나 결과가 아니라 프로세스 주창자여야 한다.
② 프로세스가 비공식적이고 심사숙고해야 한다. 시나리오는 공식 협상과 분리된 다른 트랙이다. 시나리오는 숙고와 상상에서 나오며 행동으로 직접 연결되지 않는다.
③ 프로세스는 포괄적이어야 한다. 서로 다른 관점과 정당 간에 공통의 토대를 만드는 것이 시나리오 프로젝트의 가치이므로 모두를 포괄해야 한다. 불행하게도 인카타자유당(Inkatha Freedom Party)을 포함하지 못한 것이 아쉬운 부분이다.

시나리오 작업을 하기 위해 팀이 갖추어야 할 태도를 세 가지로 정리하고 있다.[71]
① 팀은 존중되어야 한다. 팀은 자신의 공동체나 유권자들에게 영향력이 있는 지도자로 구성되어야 한다.
② 팀은 오픈 마인드여야 하고 다른 사람들과 같이 작업하고 경청할 수 있어야 한다. 원칙주의자가 되어서는 안 된다.
③ 팀은 쟁점의 중요한 관점을 대표해야 한다. 어떤 그룹이나 입장의 공식 대표가 될 필요가 없어도 어떤 관점을 주장하는 팀원을 인정해야 한다.

4) 컨퍼런스의 결과

(1) 4개 시나리오

컨퍼런스는 남아공의 10년 동안 가능한 미래 경로를 예상하는 4개의 시나리오를 도출하였다. 그림 2.1.5는 4개의 시나리오가 미래에 어떤 상황에서 발생하는지 그 경로를 보여주고 있다.[72]

그림 2.1.5 가능한 미래 경로

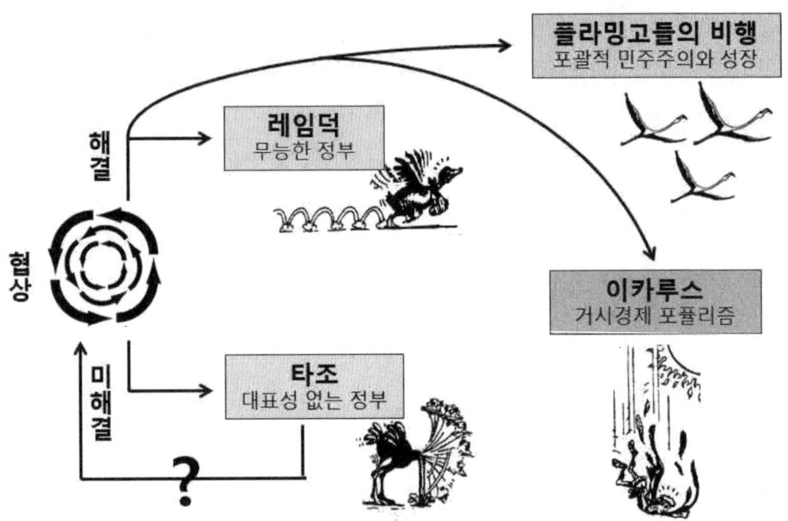

- 협상이 해결될 것인가? 아니라고 하면 타조의 시나리오대로 대표성 없는 정부가 나타날 것이다.
- 전환이 신속하고 결정적일 것인가? 아니라고 하면 레임덕 시나리

오대로 무능한 정부가 나타날 것이다.

 - 민주정부의 정책이 지속가능할 것인가? 아니라고 하면 이카루스 시나리오대로 불가피하게 붕괴될 것이다.

 - 민주정부의 정책이 지속가능할 것인가? 새로운 정부가 지속가능한 정책을 채택한다면 플라밍고들의 비행 시나리오대로 남아프리카는 통합적 민주주의와 성장을 성취할 것이다.

① 타조(Ostrich) 시나리오

그림 2.1.6 타조(Ostrich) 시나리오

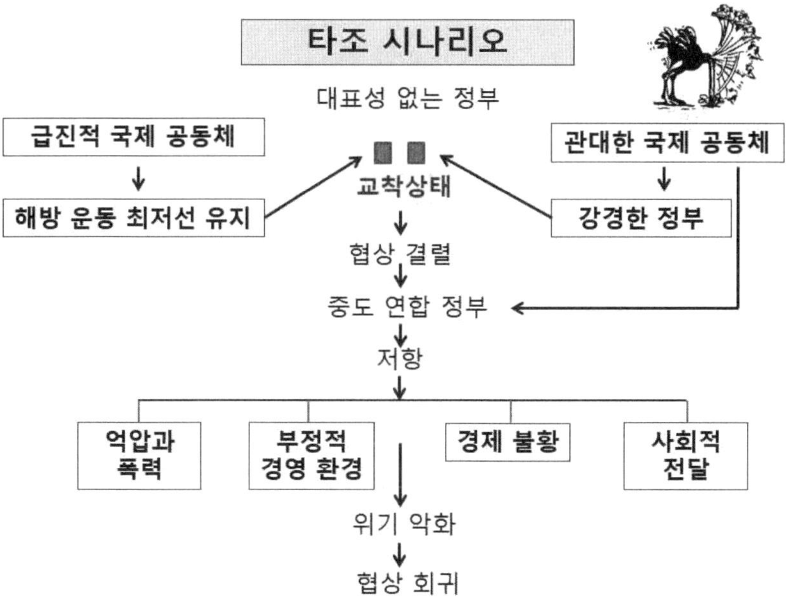

타조 시나리오에서는 소수 백인 정부가 위험이 닥쳤을 때 머리를 모래 속에 처박는 타조처럼 다수 흑인 요구를 거부하고 현실을 직면하고 싶어 하지 않는다. 타조는 보고 싶지 않고 날 수도 없지만 결국

머리를 들어 올려야 한다.

② 레임덕(Lame Duck) 시나리오

레임덕 시나리오에서는 약체 정부가 모든 세력 눈치를 보지만 그 어떤 세력도 만족시키지 못하고 개혁에 실패한다. 날개가 부러진 오리 같이 아무리 노력을 해도 날 수 없고 미래가 매우 불투명하다.

그림 2.1.7 레임덕(Lame Duck) 시나리오

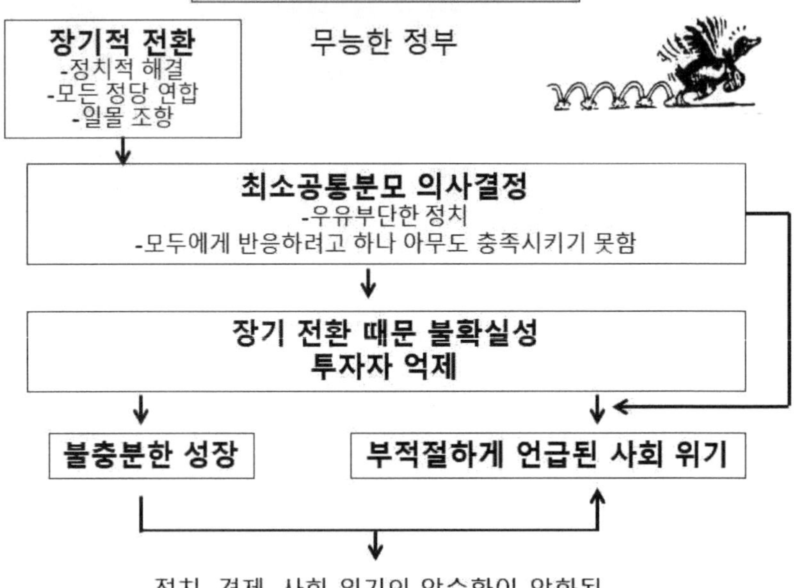

③ 이카루스(Icarus) 시나리오

이카루스 시나리오는 그리스 신화에 너무 태양 가까이 날다 떨어져 죽은 이카루스 이야기를 비유한 시나리오다. 자유 흑인 정부의 대중적 지지로 권력을 획득하여 이상적이고 고귀한 포부를 품고 거대하고 경비가 많이 드는 국가사업을 추진하지만 재정적 문제에 부딪힌다.

그림 2.1.8 이카루스(Icarus) 시나리오

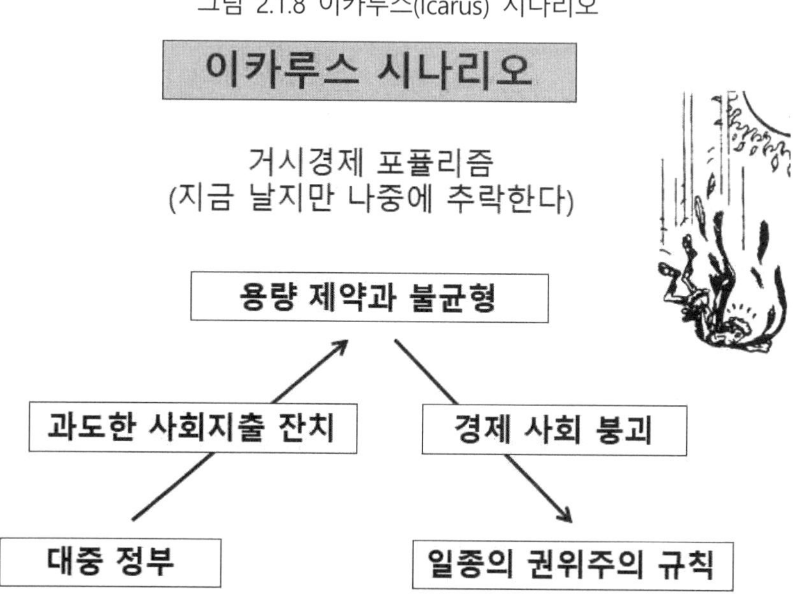

④ 플라밍고들의 비행(Flight of the Flamingoes) 시나리오

플라밍고는 홍학새로서 무리지어 천천히 도약하고 높이 날고 함께 날아간다. 그래서 플라밍고들의 비행 시나리오는 모든 대표 세력들이 연합해서 서로 배타하지 않고 천천히 새로운 사회를 건설해 나가는 통합적 민주주의와 성장의 시나리오이다.

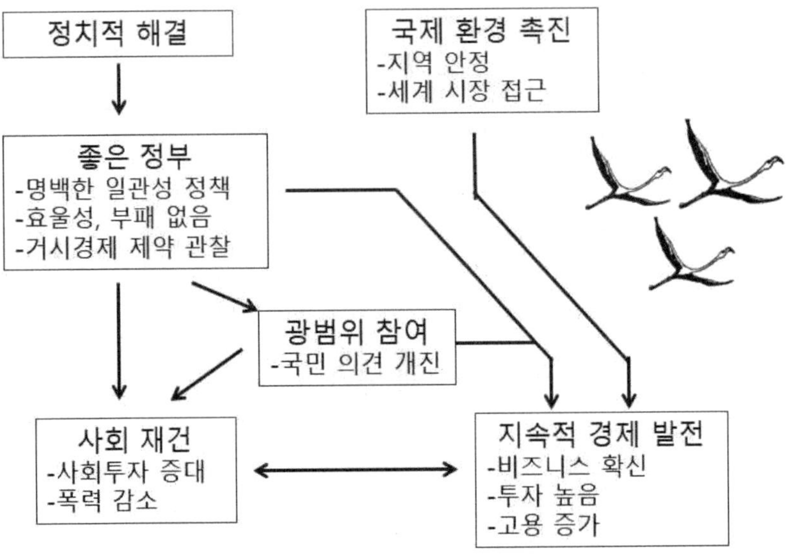

5) 몽플레 시나리오의 정책화 과정

(1) 1991-1992년: 시나리오 구상과 도출

아파르트헤이트 체제가 붕괴 직전에 있던 남아프리카공화국에서는 정치·사회적 불확실성이 극에 달한 시기였다. 이 무렵 다양한 이념적 배경을 가진 정치인, 학자, 노동계 인사, 기업인, 시민사회 대표들이 모여 몽플레(Mont Fleur) 컨퍼런스를 통해 국가의 가능한 미래 경로를 모색했다. 이 워크숍에서 참가자들은 여러 아이디어를 토의한 뒤, 변화 회피형인 Ostrich, 전환 지연형인 Lame Duck, 과속과 붕괴의 위험을 내포한 Icarus, 그리고 협력과 점진적 비상을 지향하는 Flight of the Flamingos의 네 가지 시나리오로 압축하였다.[73]

이 시나리오들은 단순한 예측이 아니라, 상이한 미래 가능성들을 정리한 정책 프레임(worked hypotheses)으로 설계되었으며, 사회 전반에 걸친 논의를 환기하기 위한 도구로 기능하도록 고안되었다.[74]

그림 2.1.10 몽플레 시나리오의 정책 반영 과정

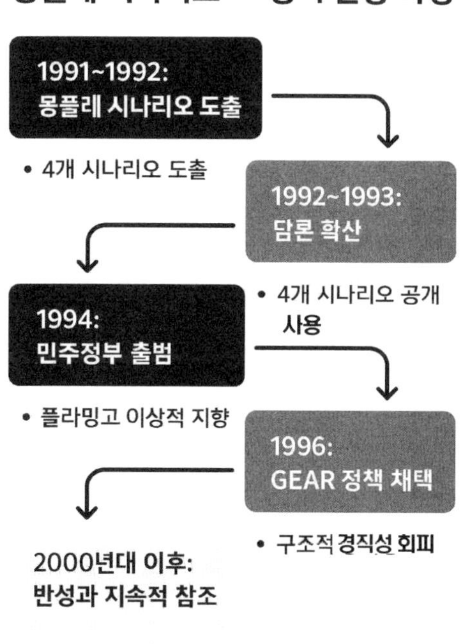

(2) 1992-1993년: 담론의 수용과 확산

시나리오가 도출된 이후, 이들은 남아공 내 정치 담론과 언론을 통해 빠르게 확산되었다. 특히 "Icarus의 위험"을 피해야 한다는 경계와 "Flamingos처럼 점진적이고 협력적으로 날자"는 언어는 정치 지도자와 공적 담론 속에 깊이 뿌리내렸다.[75]

이러한 언어와 사고 틀은 ANC 내부 경제정책 그룹, 특히 트레버 마뉴얼(Trevor Manuel)과 티토 음보웨니(Tito Mboweni)에게 흡수되었으며, 이들은 시나리오 내용을 ANC 최고 지도부에게 발표하기도 했다.[76] 이 과정을 통해 몽플레의 교훈은 내부 정책 토론의 전제가 되어 갔다.

(3) 1994년: 민주정부 출범과 초기 정책 방향

1994년, 넬슨 만델라의 당선과 함께 남아공은 공식적으로 다인종 민주 정부 시대로 진입했다. 새 정부는 제도적 통합과 사회 화해, 그리고 지속 가능한 경제 운영을 병행할 필요가 있었다. 이때 정부와 정책 담당자들은 몽플레에서 제시된 시나리오를 배경으로, 무모한 지출이나 급격한 팽창을 지양하되, 성장과 재분배를 병행하는 균형적 접근을 모색했다. 특히 Icarus 시나리오가 경고한 경제 붕괴의 가능성은 정책 선택에 강한 제약 요인으로 작용했다.[77]

(4) 1996년: GEAR 정책의 채택

1996년 정부는 경제정책의 중심 축으로 GEAR (Growth, Employment and Redistribution, 성장, 고용 및 재분배) 정책을 공식 발표하였다. 이 정책은 다음과 같은 방향성을 갖고 있었다.[78]
① 엄격한 재정 건전성 확보 및 균형 재정 운용
② 민간투자 촉진과 무역 자유화
③ 고용 창출과 소득 재분배를 통한 포용성 강화

이러한 노선은 몽플레 시나리오의 교훈 － 특히 과도한 팽창 리스크를 경고한 Icarus에 대한 경계와, 안정적이고 지속 가능한 포용적 전환을 강조한 Flamingos 지향 － 을 부분적으로 반영한 것이었다. 다만, GEAR는 초기에는 국제 자본 유치와 금융 안정성을 확보하는 데 유의미한 성과를 거두었지만, 실업·불평등 문제의 해소에는 한계를 지니고 있었다.

(5) 2000년대 이후: 반성과 지속적 참조

2000년대 이후 남아공 국내 학계와 정책 커뮤니티는 몽플레 시나리오와 GEAR 정책의 관계를 지속적으로 재검토했다. 많은 분석가들은 GEAR 이후의 정책이 구조적 경직성, 사회 불평등 심화, 경제 격차 고착화 등 문제들을 충분히 대응하지 못했다고 평가한다.[79]

그럼에도 불구하고 몽플레 시나리오는 남아공의 국가 담론 안에 지속적으로 살아남았고 , 특히 "어떤 길로 가지 말아야 할지"를 경고하는 역할과 "어떤 지향점을 지향할지"를 제시하는 나침반 역할을 동시에 수행해 왔다. 몽플레 기획에 의한 경제정책의 변화를 '위대한 U턴

(The Great U-Turn)'이라 불렀다.[80]

6) 사례의 교훈

몽플레 기획은 남아공의 각 그룹 참여자들이 국가의 위급한 상황을 풀기 위해서 시나리오를 만들었다. 시나리오를 도출하고 현실에 적용하여 새로운 남아공의 탄생을 성공시킨 사례에서 배울 수 있는 몇 가지 교훈을 정리할 수 있다.

첫째, 의견이 달라도 대화를 통해 합의를 이루어낼 수 있다.

서로 다른 사회 배경을 가진, 진정으로 헌신하는 소수의 지도자들이 대화해서 합의를 이루어내었다. '모두가 잘 살 수 있는 미래를 만들기 위해 무엇을 해야 하는가'에 대해 토론하였다. 그들은 공통의 목표를 향해 최선의 선택을 합의하고자 노력하였다.

둘째, 경제 위기를 극복하기 위해서는 이념 차이를 극복하고 경제훈련을 받아야 한다.

몽플레 기획은 아프리카민족회의와 다른 좌파 정당의 경제관념과 태도를 변화시키고 남아공이 경제 위기에서 벗어나도록 도왔다. 좌파 정당은 다수당의 힘을 믿고 폭주하지 않고 이념에 경도되지 않으면서 경제훈련을 받아 실질적인 국가경제관리를 가능하게 하였다.

셋째, 각 계 리더들의 참여와 행동 양식은 국가 미래 모습을 결정하게 된다.

몽플레 기획팀이 보여준 메시지는 우리가 어떻게 행동하느냐에 따라 미래의 모습이 결정된다는 것이다. 그들은 스스로가 자신의 미래를 창조할 수 있다고 믿었다.

넷째, 새로운 미래를 창조하려면 투쟁에서 벗어나 열린 마음으로 문제를 풀어야 한다.

지난 몇 십 년 간 죽느냐 사느냐 하는 격렬한 투쟁의 한복판으로 그들을 몰아세웠던 거대하고 심각한 문제를 해결하기 위해 작업했다. 그들은 밝고 창조적이고 열린 마음으로 문제를 풀어갔다.

다섯째, 회의를 주제하는 진행자는 중립적인 태도를 견지해야 한다.

워크숍 진행자인 아담 카헤인은 워크숍이 어느 한쪽으로 치우치지 않게 조정하는 진행자로서 역할을 하였다.

부록: 몽플레 컨퍼런스 참가자 명단(영어, 성 ABC 순)

DOROTHY BOESAK
Administrative coordinator for Mont
Fleur Scenarios

ROB DAVIES
Research professor and co-director of the
Center for Southern African Studies at the
University of the Western Cape

HOWARD GABRIELS
Project officer at Friedrich Ebert Stiftung;
previously with N.U.M.

ADAM KAHANE
A world expert in scenario-based strategic
planning

KOOSUM KALYAN
Manager of social, political, communications,
and media department of Shell in
Cape Town

MICHIEL LE ROUX
Managing director of Distillers Company
in Stellenbosch

PIETER LE ROUX
Professor in development studies and director
of the Institute for Social Development,
University of the Western Cape

JOHANN LIEBENBERG
Senior general manager, external relations,
of the Chamber of Mines

SAKI MACOZOMA
Member of the National Executive
Committee of the ANC; Head of the
media liaison unit of the Department of
Information and Publicity of the ANC

TITO MBOWENI
Economist in the department of economic
planning of the ANC

GABY MAGOMOLA
Ex-director of FABCOS and presently
chairman of Inter-Africa Group

MOSEBYANE MALATSI
PAC economist; senior policy analyst at
the Development Bank of Southern Africa
in the Center of Policy and Strategic
Analysis

THOBEKA CIKIZWA MANGWANA
Teaches social planning at the Institute for
Social Development at University of the
Western Cape

TREVOR MANUEL
Member of the National Executive
Committee and the National Working of
the ANC Committee; Head of the ANC's
department of economic planning

VINCENT THABANE MAPHAI
Associate professor and head of the
department of political studies, University
of the Western Cape

PHILIP MOHR
Professor of economics and head of the
economics department, University of
South Africa

NICKY MORGAN
Associate professor and dean of the faculty
of economic and management sciences at
the University of the Western Cape

PATRICK NCUBE
Senior research fellow at the University of

Cape Town and research consultant in
economics at the University of the
Western Cape

GUGILE NKWINTI
Director of the Eastern Cape
Development and Funding Forum in
Grahamstown; regional secretary (Eastern
Cape Region) and member of the
National Executive Committee of the
ANC

BRIAN O'CONNELL
Director of the Peninsula Technikon
School of Education in Cape Town

MAHLOMOLA SKOSANA
First assistant secretary general of
NACTU

VIVIENE TAYLOR
Director of the Southern African
Development Education Program
(SADEP) at the University of the Western
Cape

SUE VAN DER MERWE
Member of the Black Sash National
Executive Committee

DR. WINFRIED VEIT
Director of the South African office of the
Friedrich Ebert Stiftung (FES) in Cape
Town

CHRISTO WIESE
Member of the Economic Advisory
Council of the President; executive chairman
of Pepkor

제2장 행정갈등 해결 사례

새만금 관할권과 옥정호 물 이용 갈등 사례

1. 새만금 관할권 분쟁해결 사례: 지자체 간 관할권 분쟁에서의 조정의 한계

1) 갈등의 배경

해안의 바다를 땅으로 바꾸는 꿈, 새만금[81] 간척사업은 그 규모와 비전에서 단군 이래 최대 국책사업이라 불렸다. 그러나 그 거대한 이상 뒤에는 G시, K시, B군[82] 세 지방자치단체 간의 복잡한 관할권 분쟁이라는 민감한 갈등이 숨어 있었다. 이 이야기는 새만금이라는 거대한 국가 프로젝트가 어떻게 지자체 간의 경계 설정의 이해충돌을 야기했으며, 이에 대한 자체적인 협상력 부재와 정부의 조정 그리고 지리한 법적 공방의 과정을 이야기로 풀어본다.

이 글은 새만금 간척사업을 둘러싼 이해관계자의 대립과 갈등 과정에서 자체적인 협상 능력의 부재와 정부의 조정에 대한 불신으로 나타나는 행정소송의 과정 등 우리 사회의 의사결정 과정에서 나타나는 문제들을 되돌아보는데 목적이 있다.

새만금 간척사업은 1991년 첫 삽을 뜬 이후 30년 넘게 지속되었으며 현재까지도 진행 중인 초대형 국책사업이다. 전라북도 G시에서 B

군까지 이어지는 총 33.9km의 방조제 건설과 그 안의 간척지 409㎢ (이는 서울 면적의 2/3에 해당) 조성을 통해, 농업·산업·관광이 어우러진 미래형 도시를 구축하는 것이 목표였다. 그러나 개발된 땅이 어느 행정구역에 속하는가에 대한 문제는 사업 초기부터 지속적으로 제기되었다.

그림 2.2.1 새만금 간척지 위성 영상

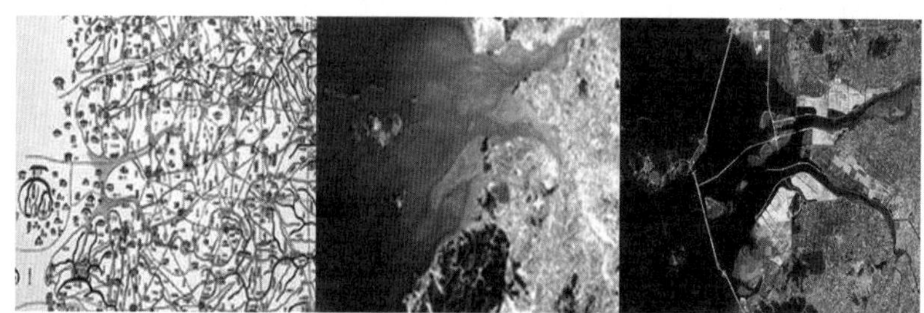

좌측부터 조선 후기 지도, 1987년 항공사진, 2019년 항공사진
출처: 새만금개발청.

특히 방조제가 완공된 2010년 이후, 방조제와 그 안의 간척지를 둘러싸고 G시, K시, B군 세 지자체 간의 관할권 분쟁이 본격화되었다.

2) 갈등 당사자와 쟁점

새만금 간척지는 G시, K시, B군의 세 개 지자체가 연관되어 있다. G시는 '연접성의 원칙과 행정 일체성'을 주장하며 대부분의 관할권을 요구했고, K시는 '역사적 연계성과 행정 연속성'을 강조했으며, B군은

'관할권 균형 배분'의 필요성을 제기했다[83].

이 갈등 쟁점은 겉으로는 "매립된 땅을 어느 지자체가 갖는가?"의 문제처럼 보이지만, 단순히 관할권의 분쟁이 아니다. 해당 구역의 관할권을 획득한다는 것은 해당 지역에서 발생하는 다양한 이득을 가져갈 수 있기 때문이다. 즉, 세입에 따른 지방재정의 확대, 개발 주도권의 확보, 정치적 이해관계가 얽혀 있다.

그림 2.2.2 새만금 토지이용 및 기반시설계획 예시도

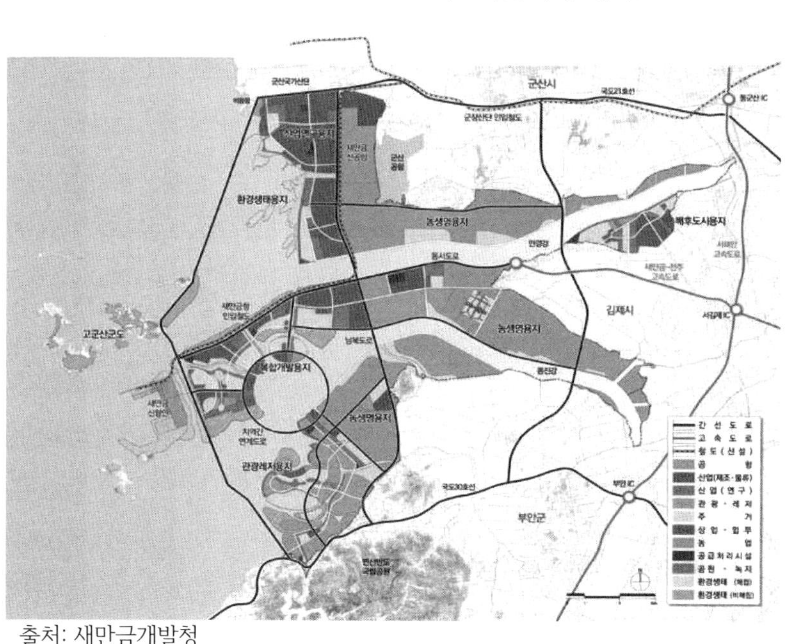

출처: 새만금개발청

(1) 지방 재정권의 확대

새만금 간척지 개발에 따라 발생하는 각종 지방세 수입의 확대, 국비·도비 예산 배정, 개발수익 등 관할 지자체 재정에 막대한 영향을 미친다. 누가 관할권을 가지느냐에 따라 해당 지자체의 재정 확대로 인한 운명이 달라진다.

(2) 매립지 개발 주도권 확보

매립 이후 형성되는 신항만, 산업단지, 도로, 수변도시 등에서 이루어지는 계획 수립 및 사업 승인 권한은 관할 지자체에 귀속되기 때문에, 주도권 경쟁은 불가피하다.

(3) 정치적 이해관계

지방선거, 국회의원 선거, 대선과 맞물려 각 정치인이 관할권 확보를 공약으로 삼는 사례가 빈번했다. 이는 관할권 갈등을 더욱 정치화시켜 지역민들까지도 갈등에 동조하고 있다.

3) 갈등의 전개 과정

(1) 우리나라 간척사업 유래

간척사업은 서해안·남해안에 집중되었는데, 이는 잘 발달한 간석지와 얕은 바다의 리아스식 해안이 형성되어 있기 때문이다. 즉, 만 입구의 양쪽 끝 사이가 짧으면서 내부 간석지의 면적이 넓어 간척하기 좋은 조건을 갖고 있는 것이다.

우리나라 간척사업의 역사는 고려시대로 거슬러 올라가는데, 1232년 몽골군 침입으로 강화도로 천도하면서 이주민이 급증한 데 따른 식량확보가 필요해서 간척사업을 진행했다[84]. 조선시대 숙종조에도 강화도에서의 간척사업이 진행되었다는 기록이 있다. 이후 일제강점기에는 식민지의 쌀 증산과 토지 개량 사업을 목적으로 간척사업을 진행했다. 1990년대 이전까지의 간척사업은 농업종합개발이라는 목적으로 시행되었고, 1990년 이후에는 간척지의 다목적 활용이라는 목적으로 간척사업이 진행되었다.

(2) 새만금 간척사업 연혁

식량자급이 최우선 과제였던 1970년 초에 간척과 야산 개발로 새로운 농경지 확대를 꾀했던 정부는 군산을 포함한 서해안에 주목하였다. 1971년 정부는 금강, 만경강, 동진강 하구의 갯벌을 개발해 새로운 농지를 조성하는 '옥서지구 농업종합개발계획'을 수립했다. 그러나 별다른 관심을 끌지 못한 채 무산되었고, 1975년 10월 농지확보 차원에서 대규모 간척사업을 위해 '서남해안 간척농지개발사업 기본계획'을 수립했다. 이 계획에는 앞서 수립된 옥서지구 개발계획의 내용이 포함되었다. 그러나 이 또한 보류 되었다가 1980년대 초 냉해로 인한 쌀 흉작 등 식량안보 문제가 발생하자 다시 검토하기 시작했다.[85]

정부에서는 1987년 5월에 '서해안 간척사업' 개발계획을 발표했다. 그해 11월 2일 부총리 주재 관계장관회의에서 '새만금 간척사업'이라는 공식 명칭이 사용되었다. 다만 당시 검토 결과 새만금지구는 경제성이 낮다는 이유로 보류되었다.

사장될 위기에 있던 새만금 간척사업이 1987년 12월 10일, 제13대 대통령 선거를 코앞에 둔 노태우 민정당 후보가 '단군 이래 최대규모의 간척사업' 공약[86]을 발표하면서였다.

4년 뒤인 1991년 11월 28일 새만금 방조제 건설을 위한 첫 삽을 뜨게 되면서 새만금 간척사업은 시작되었다. 이후 1995년부터 환경단체와 종교단체 그리고 지역주민을 중심으로 한 개발 반대 시위와 소송이 진행되기 시작하였다. 이 소송이 10여 년간 지속되면서 우리 사회의 갈등의 대명사로 전락하였다. 1999년에는 당시 김대중 대통령이 '갯벌 파괴, 수질 문제 등을 주장'하면서 사업 중단을 외치는 환경단체들의 의견을 받아들여 재검토를 지시하기도 하였다. 2001년 정부는 '경제성이 있으며, 동진강에 이어 만경강을 순차적으로 개발해 수질문제를 해결한다'는 정부의 입장을 정리하고 공사를 재개하였다.

2006년 4월 21일, 착공한지 15년 만에 새만금 방조제 물막이 공사가 완료되었다. 2007년 정부는 '새만금 내부토지개발 기본구상'을 발표하게 되는데, 개발 초기 농업용지 100%에서 농지 72%, 산업관광 등 비농지 28%로 변경하였다.

2010년 4월 27일 새만금 방조제 준공식을 거행하였다. 2010년 1월 28일 정부는 새만금 내부개발 농업용지 30%, 산업·관광용지 70%로 변경하였다. 이미 우리나라는 쌀이 남아도는 상황에서 농업용지 개발보다는 산업관광용지로의 개발을 건의한 지자체의 요구를 수용한 것이다[87].

2010년 새만금 방조제 준공 이후 지금까지 세 지자체는 방조제와

매립지 그리고 인프라 시설에 대한 관할권을 행정안전부의 중앙분쟁
조정위원회에 판정을 요청하였으나 판정 결과에 대한 불복으로 행정
소송을 진행하였다.

표 2.2.1 새만금 간척사업 연혁

연도	주요 사건 및 변화
1986.1	'서해안 간척사업' 장기 개발사업 수립
1987.11.02	부총리 주재 관계장관회의에서 '새만금 간척사업' 공식 명칭 사용
1987.12.10	노태우 후보, '새만금 간척사업' 대선 공약사업 발표
1991.11.28	방조제 공사 착공 (B군 OO면에서 기공식)
1995	환경단체·종교계·지역주민의 반발 본격화 (환경 갈등 시작)
1999	김대중 대통령, 환경문제로 사업 재검토 지시
2001.5	정부, 경제성 및 수질 개선 전제하에 공사 재개 방침
2006.4.21	방조제 최종 물막이 공사 완료
2007.4	내부토지개발 기본구상: 농지 72%, 산업·관광 28%
2010.4.27	새만금 방조제 준공 (33.9km 세계 최장 방조제)
2010.10.27	중분위, 3·4호 방조제 행정구역 'G시'로 결정
2013.11.14	대법원, 3·4호 방조제 군산 귀속 판결 확정
2015.10	중분위, 1호 방조제(B군), 2호 방조제(K시) 관할권 결정
2016.4	매립지(산업단지) 1,2공구 행정구역 'G시'로 결정
2021.1.14	대법원, 1호 방조제 B군, 2호 방조제 K시 귀속 판결 확정
2024.3.28	헌법재판소, G시 관할권 헌법소원 기각 (합헌 결정)
2025.2~4	동서도로 및 수변도시 관할권 K시로 결정, G시·B군 반발
2025.9	만경6공구(K시), 남북2축도로(3개 구역 분할)

출처: 저자 정리

(3) 갈등의 전개

2010년 10월 27일 행정안전부는 3.4호 방조제에 대한 관할을 G시

에 우선 배정하는 결정을 내린다. 이 결정에 불만을 품은 K시와 B군은 '지역 균형 발전 원칙을 위배했다'며 반발하였다. 그리고 두 지자체는 2011년 공동성명서를 발표하고, 행정소송을 예고했다. 이로써 관할권 분쟁은 단순한 행정 고착을 넘어 중앙과 지방 사이의 권력 역학을 시험하는 갈등으로 진입했다.

2013년 방조제에 관한 대법원의 판결로 제3.4호 방조제에 관한 관할권 분쟁은 종지부를 찍게 되었다. 당시 대법원은 '기존 해상경계선이 아닌, 인공구조물에 의한 경계, 육지와의 연결 형상, 토지의 효율적 이용, 매립으로 잃어버린 해양 접근성' 등을 종합적으로 고려한 '합리적인 기준'을 제시하였다.

> 1. 대법원 2013. 11. 14. 선고 2010두23642 판결 (새만금 방조제 3·4호)
> 새만금 방조제 중 3·4호 방조제의 관할권을 두고 전북 G시, K시, B군이 벌인 분쟁에 대한 것
> 배경: 행정안전부가 새만금 3·4호 방조제를 G시의 관할로 결정하자, K시와 B군이 이에 반발하여 행정소송을 제기.
> 대법원 판결: 대법원은 정부의 관할 결정이 재량권 일탈이나 남용이 아니라고 판단하여 군산시의 손을 들어줌. 이 판결에서 대법원은 과거 매립지 관할 결정의 준칙이었던 '지형도상 해상경계선'이 더는 절대적인 기준이 될 수 없고 대신, 앞으로는 신규 토지의 효율적 이용, 인근 지자체와의 연결 및 연접 관계, 하천 등을 종합적으로 고려해야 한다고 판시. 이 판결은 이후 매립지 분쟁에 새로운 기준을 제시했다는 점에서 중요한 의미를 가짐.

이후 2015년 중앙분쟁조정위원회에서 방조제 구간별 행정관할 구역을 1호 방조제 B군, 2호 방조제 K시로 공식 발표했다. 해당 결과를 접한 G시는 행정안전부 장관을 상대로 '새만금 방조제 일부 구간 귀속 지방자치단체 결정 취소' 청구를 하였고, 소송이 제기된 지 5년 후인

2021년 대법원에서 최종 기각 결정을 함으로써 중앙분쟁조정위원회의 결정대로 최종 확정되었다.

표 2.2.2 새만금 내부 인프라시설 관할 결정(1차)

구간	행정안전부 결정	법원 최종 결정
3호, 4호 방조제	G시(2010. 11월)	G시 관할 확정 (대법원 2013년 판결)
1호 방조제	B군(2015. 10월)	B군 관할 확정 (대법원 2021년 판결)
2호 방조제	K시(2015. 10월)	K시 관할 확정 (대법원 2021년 판결)

이렇게 중앙분쟁조정위원회의 결정을 인정하는 대법원 판례에도 불구하고 새만금 내 신규 매립지 개발에 따른 관할권 분쟁과 소송은 계속되고 있다. 최근에는 새만금 동서도로와 스마트 수변도시의 관할권을 두고 G시와 K시, B군 간의 갈등이 재점화되었다. 세 지자체는 인프라 사업인 동서도로·신항만·스마트 수변도시에 대해 자신들의 주장을 계속하고 있다.

G시는 신항만의 운영 주체로 나서기 위해 산업부와 협의를 진행했고, K시는 재정 분야 협약체결을 추진했다. B군은 문화·관광 인프라를 중심으로 수변도시 개발권을 확대하려는 전략을 병행하였다.

2025년 2월 중앙분쟁조정위원회는 새만금 동서도로의 관할권을 K시로 의결했고, 4월에 스마트수변도시의 관할지를 K시로 결정했다. 또한 만경 6공구와 남북2축 도로에 대한 관할권 결정이 최근 발표되었다. 만경 6공구는 김제시로, 남북2축도로는 3개의 구역으로 분할해, 각각 G시, K시, B군으로 귀속 결정했지만, 새만금 동서도로에 대해 G시가 반발하면서 소송을 예고했고, 새만금 스마트수변도시와 만경 6공구에 대해서는 G시와 B군이 반발하면서 소송을 예고하고 있다. 중앙분쟁조정위원회는 판례가 제시한 기준을 토대로 귀속결정을 하였지만 각 지자체는 새로운 매립지에 대한 관할권을 주장하며 법적 다툼을 계속하고 있다. 문제는 이후에 남은 새만금 신항만, 그린수소 복합단지, 산업용지 등의 주요 인프라와 관련된 관할 결정이 남아있다.

표 2.2.3 새만금 내부 인프라시설 관할 결정(2차)

대상	행정안전부 결정 (중앙분쟁조정위원회)	결정 시점	관할 결정 결과
새만금 동서도로	K시 관할로 결정	2025년 2월	K시 (G시 반발, 소송 예고)
새만금 스마트 수변도시	K시 관할로 결정	2025년 4월	K시 (G시·B군 반발, 소송 예고)
만경6공구 방수제	K시 관할로 결정	2025년 9월	K시 (G시·B군 반발, 소송 예고)
남북2축도로	3개 구역으로 분할 결정	2025년 9월	G시, K시, B군 (각각 일부 귀속)

결국 마지막 결전지는 G시와 K시가 가장 치열하게 다투고 있는 새만금 신항이 될 것이다. 특히 G시는 새만금 신항을 기존 군산항과 통합하여 원 포트(One Port) 방식의 통합 운영을 주장하는 반면, K시는 별도 독립 항만으로 투 포트(Two Port) 체계를 요구하고 있다. 각 지자체는 여전히 해당 구역의 예산·운영·개발 권한을 두고 충돌하며 이는 다시금 소송전으로 확대될 것이다. 이 시설이 새만금 신항 전체 관할에 영향을 미치기 때문에 중앙분쟁조정위원회에서는 2026년으로 예정된 신항 완공 시점에 맞춰 의결할 것으로 보인다.

4) 갈등의 결과

(1) 갈등의 결과

1991년 11월 첫 삽을 뜬 이후 34년, 지금까지 미지의 새만금 개발을 대선 공약으로 약속한 대통령만 무려 9명이 바뀌었다. 썩은 담수호와 넘실대는 바다 한 가운데를 금 그어 놓은 방파제와 동서, 남북 도로만 놓여 있고, 각 지자체는 영토 관할권 다툼에 여념이 없다. 지자체장들 그리고 해당 지방의원들, 선거철마다 외치는 정치인들의 ‘조기 완공’은 여전히 요란하기만 하고 공허하다.[88]

지역민에게 새만금 간척사업은 박주현 기자가 언급한 것처럼, “이 운명의 저녁은 미리 준비된 고문이었다. 바로 희망이라는 이름의 고문이다. 선거철만 되면 어김없이 ‘공약'이라는 가면을 쓰고 나타나는 ‘희망 고문'이다.”[89]

방조제가 준공된 2010년부터 ① 새만금 방조제, ② 동서도로, ③ 새만금 스마트수변도시, ④ 만경6공구, ⑤ 남북2축도로 관할권에 대해서 중앙분쟁조정위원회의 결정이 이루어졌고, 동서도로, 스마트수변도시, 만경6공구에 대해서 관할권 인정받지 못한 지역에서는 소송을 예고하고 있다.

그림 2.2.3 새만금 간척지 기본계획

출처: 새만금개발청

또한 아직 결정나지 않은 새만금 신항만 관할권에 대한 분쟁은 지금까지 그랬듯 G시와 K시의 소송전이 불가피할 것으로 보인다.

새만금 관할권 분쟁은 단순한 행정 경계 문제를 넘어, 재정 수익, 개발 이익, 정치적 영향력의 삼중 구조에서 발생했다. 예산 배분 측면에서 방조제·신항만은 향후 수조 원대의 추가 재원과 국비 확보권을 수반하고 있다. 정치적으로는 지자체장의 공약 이행, 선거 전략, 지역 정치기반 확대에 직결된 사안이었고, 기술·산업적 측면에서는 스마트 인프라, 항만 운영, 도시계획 분야에서 우리나라 모범 사례로 자리매 김할 수 있다는 측면이 있다.

(2) 갈등조정의 한계

지방정부 간 갈등원인이 복잡하고 다양하기 때문에 이를 해결하기 위한 방법도 다양하게 나타날 수 있다. 일반적인 정부 간 갈등을 조정 하는 방법으로 당사자 간 협상과 제3자에 의한 조정으로 구분할 수 있다.

당사자 간 갈등해결 방법은 갈등해결 주체간의 협상에 의한 방식이 대표적이다. 협상이란 공동의 문제를 가지고 있는 둘 이상의 당사자가 서로 만나서 대립하는 견해와 다양한 정보를 주고받는 과정을 통해 더 나은 해결방안을 모색하여 자신들의 욕구를 충족시키는 의사결정 또는 문제해결 과정이다. 협상은 비용이 적게 들고, 신속하고, 상호간 에 수용 가능한 결과를 만들 수 있다. 이해관계자들을 의사결정과정에 직접 참여시켜서 그들이 자신들의 주된 관심사항을 직접 밝힐 수 있고 이는 지역 주민의 저항을 최소화할 수 있는 장점이 있다. 하지만 갈등 의 당사자가 많을 경우 첨예한 의견대립과 갈등의 장기화가 될 수 있 는 단점이 있다.

제3자에 의한 갈등 해결 방법은 조정 또는 중재에 의한 방법과 소송 에 의한 방법을 들 수 있다. 조정 또는 중재는 지방정부 간 갈등의 내용이 복잡하고 다양한 상황에서 그 해결이 곤란하여 중립적인 제3

자의 조정역할에 의해 갈등을 해결해 나가는 과정이다. 조정은 갈등당사자들 사이에 어느 한 편에도 치우침 없이 균형을 유지하면서 갈등을 해결을 조력하는 것으로 조력된 협상이라고도 한다.

제3자에 의한 조정은 갈등 당사자 간의 협상을 원활하게 이끌기 위한 활동으로 협상 타결을 전제로 한다. 따라서 조정은 재판과 같은 사법적 해결기제가 갖는 단점을 보완하면서 신속, 공정한 갈등해결을 확보할 수 있다.

소송에 의한 갈등해결은 당사자 간의 협상이나 조정으로 해결되지 않는 경우 법원의 판결을 통하여 해결하는 방법이다. 지방정부 간의 권한 갈등을 사법부에 의한 판단을 받는 것을 의미한다. 사법부의 판결에 의한 갈등해결은 시간과 비용의 문제와 제로섬을 유발하기 때문에 올바른 방법이라 할 수는 없다(서휘석 외, 2009).

2013년과 2021년, 대법원은 행정안전부의 새만금 방조제 관할권 결정에 대해 '합리적 행정 결정'이라며 소송에 대한 기각을 결정했다. 이로써 방조제 관할에 대한 법적 다툼은 일단락되었지만, 이는 단지 한 전선의 종결에 불과했다. 2024년 새만금 동서도로와 새만금 스마트 수변도시에 대한 중앙분쟁조정위원회의 K시 관할권 인정 결정에 G시와 B군이 행정소송을 예고하고 있다.

행정안전부는 중앙분쟁조정위원회를 구성하여 지자체 간 의견을 청취하고 관할 조정을 시도했다. 하지만 양측의 입장이 워낙 첨예해 실효적 합의 없이 소송이 병행되었고, 결국 정책 집행이 지연되는 현실이 드러났다.

행정소송에 따른 시간과 비용적인 낭비뿐만 아니라, 관할권 분쟁이 명확한 조정 구조 없이 방치되면서, 정부 사업은 잇따라 지연되고, 예산 집행에도 혼선이 발생할 수 있다. 중앙정부는 행정안전부 중앙분쟁조정위원회를 통해 조율을 시도했으나, 각 지자체의 실질적인 합의 도출에는 실패하며 정책 집행력을 약화시키는 결과를 낳았다.

지금까지 각 지자체는 중앙분쟁조정위원회의 결과에 불복하며 추가 소송과 항의 집회를 이어갔고, 결국 2021~2025년 사이만 해도 약 18억 원의 소송 및 대응 비용이 소요되었다.

새만금 관할권과 유사한 중앙분쟁조정위원회의 분쟁조정 사례로 '평택·당진항 매립지, 부산북항 제2·3부두 매립지' 등의 관할 지방자치단체 결정과 '인천 송도 생활폐기물 자동집하시설 관리권' 관련 인천 연수구와 인천경제자유구청 간의 분쟁 조정 사례가 있다. 하지만, 평택·당진항 매립지 조정 사례나 부산 북항제2.3부두 매립지 관할권 조정사례 역시 중앙분쟁조정위원회의 조정에서 마무리되지 못하고 대법원 판결까지 진행됨을 살펴볼 때, 중앙분쟁조정위원회의 조정효과에 대해 의문을 제기할 수밖에 없다. 그렇다고 중앙분쟁조정위원회가 무의미한가?에 대해서도 인정할 수 없다. 왜냐하면 대법원에서는 중앙분쟁조정위원회의 결정을 추인해주는 정도에서의 판결 결과가 나오고 있다. 물론 대법원 판례에서 제시한 인접성과 효율성 등을 중요한 기준을 마련함으로써 향후 분쟁조정 시에 기준을 제시한 점은 긍정적으로 살펴볼 필요가 있다. 대법원에서는 '과거 해상경계선이 절대적인 기준이 아니라고 판단하며, 매립지의 전체적인 구도, 하천과의 연접 관계, 그리고 향후 개발 및 이용의 편의성 등을 종합적으로 고려해야 한다고 판시하고 있다.

5) 갈등 사례의 교훈

지방분권화가 확대되고 자치권의 범위가 넓어질수록 지자체간의 갈등과 대립은 증가한다. 이는 지자체가 이익 추구과정에서 연접한 지자체와의 업무연계성으로 인해 갈등이 발생할 수밖에 없다. 상호 연계하에 통합 처리해야 하는 사무가 많아져 협력이 필수적으로 요구되는 반면에 갈등 또한 확대될 수밖에 없다. 갈등을 사전에 예방하려고 하지만, 이 또한 쉽지 않은 것이 사실이다.[90]

새만금 관할권 해법모색 제5차 대토론회에서 기조발제에 나선 박상철 미국헌법학회 이사장은 새만금 문제를 '공유자원의 문제'로 정의했다. 법적 다툼만으로 갈등을 근본적으로 해결하지 못하기 때문에, 새만금 공동개발관할협의회의 구성을 제안하고 있다. 이 기구를 통해 공유기금을 마련하고 권한과 수익, 책임을 나눠 현재의 '제로섬' 관계를 협력적 구조로의 전환이 필요하다고 주장한다. 강남훈 기본사회 이사장은 기본사회와 새만금 공유부의 커머닝'을 주제로 새만금을 "특정 지자체의 소유물이 아닌 전북 공동의 자산(공유부)"으로 봐야 한다고 역설했다. 그는 경제학의 '섀플리 가치' 등을 활용해 재생에너지, 토지, 항만 등 공유부에서 발생하는 이익과 비용을 공정하게 배분하는 원칙을 합의하는 '커머닝(commoning)' 과정을 제도화해야 진정한 협력이 가능하다고 밝혔다.

양기대 전 국회의원은 '새로운 거버넌스 체계 구축'을 강조했다. 그는 "현재 새만금은 '결정은 중앙이, 책임은 지역이' 지는 구조적 모순에 빠져 있다"고 비판했다. 해법으로, 중앙집중적 구조를 깨기 위해 대통령 직속 새만금위원회로의 격상을 검토하고, 동시에 전북도가 주

도하는 '새만금 현장 실행위원회(가칭)'를 신설해 지자체, 기업, 시민
이 참여하는 현장 중심의 의사결정이 이뤄져야 한다고 제안하고 있
다.91)

새만금 사례는 개발 이전의 행정구역 조정이 충분한 협의와 합의
구조 없이 이루어질 경우, 이후 개발사업이 반복적인 지자체 간 충돌
과 혼란 속에 갇힐 수 있음을 보여준다. 이번 사례를 통해 지자체간의
갈등에 대한 다음과 같은 교훈을 생각해 볼 수 있다.

첫째, 갈등의 조기 해결을 위한 '사전 합의 구조' 확립이 필수적이
다. 새만금 사례는 개발 전 행정구역 조정에 대한 충분한 합의 없이
사업이 추진될 경우, 완공 후 지루한 법적 공방에 갇힐 수 있음을 보여
준다. 계획 수립 단계에서 새로 생성될 토지의 경계 설정과 변동 가능
성에 대한 구체적인 검토가 이루어졌다면 지금과 같은 갈등의 확산을
방지할 수 있었을 것이다. 따라서 국책사업 입안 시 이해관계자 간의
합의 형성을 우선시하는 행정 체계가 마련되어야 한다.

둘째, 지방분권 확대에 따른 지자체 간 갈등 증가를 제도적으로 대
비해야 한다. 지방분권이 강화되고 자치권의 범위가 넓어질수록 지자
체는 세입 확대와 개발 주도권 확보를 위해 연접 지자체와 대립할 가
능성이 커진다. 새만금의 경우 G시, K시, B군이 각자의 역사적 연계성
이나 행정 연속성을 내세우며 한 치의 양보 없는 관할권 분쟁을 벌였
다. 지자체간의 상호 협력이 필수적인 사무가 많아지는 만큼, 갈등을
사전에 예방하고 통합 처리할 수 있는 제도적 대비책이 중요하다.

셋째, 사법적 판단 이전에 '자체적 협상력'을 키우는 거버넌스가 필
요하다. 당사자 간의 협상은 비용이 적고 신속하지만, 새만금 사례처
럼 갈등이 첨예한 경우 실효적 합의 없이 소송으로 이어져 정책 집행

이 지연되는 결과를 낳고 있다. 대법원 판결을 통한 해결은 시간과 비용을 낭비하며 승자와 패자가 갈리는 '제로섬' 결과를 초래하기 때문에, '새만금 공동개발관할협의회'와 같은 민관 거버넌스 기구를 통해 공동의 수익과 책임을 나누는 협력 구조를 만드는 것이 바람직하다.

넷째, 중앙분쟁조정위원회의 '실질적 중재 기능'과 법적 기준을 강화해야 한다. 행정안전부 중앙분쟁조정위원회가 관할 조정을 시도했으나 지자체들의 불복과 소송이 이어지며 중재의 효과성에 의문이 제기된다. 하지만 대법원은 기존 해상경계선이 아닌 토지의 효율적 이용과 인접 지자체와의 연결 관계 등을 종합 고려한 '합리적 기준'을 제시하며 위원회의 손을 들어주고 있다. 향후 유사 사업에서는 이러한 합리적 행정 기준이 기계적 적용을 넘어 지역 경제와 여론을 충분히 반영하도록 제도를 정교화할 필요가 있다. 각 지자체는 이익을 추구하는 과정에서 다양한 갈등이 발생하는데, 갈등의 발생원인 역시 다양하고 이질적이어서 조정이나 해결방안을 모색하기가 어려운 경우가 많다. 단일 방안으로 해결되기 어렵고 또한 해결과정에서 장시간이 소요되거나 심지어 해결책을 찾기가 어려운 경우도 있다. 자체적인 협상 또는 조정에 의해 갈등을 해결하지 못한다면 결국은 중앙정부의 중재에 의존할 수밖에 없다. 중앙정부는 행정 중재자로서 중재의 효과성을 제고하기 위해 단순한 중재 결과의 선포를 넘어 지속성을 확보할 수 있는 제도적 설계가 병행되어야 한다.

다섯째, 국책사업의 '정치적 이용'을 지양하고 상생적 발전을 도모할 필요가 있다. 새만금은 선거철마다 '조기 완공'을 외치는 정치인들에 의해 관할권 분쟁이 더욱 정치화되었으며, 이는 지역민들에게 '희망 고문'으로 다가왔다. 자원 배분을 두고 벌이는 '제로섬 게임' 논리를 벗어나, 새만금을 특정 지자체의 소유가 아닌 지역 공동의 자산으로 보는 시각 전환이 필요하다. 이익과 비용을 공정하게 배분하는 '커머닝(Commoning)' 과정을 제도화하여 지자체 연합에 의한 상생 모델을 구축할 필요가 있다.

결국, 각 지자체는 더 이상 '제로섬 게임'의 논리를 벗어나야 한다. 자원의 배분이 아닌, 공동 번영을 위한 지자체의 연합에 의한 개발 모델, 즉 상생적 협력구조를 구축했으면 좋았겠다는 아쉬움을 남긴다.

참고 자료: 지방자치단체 중앙분쟁조정위원회

1) 지방자치단체 중앙분쟁조정위원회 설치

지방자치법 제166조(지방자치단체중앙분쟁조정우원회 등의 설치와 구성 등)①
제165조 제1항에 따른 분쟁의 조정과 제173조 제1항에 따른 협의사항의 조정에
필요한 사항을 심의·의결하기 위하여 행정안전부에 지방자치단체중앙분쟁조
정위원회(이하 "중앙분쟁조정위원회"라 한다)를, 시·도에 지방자치단체지방분
쟁조정위원회(이하 "지방분쟁조정위원회"라 한다)를 둔다.
② 중앙분쟁조정위원회는 다음 각 호의 분쟁을 심의·의결한다.
1. 시·도 간 또는 그 장 간의 분쟁
2. 시·도를 달리하는 시·군 및 자치구 간 또는 그 장 간의 분쟁
3. 시·도와 시·군 및 자치구 간 또는 그 장 간의 분쟁
4. 시·도와 지방자치단체조합 간 또는 그 장 간의 분쟁
5. 시·도를 달리하는 시·군 및 자치구와 지방자치단체조합 간 또는 그 장 간의
분쟁
6. 시·도를 달리하는 지방자치단체조합 간 또는 그 장 간의 분쟁
③ 지방분쟁조정위원회는 제2항 각 호에 해당하지 아니하는 지방자치단체·지
방자치단체조합 간 또는 그 장 간의 분쟁을 심의·의결한다.
④ 중앙분쟁조정위원회와 지방분쟁조정위원회(이하 "분쟁조정위원회"라 한다)
는 각각 위원장 1명을 포함하여 11명 이내의 위원으로 구성한다.
⑤ 중앙분쟁조정위원회의 위원장과 위원 중 5명은 다음 각 호의 사람 중에서
행정안전부장관의 제청으로 대통령이 임명하거나 위촉하고, 대통령령으로 정하
는 중앙행정기관 소속 공무원은 당연직위원[92]이 된다.
1. 대학에서 부교수 이상으로 3년 이상 재직 중이거나 재직한 사람
2. 판사·검사 또는 변호사의 직에 6년 이상 재직 중이거나 재직한 사람
3. 그 밖에 지방자치사무에 관한 학식과 경험이 풍부한 사람
⑥ 지방분쟁조정위원회의 위원장과 위원 중 5명은 제5항 각 호의 사람 중에서
시·도지사가 임명하거나 위촉하고, 조례로 정하는 해당 지방자치단체 소속 공
무원은 당연직위원이 된다.
⑦ 공무원이 아닌 위원장 및 위원의 임기는 3년으로 하며, 연임할 수 있다. 다만,
보궐위원의 임기는 전임자 임기의 남은 기간으로 한다.

2. 옥정호 물 이용 갈등해결 사례

1) 갈등의 배경

　다원화된 현대사회에서 다른 집단과의 상호의존성이 강화되는 추세에 있다. 상호의존성의 확대는 갈등이 발생할 수 있는 여건이 더욱 커지고 있다는 것이며, 결국 갈등을 어떻게 관리하느냐에 따라 집단이나 조직의 미래가 결정된다고 할 수 있다.

　이는 중앙정부나 지자체도 예외는 아니다. 지방정부 간에 갈등이 발생하는 것은 자연스런 현상이다. 특히 지방자치제의 실시 이후 지방정부의 자율성과 독자성이 확대되었지만, 공동으로 처리해야 할 업무 또한 증대됨에 따라 연접한 자치단체와의 갈등이 빈번해졌다. 지방정부 간의 갈등관리에 실패하면 효율성을 약화시키지만 갈등을 잘 관리하면 지역주민들에게 보다 나은 공공의 서비스를 제공할 수 있다. 따라서 지방정부 간의 갈등이 발생하였을 때 이를 어떻게 관리할 것인가는 중요한 과제이다. 과거 중앙정부의 권력이 강하던 시대에는 중앙정부가 예산이나 법적 권한과 같은 공권력을 이용하여 갈등을 해결해 왔다. 하지만 1995년 지방자치제도 시행 이후 중앙에 의한 갈등해결에는 한계가 있다. 지방자치시대에는 이해관계자들의 상호 협의를 통해 문제를 해결하는 것이 가장 바람직하다.

　옥정호[93) 상수원보호구역 갈등은 물 문제를 둘러싼 지방정부 간의 대표적인 분쟁 사례이다. 사례에는 광역지자체가 문제의식을 가지고 조정을 통하여 원만한 합의를 이끌어내었다. 따라서 해당 사례를 통해 갈등의 원인과 갈등당사자 간의 협의를 통해 갈등이 조정되는 과정을 살펴보고자 한다. 이는 지방정부 간의 갈등을 해결하는 데 도움을 제공할 수 있을 것으로 기대한다.

상수원보호구역으로 지정된 상류 지역인 Y군[94]은 호수 전체 면적의 46%가 개발 제한을 받으면서 재산권 행사에 막대한 피해를 입었고, 이로 인해 경제적 손실(예: 개발 기회 상실, 세수 감소)을 감수해야 했다.

반면, 옥정호에서 공급되는 깨끗한 물을 사용하는 하류 지역인 J시와 G시는 별도의 비용 부담 없이 편익을 누리는 상황이었다. 이러한 '물 부족 비용'을 상류 지역이 일방적으로 부담하고 하류 지역은 무임승차하는 구조 때문에 갈등이 시작되었다.

그림 2.2.4 섬진강 다목적댐[95]

Y군 옥정호의 섬진강 다목적댐

출처: 저자 촬영

2) 갈등의 당사자와 쟁점

(1) 갈등 당사자:

섬진강은 S군 백운면에서 발원하여 전북 남동부와 전남 북동부, 경남 남동부를 흘러 남해의 광양만으로 흘러드는 총길이 212㎞로 우리나라에서 아홉 번째로 긴 강이다. 노령산맥의 동쪽 경사면과 소백산맥의 서쪽 경사면인 S군 백운면의 팔공산에서 발원하여 백운면과 마령면 등에 충적지를 만들고, Y군 운암면에서 옥정호로 흘러든다.

섬진강 다목적댐은 연평균 강수량이 1,414㎜로서 수자원이 풍부한 섬진강의 물을 유역변경하여 동진강으로 흘려보내 이용하기 위해 1940년 섬진강다목적댐 건설을 착공하였다. 그러나 두 차례의 전쟁으로 중단되었다가 1961년 제1차 경제개발5개년 계획의 일환으로 재착공되어 1965년 12월에야 비로소 준공되었다.

이처럼 섬진강 다목적댐은 국내 최초의 다목적댐으로써 하루 9만톤의 생활용수(J시, G시)와 29,860ha(약9천만평)에 농업용수(김제평야 및 계화지구)를 공급하며, 연간 120백만kWh의 전력을 생산하여 원유를 절약하고 환경을 보호한다. 또한 집중호우 시 옥정호에 홍수를 저류하였다가 조절방류함으로써 댐이 위치한 Y지역 등의 홍수피해를 최소화하고 있다. 준공 후, 40여년이 지난 섬진강 다목적댐은 이제 환경친화적인 재개발사업을 통해 댐하류지방 용수공급량 추가 확보는 물론 생태공원, 물문화관 건립 등 자연과 어우러진 관광자원과 휴식문화공간을 제공하여 지역문화발전에 기여하게 될 것이다.[96]

그림 2.2.5 Y군 옥정호의 섬진강 다목적댐 안내 현판

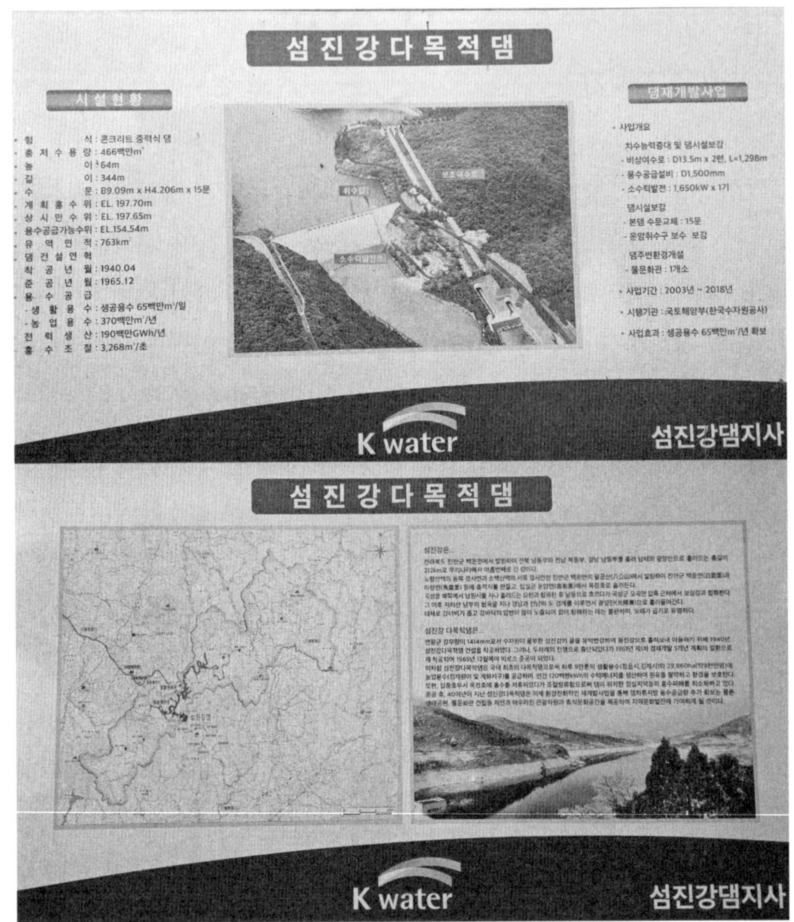

출처: 저자 촬영

    섬진강 상류지역인 옥정호에 준공된 다목적댐이 상수원보호구역으로 지정되면서 Y군의 주민은 개발제한으로 인한 재산권 행사 및 경제적 피해를 보고 있다. 따라서 해당 갈등 당사자에 지방자치단체 Y군과

옥정호를 포함한 상류지역의 강줄기 인근 주민이 해당한다. 이들은 상수원보호구역 지정으로 인한 개발 제한과 경제적 피해에 대한 보상 및 물 이용금 부과를 요구했다.

그리고 J시, G시 및 해당 지역의 주민은 상수원보호구역 해제에 따른 수질 오염을 우려하며 깨끗한 물 확보를 주장했다. 또한 Y군의 물 이용금 부과 요구가 자신들의 재정적 부담을 가중시킨다는 이유로 반대했다.

결국 갈등의 당사자는 Y군과 Y군의 주민, J시, G시와 지역주민들이 해당된다. 그리고 조정의 역할을 담당한 광역자치단체가 있다.

(2) 주요 쟁점:

① 1차 갈등: 상수원보호구역 지정 (1999년)

J시의 요청으로 옥정호에 대한 상수원보호구역 지정이 논의되었으나, 규제 강화와 개발 제한을 우려한 Y군 지역 주민들의 강력한 반대에 부딪히며 갈등이 발생했다.

갈등의 쟁점은 수혜 지역(J시)은 안정적인 상수원 확보를, 규제 지역(Y군)은 재산권 및 개발권 제한에 대한 피해 보상과 지역개발 지원을 요구했다.

결국 J시는 Y군이 제시한 보호구역 고도 기준 명확화, 직·간접 피해 및 수질 관리 비용 부담, 주민 지원을 위한 특별법 제정 협조 등 까다로운 조건을 수용했고, 이 합의를 바탕으로 1999년 8월 13일, 옥정호 상수원보호구역이 최종 지정되었다.

② 2차 갈등: 물 이용 부담금 부과 (2008년)

상수원보호구역 지정 후 물 공급 구조의 변화(일부 지역의 부안댐/용담댐 전환)로 인해 갈등이 재점화되었다.

Y군은 옥정호의 생활용수 공급량이 법적 기준인 "하루 10만 톤 이상"을 충족하지 못하게 된 점을 근거로 보호구역 해제나 물 이용 부담금 부과를 요구했다. 특히 G시의 취수원을 용담댐으로 전환하였기 때문에 규제를 완화해야 한다고 주장했다.

하지만 중앙정부와 도는 물 관리 계획상 해제가 어렵고, J시와 G시는 물 이용 부담금 부과 시 요금 상승과 주민 반발을 우려하며 반대했다.

결국 2차 갈등은 전라북도가 중재에 나서, J시와 G시가 물 이용 부담금에 해당하는 금액의 70%를 '옥정호 관리비' 명목으로 Y군에 선지급하는 절충안을 마련했다. 또한, 세 지자체는 2012년까지 옥정호를 물 이용 부담금 수역으로 지정하는 데 합의하며 장기간 지속된 갈등을 봉합했다.

3) 갈등의 진행과정[97]

(1) 갈등의 전개 과정

① 상수원보호구역 지정을 둘러싼 갈등

섬진강댐은 한국 최초의 다목적댐으로, 1965년 섬진강 상류의 Y군 옥정리와 J시 산내면 종성리 사이에 완공되었다. 이 댐은 1928년에 건설된 운암댐을 확장하는 형태로 추진된 사업이었다. 운암댐은 1925년 착공하여 1928년에 완공되었으며, 섬진강의 물길을 동진강으로 돌려 호남평야에 농업용수를 공급하기 위한 유역변경댐으로 지어졌다. 이는 식량 확보를 위한 일제강점기의 정책적 요구에 따른 것이었다. 이후 더 많은 농업용수를 공급하기 위해 운암댐에서 약 2km 하류 지점에 섬진강댐의 건설이 계획되었고, 1940년 공사가 시작되었으나 해방 이후로 이어져 1965년에야 완공되었다. 섬진강댐의 준공과 함께 기존 운암댐은 수몰되었다.

섬진강댐의 건설로 형성된 옥정호는 홍수 조절, 농업용수 공급, 수력발전 등 복합적 목적으로 활용되었다. 또한 용담댐이 완공되기 전까지 주변 지역 도시들의 생활·공업용 상수원 역할을 하면서 지역 수자원의 핵심 기반이 되었다. 옥정호를 상수원으로 안정적으로 활용하기 위해 상수원보호구역 지정을 추진하는 논의는 일찍부터 제기되었으나, 규제 강화와 생활제한을 우려한 지역 주민들의 반대가 지속되면서 지정은 오랜 기간 지연되었다.

1999년 들어 상황은 새로운 전기를 맞는다. 같은 해 5월 19일, J시의 경제정의실천시민연합이 J시에 옥정호 상수원보호구역 지정을 공식 요구하면서 논의가 다시 촉발되었다. 다음날인 5월 20일, J시는 Y군에 상수원보호구역 지정에 관한 협의를 요청하였고, 양 지자체 간 공식적인 협의 과정이 시작되었다.

협의 과정에서 Y군은 보호구역 지정에 조건부로 동의하겠다는 입장을 내세웠다. 첫째, 보호구역의 고도 기준을 196.5m로 명확히 하여 지역 현황과 동일하게 조정할 것, 둘째, 보호구역 지정으로 인해 발생하는 직·간접 피해와 지역개발 및 소득증대 사업 비용은 J시 등 수혜 지역 지방정부가 부담할 것, 셋째, 수질 보전을 위한 인건비, 시설비, 운영비 역시 J시가 책임질 것 등이었다. 또한 주민과의 대화에서 제기된 보상, 지역개발, 환경개선 등 총 13개 항목의 지원 요구를 성실히 이행할 것을 요구하였다. 여기에 더해 옥정호 인근 주민들의 피해 구제를 위해 특별법을 제정하고, 입법 청원 과정에서 도지사와 J시를 비롯한 수혜 지역의 단체장들이 적극적으로 나설 것을 조건으로 제시하였다.

J시는 이러한 조건을 받아들여 1999년 7월 22일 Y군으로부터 협의 동의서를 확보하였다. 같은 날 J시는 도에 옥정호 상수원보호구역 지정 신청을 제출했으며, 신청서에는 Y군이 제시한 조건뿐 아니라 J시가 별도로 제안한 13개 항목의 성실 이행 조항도 포함되었다. 도는 심의를 거쳐 1999년 8월 13일 J시 산내면과 Y군 운암면·강진면 일대 총 20.613㎢를 '옥정호 상수원보호구역'으로 지정하였다. 이어 12월에는 J시, Y군, G시가 보호구역 관리비 부담 협약을 체결하여, Y군에 관리비를 지급하는 체계를 마련하였다.

그러나 지정 과정에서 지역 주민들의 반발은 매우 거셌다. 보호구역 지정은 해당 지역에서 개발행위와 경제활동을 크게 제약할 수밖에 없었으며, 주민들은 생활 불편과 보상 부족을 이유로 강하게 반대했다. 지정 전후에는 약 1,200명의 Y군 주민이 도청 앞에서 대규모 시위를 벌일 정도로 갈등이 고조되었다. 이러한 주민 반발은 옥정호 상수원보호구역 지정이 단순한 행정적 결정이 아니라, 지역사회와 지자체 간

이해관계가 복잡하게 얽힌 갈등사례였음을 보여준다.

② 물이용부담금 부과와 관련한 갈등

1999년 옥정호가 상수원보호구역으로 지정된 이후 한동안 잠잠하던 지자체 간 갈등은 2008년 다시 불거졌다. 그해 4월, Y군이 보호구역을 더 이상 유지하기 어렵다며 두 가지 선택지를 제시한 것이다. 하나는 상수원보호구역을 해제하는 것이고, 다른 하나는 옥정호를 '물 이용 부담금 부과 대상 수역'에 포함시키라는 요구였다.

Y군이 이러한 문제를 제기한 배경에는 물 공급 구조의 변화가 있었다. 보호구역 지정 당시 옥정호는 하루 7만9천 톤의 생활용수를 인근 5개 시·군에 공급했다. 그러나 이후 일부 지역은 부안댐을 사용하고, 다른 지역은 용담댐으로 전환되면서, 옥정호 물은 J시와 G시에 하루 약 4만5천 톤만 공급되었다. 이로 인해 "하루 10만 톤 이상"이라는 상수원 전용댐의 법적 기준을 충족하지 못하게 되었고, Y군은 이를 근거로 보호구역 해제를 주장했다.

또한 Y군은 2008년 한국수자원공사가 G시 전역에 용담댐 물을 공급하기 위한 관로 공사를 완료한 점을 지적하며, 이제는 G시의 취수원을 용담댐으로 전환하고, 섬진강댐은 원래 목적대로 농업용수 중심으로 운영해야 한다고 주장했다. 만약 G시가 용담댐으로 전환될 경우, 섬진강 광역상수도는 사실상 J시만 사용하는 체계가 되어, Y군 지역의 각종 규제가 지금보다 완화될 수 있다는 점도 근거로 제시되었다.

하지만 Y군의 이러한 요구는 도와 중앙행정기관의 반대로 받아들여지지 않았다. 국토해양부와 한국수자원공사는 "물 관리 기본계획상 배분 조정이 불가능하다"는 입장을 밝혔으며, 용담댐이나 부안댐을 대체 수원으로 활용하기 위해서는 막대한 사업비가 추가로 필요해 현실적으로 어렵다고 판단했다.

상수원보호구역 해제가 사실상 불가능해지자, Y군은 두 번째 대안인 '물 이용 부담금 부과'를 다시 요구했다. 이는 1999년 보호구역 지정 당시 제시된 조건이기도 했다. 그러나 부담금 부과에 대해서도 J시와 G시가 즉각 반대하고 나섰다.

J시는 오히려 보호구역 범위를 확대하고, 관리비 부담은 논의를 통해 조정할 수 있다는 입장이었고, G시는 한국수자원공사와의 협약에 따라 현재까지 부담금을 내지 않는 체계가 유지되고 있으며, 만약 부담금이 부과되면 톤당 요금이 805원에서 975원으로 상승해 주민 반발이 불가피하다고 주장했다.

세 지자체 간 갈등이 다시 첨예해지자, 전라북도가 적극 개입하여 조정에 나섰다. 도는 협의 끝에 J시와 G시가 물 이용 부담금 적용 시 부담해야 할 금액의 70%에 해당하는 수준을 '옥정호 관리비' 명목으로 먼저 부담하도록 하는 절충안을 마련했다. 이 비용은 Y군 70%, J시 30% 비율로 재배분되었고, 동시에 세 지자체는 2012년까지 옥정호를 물 이용 부담금 수역으로 지정하는 데 합의했다.

이 조정으로 인해 1999년 상수원보호구역 지정 당시부터 이어져 온 지역 간 갈등은 마침내 정리될 수 있었다.

(2) 갈등의 조정 과정

당사자 간의 대화가 교착 상태에 빠지자 전라북도가 갈등 조정의 중립적인 '제3자'로서 적극적으로 나섰다. 전라북도는 당사자들의 의견을 수렴하고, 물 이용금 부과를 포함한 합리적인 해결책을 모색하여 갈등을 조정하기 시작했다.

① 1차 갈등의 조정 과정

섬진강권 광역상수도는 1993년 완공되며 전주를 비롯한 다섯 개 시·군 약 28만 명의 생활용수를 공급하는 핵심 기반 시설로 자리 잡았다. 그러나 수원지로 사용되는 옥정호 주변을 보호구역으로 지정하는 과정에서는 예상치 못한 강한 반발이 일어났다. 행정은 수질 보전을 위해 지정이 반드시 필요하다고 판단했지만, 지역 주민들은 자신들의 삶터가 규제로 묶이는 데 대해 강한 거부감을 드러냈다. 이로 인해 수년간 지역사회에는 행정적 판단과 주민의 생활권이 충돌하는 대표적인 환경갈등이 형성되었다.

옥정호 주변의 주민들은 도의회에 탄원서를 제출하며 보호구역 지정이 합리적 근거를 갖추지 못했다고 주장했다. 이들은 "대형 호수의 경우 하루 12만 톤 이상의 생활용수를 공급하는 시설에만 보호구역 지정을 적용하는 것이 일반적이다."라며 옥정호는 이러한 기준을 충족하지 못한다고 강조했다. 또한 1984년 이후 수질이 크게 변하지 않았다는 점, 인근 용담댐이 충분한 대체 수원을 제공할 수 있다는 점을 들어 굳이 희생을 감수하면서까지 보호구역으로 지정할 필요가 없다고 했다. 주민들은 호수에서 취수 지점까지 대략 12km의 흐름이 형성되어 있어 자연정화 과정을 거치면 인체에 해가 없는 수준의 수질이 유지될 것이라고도 주장했다.

그러나 전라북도와 도의회는 주민들의 의견에 동의하지 않았다. 이들은 옥정호 일대에서 여름철마다 녹조가 전면적으로 발생하고 있으며, 현재의 관리 수준을 유지한다면 수질이 조만간 3등급 이하로 떨어질 것이라고 판단했다. 그렇게 될 경우 광역상수도 수원으로서의 기능이 사실상 상실된다고 보았고, 이에 따라 보호구역 지정은 선택이 아니라 불가피한 조치로 간주했다. 이와 같은 판단은 단순한 환경정책이 아니라 지역 전체의 생활 기반을 지키기 위한 방어적 조치라는 점에서 행정기관의 입장을 더욱 단단하게 만들었다.

상황은 1998년 12월 24일, 도청 앞 광장에서 약 1,200명의 주민이 참여한 대규모 집회를 통해 갈등의 표면 위로 분명하게 떠올랐다. 주민들은 재산권과 생활권 침해에 대한 강한 우려를 집단적 표현으로 드러냈고, 이 사건은 지역 여론의 중요한 현안으로 자리 잡았다. 전라북도 역시 초기 절차가 충분하지 않았다는 점을 인정하고 대화와 설득에 기반한 접근이 필요하다는 판단을 내렸다.

이후 전라북도는 전면적인 갈등 조정 과정에 들어갔다. 보건환경국장을 중심으로 관계 공무원들이 직접 지역 주민을 만나 의견을 하나씩 듣기 시작했다. 이 과정에서 주민들이 느끼는 규제 부담, 재산 가치 하락에 대한 걱정, 대체 수원 가능성 등 다양한 목소리가 구체적으로 파악되었다. 전북도는 이러한 의견을 바탕으로 단순히 정책을 설명하는 데 그치지 않고, 주민 피해를 최소화할 수 있는 방향으로 제도를 보완할 필요가 있다고 보았다. 이에 따라 중앙 부처에 관련 법령 개정을 요청하는 등 제도적 개선도 함께 추진했다.

정책을 추진하는 과정에서 도의회는 행정기관의 입장과 주민 의견을 모두 검토한 뒤, 1999년 3월 22일 "옥정호 수원지 보호구역 지정에 동의하되, 주민 피해를 최소화하고 충분한 보상과 설명 절차를 마련하라."는 권고안을 채택했다. 이 권고안은 갈등의 진행 과정에서 중요한 전환점이 되었는데, 이는 단순한 찬반 결정을 넘어 정책에 대한 주민의 이해를 확대하고, 이들이 감수해야 할 손실을 완화하기 위한 구체적 조치가 필요하다는 것을 공식적으로 인정한 첫 사례이기 때문이다.

결국 이 사례는 환경 보전이라는 공공성의 명분과 지역 주민들의 생활 기반에 대한 현실적 우려가 충돌한 갈등이었다. 동시에, 초기 소통 부족과 사전협의 미흡이 갈등을 확대시킨 반면, 직접적인 대화와 제도 개선을 병행하는 방식이 해결의 실마리를 제공했다는 점에서 행정적 갈등관리의 중요한 교훈을 보여주었다.

② 2차 갈등의 조정 과정

2008년 봄, 옥정호 상수원 보호구역을 둘러싼 갈등은 다시 격화되기 시작했다. Y군이 4월, 오랫동안 논란이 되어온 '물 사용 요금'의 적용을 공식적으로 요청하면서부터였다. 보호구역 지정 이후 각종 활동 규제를 감내해 온 Y군 입장에서, 상수원을 사실상 사용하는 J시와 G시가 이에 상응하는 재정적 책임을 져야 한다는 논리는 오랜 시간 누적된 불만의 표현이기도 했다. 그러나 J시와 G시는 요금 부담이 현실적으로 어렵다며 즉각 반대했고, 세 지자체 간 긴장은 빠르게 심화되었다.

전라북도는 갈등의 확산을 막기 위해 적극적으로 조정에 나섰다. 도는 4월부터 12월까지 총 11차례에 걸친 협의 테이블을 운영하며 조정에 힘을 기울였다. 동시에 10월부터 11월 사이에는 환경부를 포함한 중앙 부처를 네 차례 방문해, Y군이 요구한 보호구역 해제 가능성과 물 사용 요금 부과의 법적 타당성을 직접 확인했다. 도는 이러한 검토 결과와 지자체별 의견을 토대로 조정안을 체계적으로 마련하고, 다시 세 지자체와 개별 협의를 진행하는 방식으로 조정의 틀을 다져갔다.

전북도가 처음 제시한 1차 조정안의 핵심은 '수사용 요금의 70%를 옥정호 관리비로 사용한다.'는 원칙이었다. 실제로 수사용 요금을 부과할 경우, J시 14억 원, G시 9억 원 등 총 23억 원이 산정되는데, 이 중 70%인 16억 원을 관리비로 확보하여 환경시설 설치 및 운영, 생태하천 복원, 주민 지원사업 등에 투입하겠다는 구상이다. 이에 대해 Y군은 2009년 70%를 시작으로 매년 10%씩 인상하여 2012년에는 100% 적용이 필요하다고 주장했다. 또한 향후 전남 등 타 지역으로 용수 공급이 필요해질 경우, 옥정호를 '물 사용 요금 부과 대상 수역'으로 지정해야 한다고 요구했다.

J시는 조정안 자체에는 조건부 동의를 표시했지만, 비용 분담을 '관리 면적 비율'에 따라 배분해야 한다는 조건을 걸었다. G시는 재정 여건을 고려해 2009년에는 30%만 부담하고 이후 연 10%씩 증가하여 2013년부터 70% 적용이 가능하다는 입장을 밝히는 등 신중한 태도를 유지했다. 또한 물 사용 요금 수역 지정에는 동의하기 어렵다며 선을 그었다.

이러한 의견을 반영하여 전라북도는 보다 현실적인 절충안을 담은 2차 조정안을 제시했다. 주요 내용은 ① 물 사용 요금의 70%를 옥정호 관리비로 사용하고, ② 관리비 부담을 Y군 85%, J시 15%로 배분하며,

③ 섬진강댐 재개발 등으로 타 지역에 추가 용수 공급이 필요할 경우 옥정호를 물 사용 요금 대상 수역으로 지정한다는 원칙이었다. 그러나 세 지자체는 여전히 각기 다른 수정 요구를 제기했다. Y군은 물 사용 요금 수역 지정 시점을 명확히 규정할 것을 요청했고, J시는 '관리 면적 기준 배분'을 재차 요구했다. G시는 수역 지정 논의 자체를 유예해 달라고 주장하며 신중한 태도를 유지했다.

이처럼 의견차가 좁혀지지 않자, 전라북도는 11월과 12월에 걸쳐 각 시군을 직접 방문하며 실무 회의와 설득 작업을 강화했다. 도는 조정안이 법적·재정적 측면에서 가장 현실적이라는 점, 그리고 세 지역의 장기적 상생을 위해서는 갈등의 조속한 매듭이 필요하다는 점을 강조하며 일대일 조정을 이어갔다.

지속적인 조정 끝에, 2008년 12월 26일 마침내 세 지자체가 최종 합의에 도달했다. 합의 내용은 ① J시와 G시가 물 사용 요금의 70%를 옥정호 관리비로 부담하고, ② 관리비는 Y군 70%, J시 30%로 배분하며, ③ 2012년까지 옥정호를 물 사용 요금 적용 수역으로 지정한다는 것이었다. 이는 각기 다른 이해관계를 가진 세 지자체가 상호 양보를 통해 이룬 타협이자, 전라북도의 지속적 조정 노력의 결과였다.

이로써 1999년 보호구역 지정 이후 지속되어 온 옥정호 수원지 갈등은 중요한 전환점을 맞았다. 2008년의 조정 과정은 지방정부가 복잡한 다자간 갈등을 해결하기 위해 어떠한 절차와 설득 메커니즘을 활용했는지를 보여주는 대표적 사례로 남게 되었다.

4) 갈등의 결과

　지방자치단체 간 협력 과제는 다양하지만, 그중에서도 가장 대표적이고 지속적인 갈등 요인으로 꼽히는 분야가 바로 '물 관리'이다. 물은 여러 지역이 공유하는 대표적 공공자원이며, 단순히 '양(量)'의 확보뿐 아니라 '질(質)'을 어떻게 유지하느냐가 각 지역의 생존과 직결된다. 이러한 속성 때문에 상수원 확보와 수질 보전은 언제나 인접 지자체 간 긴장을 유발하는 구조를 내포하고 있다.

　특히 물 분쟁의 핵심 원인은 '비용-편익의 분리 구조'에서 비롯된다. 상류 지역은 수질 보호를 위해 개발이 제한되고 환경 규제를 감내해야 하지만, 정작 깨끗한 물의 혜택은 주로 하류 지역이 누리는 구조가 반복되기 때문이다. 이는 상수원 보호구역 지정 과정에서 가장 강하게 작용하는 요인이자, 갈등을 촉발하는 근본적 이유로 지적되어 왔다.

　이러한 구조는 옥정호 수원지 갈등에서도 그대로 나타난다. 옥정호 상류에 위치한 Y군은 상수원을 실제로 사용하지 않음에도 불구하고 군 전체 면적의 약 46%가 각종 개발 제한을 받게 되었다. 이로 인해 Y군과 지역 주민들은 1999년 보호구역 지정 당시부터 강하게 반발하였고, 나아가 2008년에는 '물 사용 요금 부과' 요구를 통해 구조적 불평등을 해소하려 하였다.

　반면 하류 지역인 J시와 G시는 상황이 달랐다. 두 도시는 옥정호에서 공급되는 깨끗한 물이 필수적이었고, 이를 위해 상류 지역의 규제는 불가피하다는 입장이었다. 또한 물 사용 요금 부과는 곧 주민 부담 증가로 이어지는 만큼 두 시는 Y군의 요구를 받아들이기 어렵다는 논리를 내세웠다. 결국 '상류 규제 부담'과 '하류 수질 혜택'이라는 전형적인 비용-편익 분리 구조가 세 지자체 간 갈등을 재점화한 것이다.

　우리나라에서 광역 상수도는 「수도법」에 따라 두 개 이상의 지방자치단체에 원수 또는 정수를 공급하는 체계를 말한다. 원수가 공급되는 지역은 수질 악화를 방지하기 위해 환경부가 '상수원보호구역'을 지정하며, 지정 이후의 관리와 개발 제한은 해당 지역 지방자치단체가 담당한다. 이 과정에서 상류 지역은 각종 활동이 제한되는 반면, 하류 지역은 안정적으로 공급되는 우수한 수질의 혜택을 누리는 구조가 자연스럽게 형성되어 왔다. 이러한 불균형 구조는 전국적으로 반복되는 상수원 갈등의 전형적 패턴이기도 하다.

　그러나 옥정호 사례는 이러한 구조적 갈등에도 불구하고 비교적 원만한 해결에 도달한 사례로 평가된다. 그 배경에는 전라북도의 적극적인 개입과 중재 역할이 있었다. 전북도는 갈등 초기부터 주민 설득에 직접 나섰으며, Y군·J시·G시 사이의 견해 차이를 좁히기 위해 다수의 협의와 조정안을 제시했다. 도는 먼저 중재안을 마련한 후 각 지자체의 의견을 수렴했고, 그 의견을 다시 반영해 새로운 조정안을 제시하는 방식으로, 상호 수용 가능한 타협점을 형성해 나갔다.

　결국 전라북도는 이해관계가 상충하는 세 지자체 사이에서 조정자 역할을 충실히 수행하며, 비용과 편익을 재구조화하는 방식으로 갈등을 종결로 이끌었다. 이는 단순한 조정의 성공을 넘어, 광역행정 사안에서 광역자치단체가 수행해야 할 중재자의 역할을 모범적으로 보여준 사례로 평가된다. 더 나아가 상수원 보호구역과 같은 분쟁이 반복되지 않기 위해서는, 갈등이 표면화되기 전에 지자체 간 상호 이해와 협력 구조를 구축하는 것이 필수적이라는 점도 시사한다.

5) 사례의 교훈

옥정호 상수원보호구역이라는 사례를 통해 지방정부간의 관계에서 상호의존성의 확대는 갈등을 필연적으로 동반함을 알 수 있었다. 김길수(2009)는 지방정부간의 갈등의 특징에 대해서 다음과 같이 정리하고 있다[98].

첫째, 지방정부 간의 갈등은 복잡하고 다양하다. 지방분권화가 확대될수록 지방정부간의 갈등과 대립이 증가할 가능성은 커진다. 이러한 지방정부간의 갈등은 지방정부의 이익추구과정에서 나타나기 때문에 다양한 형태로 나타난다.

둘째, 지방정부간의 갈등은 필연적이다. 교통 및 통신의 발달은 인접한 지방정부간 상호 협력을 확대시켜 왔다. 즉, 서로 협력하여 사무를 처리하지 않으면 정책이나 사업의 효율성이 감소한다.

셋째, 지방정부간의 갈등은 해결이 어렵다는 특징이 있다. 지방정부들이 서로의 이익을 추구하려 하기 때문에 갈등의 양상은 복잡하게 전개되고, 갈등의 원인도 다양하고 이질적이다. 따라서 조정방안이나 해결책을 모색하는 것이 상당히 어렵다. 또한 갈등의 당사자가 상이하고 원인이 다양하기 때문에 단일의 방안에 의한 조정이 어렵다. 결국 지방정부간의 갈등은 그 해결과정에서 장시간이 요구되거나 해결책을 찾기 어려운 경우가 많다.

그럼에도 불구하고 옥정호 갈등은 비교적 원만하게 해결된 성공 사례로 평가된다. 이는 광역자치단체인 전라북도가 초기 단계부터 적극적으로 조정자로 개입했기 때문이다. 옥정호의 갈등 해결 과정을 통해 다음과 같은 교훈을 정리할 수 있다.

첫째, 갈등 해결의 핵심은 '비용과 편익의 불균형'을 해소하는 것이 중요하다. 옥정호 갈등의 근본 원인은 상류 지역(Y군)이 개발 제한으로 인한 재산권 피해라는 '비용'을 일방적으로 부담하고, 하류 지역(J시, G시)은 깨끗한 물이라는 '편익'을 무임승차하는 구조에 있었다. 이를 해결하기 위해 전라북도는 하류 지역이 물 이용 부담금의 70%를 '옥정호 관리비' 명목으로 상류 지역에 지급하도록 하는 절충안을 마련하여 손익 분배의 균형을 회복시켰다.

둘째, 이해관계가 첨예한 갈등에는 '중립적 제3자'의 적극적인 조정이 필요하다. 기초지자체 간의 입장이 워낙 강경하여 자율적 합의가 어려운 국면에서, 광역자치단체인 전라북도가 중립적인 조정자로 개입한 것이 결정적이었다. 전북도는 11차례의 협의 테이블을 운영하고 관계 부처를 방문하는 등 적극적인 중재 노력을 기울여 교착 상태에 빠진 갈등을 원만하게 해결로 이끌었다. 전라북도는 상류 지역의 피해와 요구를 인정하고 이를 보완할 제도적 방안을 마련하였다. 예를 들어, 법령 개선 건의, 지역개발 규제 완화, 현실적인 지원 및 보상 방안 검토 등이 포함되었다. 이러한 구조적 조정은 단순한 중재를 넘어 손익 분배의 균형을 회복하려는 정책적 접근이었다.

셋째, '절차적 공정성'을 확보하여 당사자 간의 신뢰를 구축해야 한다. 전라북도는 단순히 정책을 강요하는 대신 보건환경국장 등이 직접 주민들을 만나 13개 항목의 지원 요구를 수렴하는 등 대화와 설득에 기반한 접근을 시도했다. 이러한 의견 수렴 과정을 반복하고 이를 조정안에 반영함으로써 기초지자체들이 결과에 승복할 수 있는 기반을 마련하였고, 장기적인 상생 관계를 형성하는 데 기여했다.

넷째, 행정적 결단에 앞서 주민 생활권에 대한 '사전 소통'이 필수적으로 선행되어야 한다. 1차 갈등 당시 1,200명의 주민이 도청 앞에서 대규모 시위를 벌인 것은 초기 행정 절차와 사전 협의가 부족했음을 보여준다. 주민들은 자신들의 삶의 터전이 규제로 묶이는 데 대해 강한 거부감을 드러냈으며, 이는 행정적 판단이 주민 생활권과 충돌할 때 발생하는 사회적 비용을 시사한다. 따라서 갈등이 표면화되기 전 지자체 간, 주민 간 상호 이해 구조를 구축하는 것이 중요하다.

다섯째, 변화된 환경에 맞춰 '유연성'을 발휘할 필요가 있다. 2차 갈등 당시 Y군은 일부 취수원이 용담댐으로 전환되어 생활용수 공급량이 법적 기준에 미달하게 된 점을 근거로 규제 완화를 요구했다. 전라북도는 물 관리 기본계획상의 한계를 인정하면서도, '물 이용 부담금 대상 수역 지정 합의'나 '주민 피해 최소화 권고안' 채택 등 현실적인 제도 보완책을 병행하며 갈등의 실마리를 풀어 나갔다. 또한 갈등 해결 과정에서 전라북도는 당사자들의 의견을 반복적으로 수렴하고, 이를 바탕으로 조정안을 수정·보완하였다. 이러한 절차적 공정성 확보는 기초지자체가 결과를 수용할 수 있는 기반이 되었고, 장기적으로는 지자체 간 신뢰 형성과 상생 관계 구축에 기여하였다.

결국 갈등 당사자인 기초지자체만으로는 이해관계가 극명하게 갈려 합의에 도달하기 어려운 상황에서 전라북도는 중립적 제3자로서 갈등을 조정하고, 의견 수렴 및 조정안을 제시하는 역할을 수행함으로써 갈등 해결의 동력을 확보하였다.

옥정호 사례는 지방정부 간 갈등 해결에서 제3자 조정, 구조적 불균형 해소, 공정한 절차가 얼마나 중요한지를 보여준다. 본 사례는 적극적 조정의 효과를 보여주는 대표적 성공 사례로 평가된다.

제3장 민원갈등 해결 사례
햇빛연금과 가축분뇨시설 갈등 사례

1. S군 햇빛연금 성공 사례

1) 갈등의 배경

문재인 정부에 S군은 재생에너지 발전사업자들이 몰려들었다. 재생에너지 발전사업 시작 초기에는 발전사업이익이 외부 사업자에게 집중되었다. 주민들은 환경변화와 생활권 침해에 대한 불안, 환경 파괴 우려, 주민 수용성 부족에 대한 불만이 컸고, 발전사업자와 지역 주민 간 이익 배분문제 등으로 심각한 갈등이 발생했다.

2018년 S군에 재생에너지 발전사업 허가신청이 약 1,650건 정도였는데 그 중 발전사업 허가는 약 1,300 ~ 1,400건이 났고 개발행위허가는 390건이 났다. 지역주민사이에 반대 목소리가 많아 허가권을 가지고 있는 S군은 지역주민들과 발전사업자들 간에 마찰 없이 원만하게 사업이 진행될 수 있을까 하는 고민을 하였다

신재생에너지 발전사업 허가를 신청하려면 법인을 만들게 되어 있다. 그런데 법인은 100% 자기 돈이 아닌 90% 대출을 받아서 사업을 진행하고 은행에서 대출도 담보를 설정하거나 사업이력을 보는 것이 아니라 햇빛과 바람의 경제성만 보았다. 지역주민들은 햇빛과 바람은 기본적인 재산권에 해당하여 반대할 권리가 있는 것이 다행이라고 생

각하였다. 그래서 S군은 발전사업자도 원만하게 사업을 진행하고 S군민도 이익을 같이 할 수 있도록 고민하게 되었다.

발전사업은 대부분 그 인적지 주변의 사람들에게 동의서를 받고 일정한 사례비를 주는 것으로 알려졌는데 사업비를 받았다는 말은 들리지 않았다. 주민들 중 사업신청을 아는 사람은 그때부터 반대하겠지만 대부분 주민들은 사업지 공사를 시작할 때 반발을 했다.

S군에서 소금이 많이 생산된다는 것은 햇빛이 좋고 바람이 많다는 의미라서 거기서 얻는 수익은 주민들과 나누는 것이 합당하다. 이러한 취지에서 S군은 지속가능한 이익공유제를 실현하기 위해서 제도적 장치를 위한 'S군 신재생에너지 개발이익 공유 등에 관한 조례'를 제정하였다.

지역의 공유자원이라 할 햇빛과 바람, 조류를 이용하는 재생에너지 발전사업자가 지역 주민들과 이익을 공유하는 제도가 전국에서 유일하게 시행되었다.

그러나 2018년 당시 상위 법률인 신재생에너지법이나 중앙정부 지침에는 주민의 개발 참여나 이익공유제가 명확히 명시되어 있지 않은 미비한 상태였다. 조례 제정 초기에는 상위 법령 미비를 이유로 감사원의 특별 감사를 받는 시련을 겪기도 했다. 또한 이익공유제는 민간 사업자의 반발과 지역 내 일부 비난에도 직면했다. 그러나 1년 2개월에 걸친 감사 결과, S군 조례 제정의 취지와 과정, 형식과 내용에 큰 문제가 없다는 결론이 나서 S군 모델의 정당성이 입증되었으며 전국적인 화제가 되었다. S군의 성공 사례는 중앙정부와 정치권의 태도를 변화시켰고, 관련 상위 법률인 신재생에너지법이 주민 참여와 이익공유제를 명시하도록 개정되는 데 큰 영향을 미쳤다.

2) 갈등의 당사자와 쟁점 및 이해관계

주요 이해관계자는 발전사업자, 토지소유자와 어민 등 지역주민, 그리고 S군청이다. 이해관계자별로 갈등의 쟁점과 이해관계가 다르게 나타나는데 요약하면 다음과 같다.

① 발전사업자는 수익 극대화와 주민 조합참여여부에 관심을 가지고 있다.

② 주민은 생활권 보장, 공정한 이익 배분, 태양광, 풍력발전 사업 수용 여부, 조합참여, 사업자 불신 , 외부전입자에 대한 수익배분문제에 쟁점과 관심을 가지고 있다.

③ S군은 갈등 최소화, 인구감소, 지역경제 활성화에 관심을 보이고 있다.

그림 2.3.1 S군 신재생에너지 발전사업소 전경

3) 갈등해결 과정

(1) 주민이익공유제 도입

2018년 P 군수 주도로 '신재생에너지 개발이익 공유 등에 관한 조례' 제정, 주민이익공유제가 공식적으로 도입되었다.

① 주민협동조합 설립 → 발전사업법인에 투자(채권 인수 등) → 발전수익의 일정 비율(30% 등)을 '햇빛연금'으로 주민에게 배분하는 절차를 수립하였다.

② 조합 참여 부담을 최소화하고 (가입비 1만원, 대출 상환 책임 없음), 군청이 사업자와 주민 간 중재 및 행정을 지원하였다.

③ 조례 제정 과정에서 주민설명회, 공청회, 1:1 설득 등 적극적 소통을 실시했는데 초기에 불신이 컸으나 첫 연금 지급 이후 신뢰와 참여가 확산되었다.

④ 이익 강탈과 조례 위법성을 주장하며 발전사업자 측이 반발도 하였으나 행정 인허가 간소화 등 실익을 인식하며 점차 이를 수용하였다.

⑤ 조례의 상위법 위반 논란으로 감사원 감사와 법적 분쟁 같은 외부 압력도 있었으나 S군은 조례 개정 및 제도 보완을 통해 주민이익공유제를 지속적으로 추진하였다.

(2) 기후 변화로 인한 지급액 감소

최근 잦은 비와 이상기후로 일조량이 25%가량 감소하면서, 태양광 발전량이 줄어들었고 이에 따라 햇빛연금 지급액도 크게 줄었다. 예를 들어, 올해 1분기 발전량은 전년 동기 대비 23% 감소했고, 지역별로 1인당 연금이 2~7만 원 가량 줄었다.

지역 주민들은 예상치 못한 연금 감소에 실망감을 표하며, 군비 보조 등 대책 마련을 요구하고 있다. 일부 주민은 기상 변화로 인한 불가피한 상황임을 수긍하지만, 또 다른 일부는 안정적 지급 방안을 촉구하고 있다.

(3) 초기 불신과 주민 설득 과정

제도 도입 초기에는 "군청과 사업자가 짜고 주민을 속이는 것 아니냐?", "다단계 사기 아니냐?"는 의심과 불신이 컸다. 실제로 조합 가입을 설득하는 데 상당한 시간이 소요되었고, 사업 구조에 대한 이해 부족에서 비롯된 갈등이 있었다.

시간이 지나면서 연금이 실제로 지급되고, 인구 유입 등 가시적 효과가 나타나자 신뢰가 쌓였고, 최근에는 주민 호응이 높아졌다.

(4) 외지인 전입 및 지역 내 형평성 문제

연금 수령을 목적으로 외지인이 S군에 전입하는 사례가 발생하면서, 기존 주민들과의 형평성 논란도 불거졌다. 특히 연금 지급 기준, 수혜 대상 확대 등에서 지역 내 갈등이 일부 발생했다.

4) 갈등해결의 결과

(1) 햇빛연금 지급액 현황

햇빛연금은 전남 S군에서 태양광 발전소 수익 일부를 지역 주민에게 정기적으로 배분하는 제도이다. 지급액은 발전소와의 거리, 거주지역, 조합 참여 여부 등에 따라 다르며, 최근 지급 현황은 다음과 같다.

① 1인당 분기별 지급액: 10만~68만 원(연 4회 지급)

② 연간 지급액(평균): 60만~180만 원(지역 상품권 등)

③ 최대 지급 사례: 연간 378만 원까지 받은 사례 있음

④ 일부 마을의 최근 지급액: 1인당 분기 15만 원, 연 60만 원 수준(계절별 발전량에 따라 변동)

⑤ 발전소와 가까운 가구의 경우 연간 560만 원(분기 140만 원)까지 지급된 사례가 있음

⑥ 2024년 기준, 평균 지급액은 80만 원에서 120만 원으로 인상 예정

(2) 햇빛연금의 지역사회 효과

① 주민 소득 증대, 인구 유입, 지역경제 활성화, 폐교 위기 학교의 학생 수 증가 등 긍정적 효과가 나타났다.

② 2023년 기준 1만 명 이상에게 햇빛연금 지급, 지역 인구 증가세

전환, 출산율 상승 등 지역소멸 위기를 완화시켰다.

③ 주민 수용성 확보로 태양광·풍력 등 후속 재생에너지 사업도 원활히 진행하였다.

④ 전국 지자체의 벤치마킹 대상이 되었으나, 법적 근거 미비 등 확산의 한계도 존재한다.

(3) 햇빛연금의 제도적 논란

우리나라 지역사회에서 태양광이나 풍력발전 등의 신재생에너지 시설 입지를 둘러싸고 빈번하게 발생했던 분쟁과 갈등을 해결하고 주민 수용성을 높였다. 그러나 지방자치단체, 지역주민, 민간기업 등 서로 다른 이해관계자들 사이에서 개발에 따른 피해 발생과 보상 문제로 갈등이 깊어지고 사업이 정체되거나 취소되는 사례도 적지 않았다.

S군은 이러한 배경 속에서 전국 최초로 주민 이익공유제를 명시한 조례를 자발적으로 제정하는 혁신적인 시도를 했으나, 이는 상위 법률이나 중앙정부 지침에 명확히 명시되지 않은 미비한 상태였기 때문에, 당시에는 하나의 사건으로 받아들여졌다.

이로 인해 S군은 민간사업자의 반발을 초래했고, 조례 근거 미비를 이유로 감사원의 특별 감사를 받는 시련을 겪기도 했다. 일부 주민이나 지역 언론과 연합하여 군수를 비난하는 움직임도 있었다.

하지만 이러한 어려움 속에서 상황이 반전되었다. 약 1년 2개월에 걸친 감사원의 집중적인 정책 감사 결과, S군 조례 제정의 취지와 과정, 형식과 내용에 흠잡을 곳이 없음이 명백히 드러났고, 이는 S군 모델의 정당성을 입증했다. 행정법원의 판결 또한 조례의 자율성을 인정했다.

(4) 햇빛연금의 제도화와 전국 확산

감사원 감사 논란이 종결된 이후, S군 이익공유제 모델은 전국적으로 화제가 되었으며, 이는 다음과 같은 갈등 해결 및 긍정적인 결과로 이어졌다.

① 상위 법률 개정 촉진

S군의 조례 사례는 중앙정부와 정치권의 태도를 변화시켰고, 관련 상위 법률인 신재생에너지법이 주민 참여와 이익공유제를 명시하도록 전면 개정되는 데 영향을 미쳤습니다.

② 민간사업자의 태도 변화

감사원 감사와 언론 보도 이후 민간사업자들도 S군에 대한 태도를 완전히 바꾸었다.

③ 주민 및 어업인의 적극적 참여 및 요구

가장 중요한 결과 중 하나는, 과거 개발 시 갈등의 주체였던 지역 주민과 어업인들이 신재생에너지 개발을 주도적으로 나서서 요구하는 상황이 되었다는 점이다. 바다와 갯벌에 대한 신재생에너지 개발 요구가 나왔고, 상당수 어민들은 해상풍력 단지 연안의 어업권과 어선 폐업에도 동의했다. 이는 S군의 이익공유제 모델이 매우 성공적이라는 증거가 되었으며, 개발에 대한 주민 수용성이 극적으로 높아졌음을 보여주었다.

④ 햇빛연금을 통한 체감 효과

2021년부터 주민에게 이익 배당(햇빛연금)이 시작되면서, 주민들은 신재생에너지 사업의 혜택을 직접 체감하게 되었고, 이는 후속적인 사업(예: 풍력발전) 추진에 탄력을 붙였다.

⑤ 지역 갈등 및 분쟁 감소

S군의 이익공유제 모델은 막대한 사회적 비용을 유발하는 지역 갈등이나 주민 분쟁을 줄이는 데 기여했다.

⑥ 지역 활성화 및 인구 유입

이익공유제를 통한 배당금 지급이 현실화되면서 예상치 못한 긍정적인 상황이 나타났는데, 지역의 전입 인구가 늘고, 젊은 인구 유입, 폐교 위기 학교 회생, 재전입 주민 발생 등이 그것이다. 이는 이익공유제의 경제적 유인책 때문으로 분석된다.

이러한 결과들은 S군이 공유자원(햇빛, 바람, 바다, 갯벌) 활용에 대한 발상의 전환을 통해, 자발적이고 적극적인 주민공동체와의 이익 공유를 실현함으로써, 지역사회의 활성화 효과를 이끌어내고 지방 소멸 문제에 대응하는 단초를 제공했으며, 주민 공동체와 지속가능한 이익 공유가 충분히 가능함을 보여주었다. 또한, 지리적 특성상 소규모로 파편화된 섬 지역 공동체의 특성이 오히려 주민 간 유대감과 소통을 높여 이익공유제 실현에 유리하게 작용한 측면도 있다.

5) 사례의 교훈

(1) 인구 유입 및 지역경제 활성화 효과

안좌도, 자라도 등 주요 수혜 지역에서는 연금 도입 이후 인구가 증가하고, 휴교 위기였던 학교가 폐교를 면하는 등 긍정적 변화가 나타났다. 또한 햇빛연금은 지역경제에 활력을 불어넣으며, 미래 세대까지 수혜를 확대하는 등 인구소멸 위기 극복의 대안으로 주목받고 있다.

(2) 지속가능성에 대한 우려와 대책

태양광 발전량이 기상 조건에 크게 좌우되는 한계가 드러나면서, S군은 발전용량 확충과 소규모 발전시설 투자 유치 등 안정적 연금 지급을 위한 대책 마련에 나서고 있다. 무분별한 발전소 확장보다는 환경영향평가를 거쳐 기존 시설의 효율을 높이는 방향으로 정책을 추진 중이다. 그래서 지속가능한 태양광 발전을 위해서는 환경영향평가를 거쳐 효율성을 높여야 한다.

(3) 갈등해결의 성공요소

① 주민이익공유제의 제도화

조례를 통한 법적 장치 마련과 이익 배분의 명확성을 도모하였다.

② 적극적 소통과 신뢰 구축

군수의 리더십, 주민설명회, 1:1 설득으로, 첫 연금 지급 이후 신뢰가 확산되었다.

③ 참여 부담 최소화

조합 가입비 1만원, 대출 상환 책임 없음 등 실질적 위험을 제거하여 참여 부담을 최소화하였다.

④ 행정의 중재와 지원

인허가 간소화, 조합 설립 지원, 사업자-주민 간 갈등의 중재가 갈등해결에 기여하였다.

⑤ 실질적 경제 효과

소득 증가, 인구 유입, 지역경제 활성화 등 주민이 체감할 수 있는 성과도 제도의 갈등해결에 기여하였다.

⑥ 제도 보완과 유연성

감사원 권고, 법적 논란에 대응해 조례 개정 등 제도적 보완을 지속하고 있다.

(4) 햇빛연금의 평가와 향후 대책

S군 햇빛연금 갈등은 '이익공유제'라는 제도적 혁신과 적극적 소통, 실질적 경제 효과를 통해 주민 수용성을 확보하면서 성공적으로 해결된 대표적 사례다. 법적 근거 미비, 기후변화에 따른 발전량 감소 등 새로운 과제도 남아 있지만, 지역소멸 대응과 재생에너지 확산의 모범 모델로 평가받고 있다.

S군 햇빛연금은 전국적으로 주목받는 신재생에너지 기반 주민소득 모델이지만, 기후 변화로 인한 지급액 변동, 초기 신뢰 부족, 외지인 유입에 따른 형평성 문제 등 다양한 갈등이 존재하고 있다. S군은 발전용량 확대와 제도 개선을 통해 연금의 안정성과 지속가능성을 높이기 위한 노력을 계속하고 있다.

2. N시 가축분뇨 공공처리시설 갈등 사례

1) 갈등의 배경

N시는 전통적으로 축산업의 비중이 높은 지역이다. 2010년대 후반 들어 축산 농가가 급격히 늘어나면서, 가축분뇨의 불법 방류로 인한 하천 수질오염과 악취 민원이 지속적으로 증가하였다. 2024년 현재 N시의 축산농가 중 한우와 돼지 사육은 약 22만 마리로 집계될 정도로 축산업이 농가의 큰 비중을 차지하고 있다.[99] 이에 N시는 환경부의 지원을 받아 2019년부터 가축분뇨 공공처리시설 설치사업을 추진하였다. 이 사업은 지역 내 분뇨를 통합적으로 처리하여 오염을 줄이고, 에너지 자원화(바이오가스 생산)까지 도모하는 친환경 기반시설 구축 사업으로 계획되었다.[100]

그러나 사업 초기부터 주민들은 강한 불안감을 표출했다. 시설의 입지가 생활권과 지나치게 근접했다는 점, 악취 및 지하수 오염 가능성에 대한 우려, 부동산 가치 하락 등이 주요 반대 요인이었다. 일부 주민들은 "환경문제 해결을 위한 사업이 또 다른 환경 피해를 야기한다."고 주장했다.[101]

N시는 이미 하천오염과 축산폐수 민원이 누적된 상황이었기 때문에, 행정적으로는 조속한 사업 추진이 불가피했다. 그러나 주민과의 소통이 부족했던 초기 절차가 '일방적 추진'으로 비춰지면서 갈등의 불씨가 커졌다.[102]

2) 갈등의 당사자와 쟁점

(1) 주요 당사자

이 갈등의 중심에는 N시 행정기관, 시설 예정지 인근 주민, 지역 축산농가, 시의회 및 시민단체가 있었다.

N시 행정은 환경개선과 법적 의무 이행의 필요성을 강조하였다. 시는 '지역 전체의 지속가능한 발전을 위해 필수적인 기반시설'이라는 입장을 견지했다. 「가축분뇨의 관리 및 이용에 관한 법률」에는 가축분뇨 처리 의무사항을 규정하고 있어서 지자체는 가축분뇨의 적정처리와 자원화를 촉진할 의무와 함께, 처리시설의 설치·운영과 관련해 환경영향 검토·지역이해관계자 의견수렴 등 절차를 이행해야 한다.[103]

주민 측은 행정이 법적 요건을 모두 충족하도록 이행했는지는 확인하기 어려우나 충분한 설명 없이 사업을 추진했다고 비판하며, 환경오염 가능성과 생활 피해를 근거로 반대했다.

축산농가는 분뇨처리 문제 해결을 위해 시설이 필요하다는 인식을 공유했으나, 입지 문제에 대해서는 중립적 태도를 보였다.

시의회와 시민단체는 각각 행정과 주민 간의 조정역할을 자임했으나, 초기에는 뚜렷한 중재 성과를 내지 못했다.[104]

(2) 핵심 쟁점

주민들은 특히 "행정이 사전에 충분한 정보를 공개하지 않았다."는 불신을 갖고 있었다.[105] 또한 일부 지역 언론의 선정적 보도가 '혐오

시설' 이미지를 강화하여 갈등을 심화시켰다.

표 2.3.1 N시 가축분뇨 민원갈등 쟁점과 입장

구분	주민 측 주장	행정 측 입장
입지 문제	주거지 인접, 악취 피해 불가피	과학적 검토 통한 입지선정, 환경영향평가로 안전성 확보
절차적 정당성	사전 설명회·공청회 부재	법정절차 준수, 공고 및 의견수렴 완료
환경오염 우려	지하수 오염 및 악취 확산 우려	최신 정화기술로 문제 최소화
보상·상생방안	지역발전 대책 부족	주민편익시설 설치 및 발전기금 검토

표 2.3.1에서 N시 가축분뇨 민원갈등의 쟁점과 입장을 요약 정리하였다. 입지 문제에서는 주민은 주거지 인접해서 악취 피해가 불가피하다고 주장하고 있는데 시 당국은 과학적으로 입지가 선정되고 환경영향평가로 안전성을 확보했다는 입장이다. 절차적 정당성 쟁점에 대해서 주민은 사전 설명회, 공청회가 없었다고 주장하는데 시 당국은 법정절차를 준수하고 공고 및 의견수렴을 완료했다고 한다.

환경오염이 되는 후보지 선정의 절차는 일반적으로 사전입지검토, 예비환경검토, 주민설명회, 환경영향조사, 입지 확정 및 보완대책을 거치도록 하고 있다. 특히 주민설명회는 주민환경평가법상 계획서(또는 설명자료) 공개 → 공개형 설명회·공청회 개최(의견수렴 기간 명시) → 서면·전자민원 접수하도록 되어 있는데 주민이 실감하지 못하는 실정이었다.

환경오염 문제에 대해서 주민은 지하수 오염과 악취 확산을 우려하고 있는데 시 당국은 최신 정화기술로 문제를 최소화하고 있다고 대응하고 있다. 그리고 보상, 상생방안의 쟁점에 대해서 주민은 지역발전대책이 부족하다고 주장하고 있는데 시 당국은 주민편익시설 설치와 발전기금을 검토하고 있다고 응답하고 있다.

3) 갈등의 진행과정

(1) 초기 단계: 정보 비대칭과 불신의 확산 (2019)

N시는 후보지를 공개한 직후 주민설명회를 개최했으나, 주민들은 설명회의 일방적 구조를 문제 삼았다. 이후 주민들은 '○○마을 주민대책위원회'가 구성되어 사업 철회를 요구했고, 시청 앞 집회와 서명운동이 이어졌다. 주민들은 "악취로 더 이상 살 수 없다."는 구호를 내걸었다.[106)

N시는 법적 절차를 충족했다는 이유로 계획을 유지했지만, 정서적 수용성 부족으로 갈등이 확산되었다. 일부 주민은 행정심판과 소송 가능성까지 검토하였다.

(2) 심화 단계: 정치화와 사회적 갈등의 확대 (2020 상반기)

N시의회가 주민 여론을 수용하여 "사업 재검토"를 건의하자, 갈등은 정치적 이슈로 번졌다.[107) N시는 가축분뇨 공공처리시설이 환경부 지침에 따른 의무사업임을 강조했으나, 주민들의 반발은 오히려 강해졌다. 특히 SNS와 지역 언론을 통한 정보 확산이 '환경 불안감'을 증

폭시켜, 정책 신뢰 붕괴로 이어졌다.

(3) 조정 단계: 민관협의체 구성 (2020 하반기)

N시는 중앙정부의 '공공갈등 예방 및 조정 지침'에 따라 민관협의체를 구성했다. 협의체에는 주민대표, 행정공무원, 외부 전문가, 시의회 관계자가 참여했다.

회의에서는 다음과 같은 조치가 논의되었다.

① 환경영향조사 재실시 및 공개

② 처리용량 축소(기존 계획의 약 80%)

③ 최신 악취저감시설 도입

④ 주민편익시설(소공원, 마을회관 리모델링 등) 설치

이 과정에서 N시는 전문가의 자문을 받아 '환경위해 최소화 방안'을 주민에게 직접 설명했다. 이후 일부 주민이 협의에 참여하면서 대화 국면이 형성되었다.[108]

(4) 해결 단계: 상생협약과 합의 도출 (2021)

민관협의체 논의 끝에, 시는 "주민수용성 확보 없이는 사업을 추진하지 않는다."는 원칙을 선언하였다. 주민들의 요구사항 중 일부가 수용되었고, 2021년 초 상생협약이 체결되었다.

상생협약에 포함된 사항은 다음과 같다.

① 시설 규모 축소

② 악취저감 설비 설치

③ 발전기금 조성

④ 주민감시단 운영

이로써 주민 다수가 협약안을 수용하였고, 사업은 재추진되었다.[109)

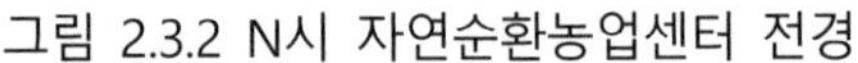

그림 2.3.2 N시 자연순환농업센터 전경

4) 갈등 해결의 결과

민관협의체의 합의를 통해 사업은 2021년부터 다시 추진되었다. 시설은 최신 악취저감기술을 적용한 설계로 변경되었고, 지자체는 지역 주민을 대상으로 정기적인 악취 모니터링과 정보공개 시스템을 운영하기 시작했다.

또한 N시는 주민의견을 반영해 지역발전기금을 조성하고, 일부 예산을 지역 기반시설 확충에 사용하였다. 이러한 상생협력형 조정방식은 주민의 수용성을 높이는 데 중요한 역할을 했다.

결과적으로 N시는 본 사례를 계기로 다음 사항들을 제도화하였다.110)

① 행정의 투명성 강화
② 갈등관리 전담부서 신설
③ 공공사업 추진 시 사전 공론화 절차 의무화

민관협의체 상생협약의 제도화·실행 여부를 살펴보면 노후 축산단지 분뇨시설 현대화, 악취 저감형 밀폐시설 도입 등 사업을 추진하였으며 장마철과 비상 시 합동단속, 불법배출 단속 등 행정조치를 지속하고 일부 예산은 지역기금·편익시설로 사용된다고 보도하고 있다.111) 최근 N시가 스마트 축산 선도모델을 구축하여 가축분뇨 에너지화로 악취 문제 해결과 에너지 자립을 동시 달성하고 있다고 보도하고 있다.112)

이후 주민의 반응은 혼재된 모양이다. 일부 주민은 상생협약과 기술적 보완(악취저감·모니터링)이 도입된 이후 수용 입장을 보였고, 다른 일부는 여전히 불신·우려를 표명하며 추가 보장(감시·보상)을 요구했다.113)

5) 사례의 교훈

오늘날 수많은 공공사업들이 주민들과의 갈등에 직면하는 모습을 볼 수 있다 . 이러한 갈등은 때로는 사회적 비용을 증대시키고, 불필요한 행정력 낭비를 초래하며, 공동체의 신뢰를 무너뜨리기도 한다.

N시 가축분뇨 공공처리시설 갈등 사례는 우리 사회가 겪는 공공 갈등의 전형을 보여주면서도, 동시에 이를 어떻게 극복하고 더 나은 건강한 사회를 만들어 나갈 수 있는지에 대한 중요한 실마리을 제공한다. 이러한 갈등을 예방하기 위해 더 현명한 소통과 제도개선을 찾아야 한다.

첫째, 사전 참여와 투명한 정보공개가 갈등 예방의 핵심이다.

N시 사례는 행정이 법적 절차를 충족했더라도 주민이 절차적 정당성을 느끼지 못하면 정책 신뢰가 쉽게 무너진다는 점을 명확하게 보여주고 있다.114) 주민들은 사업 초기, 후보지 공개 후 열린 주민설명회가 '일방적 구조'였다고 비판하며 불만을 강하게 표출했다. 이러한 형식적인 소통은 행정에 대한 뿌리 깊은 불신을 낳았고, 갈등을 확대시키는 주된 요인이 되었다.

진정한 의미의 사전 참여는 사업 계획의 초기 단계부터 주민들에게 충분한 정보를 제공하고, 이들의 의견을 적극적으로 청취하며, 계획 수립 과정에 일정 부분은 참여할 기회를 부여해야 한다. 「공공기관의 정보공개에 관한 법률」에 따라 공공기관은 정보를 공개할 의무가 있지만, 단순히 정보를 공개하는 것을 넘어 주민들이 이해하기 쉽게 설명하고, 궁금증을 해소해 주는 능동적인 소통이 필수적이다.

둘째, 민관협의체의 제도적 안정화가 중요하다.

민관협의체는 단순한 형식적 기구가 아니라, 주민이 실질적으로 의사결정 과정에 참여할 수 있는 통로로 운영되어야 한다.

민관협의체는 참여의 대표성과 공정성을 갖추고 투명한 운영과 정보를 공유해야 한다. 또한 외부 전문가의 객관적인 자문으로 중립성을 확보하여 제도적으로 안정화 되어야 한다. 이러한 민관협의체가 상시적으로 운영될 때 잠재적인 갈등을 예방하고 해결하는 시스템으로 운영 될 것이다.

셋째, 보상보다 상생이 효과적이다.

경제적 보상보다 공동체 발전사업, 편익시설 설치 등 공동체 기반의 보상체계가 더 지속가능한 수용성을 확보한다.

즉, 단순히 '돈'으로 갈등을 덮는 것이 아니라, 공동체 전체의 삶 안에서 함께 성장하고 발전하는 심리적 안정감과 유대감을 구축하는 것이 중요하다

넷째, 지방자치단체는 중립적 조정자 역할을 충실히 수행해야 한다.

행정을 일방적으로 추진하지 않고, 조정과 설득의 플랫폼을 제공할 때, 민원갈등은 오히려 신뢰 구축의 계기가 될 수 있다.[115]

지방자치단체가 직면하는 민원갈등은 민원인과 지자체 간의 갈등이기도 하지만 흔히 민원인과 또 다른 주민이나 공공사업자 간의 갈등인 경우도 많다. 이 경우 지방자치단체는 해당 갈등의 중간자로서 중립을 지키고 조정을 효과적으로 수행해야 한다.

다섯째, 성숙한 주민 의식과 태도를 갖춰야 한다.

정책에 대한 비판과 반대는 건강한 민주주의의 필수 요소이지만, 감정적인 대립이나 근거 없는 루머 확산은 갈등 해결을 더욱 어렵게 만든다. 특히 지역 여론을 통한 '환경 불안감' 증폭은 정책 신뢰 붕괴로 이어진다. 주민들이 합리적인 비판과 함께 문제 해결을 위한 대화와 참여의 자세를 갖추는 것이 중요하다. 성숙한 주민 의식은 갈등 해결을 위한 토대가 되고, 합리적인 대화를 통해 공동체의 더 나은 미래를 함께 만들어 나가는 원동력이 될 수 있다.

제4장 비즈니스 협상 사례

기업 간 협력과 인수합병에서 배우는 협상의 명암

비즈니스 세계에서 거래란 단순히 조건을 조율하는 기술이 아니다. 서로 다른 역사를 지닌 두 조직이 갖고 있는 철학과 일의 방식, 그리고 그 조직을 움직이는 사람들의 태도가 한 테이블 위에서 서로의 미래를 협의하는 일이다. 어떤 거래는 서로의 강점을 결합하며 새로운 성장의 문을 열어 보이고, 또 어떤 거래는 보이지 않는 균열이 조금씩 쌓여 결국 실패의 길로 접어든다.

이 장에서는 같은 출발점에서 전혀 다른 방향으로 흘러간 두 가지 이야기를 다룬다. 하나는 상대를 깊이 이해하며 함께 더 큰 기회를 만든 '우호적 협력'의 사례이고, 또 다른 하나는 조건은 완벽했으나 '관계'를 소홀히 하여 파국을 맞은 실패한 인수합병의 이야기이다.

두 이야기는 서로 다른 결말을 보여주지만 하나의 메시지를 향한다.

"비즈니스는 전략보다 사람이 먼저이며, 거래의 지속 가능성은 관계의 깊이가 결정한다."

이제 두 사례를 통해 우리가 비즈니스 관계에서 무엇을 바라봐야 하는지, 어떤 요소가 성공을 만들고 어떤 요소가 파국을 부르는지 함께 알아보자.

1. 빠른 배송 서비스를 함께 만든 제안(협력 사례)

비즈니스 거래는 늘 다양한 얼굴을 하고 나타난다. 어떤 거래는 금세 잊히는 짧은 인연으로 끝나고, 어떤 거래는 기업의 역사를 상징하는 장면으로 남는다.

하지만 아주 드물게, 어떤 거래는 단순히 서로의 이익을 넘어 산업의 판도를 바꾸고 소비자의 기대 자체를 새롭게 정의하는 전환점이 된다.

그런 전환점을 만든 힘은 무엇일까?

화려한 계약 조항일까, 탁월한 조건표의 숫자일까?

진짜 차이를 만드는 요소는 언제나 '신뢰', '존중', 그리고 '관계의 깊이'였다. 눈에 보이지 않지만, 성과의 뿌리가 되는 가장 본질적인 힘이다.

기업 간 협업은 말처럼 쉽지 않다. 다른 목표, 다른 방식, 다른 속도 등 이해관계가 충돌하고, 때로는 효율과 수익이 사람보다 앞서는 일도 다반사이다. 그러나 그런 환경 속에서도 누군가가 먼저 손을 내밀고, 상대의 관점을 이해하려는 용기를 냈을 때 비로소 거래는 단순한 '계약'을 넘어 '파트너십'이라는 이름을 얻는다.

L사와 V사가 함께 만든 초고속 배송 서비스 '오늘온다'는 바로 그런 협력의 결정체였다. 이 이야기는 기술혁신 사례가 아니다. 두 회사가 서로의 한계를 솔직하게 인정하고, 강점을 기꺼이 결합하며, 신뢰를 쌓아 만든 '관계의 성장 이야기'이다.

1) 갈등 배경

    모든 혁신의 출발선에는 하나의 공통된 감정이 있다. 바로 '절박함'이다. 변화는 여유로운 곳에서 태어나지 않는다. 벽에 부딪히고 스스로의 한계를 자각하는 순간, 변화의 문이 열린다.

    먼저, 대한민국 유통 산업을 대표하는 대기업 L사가 있었다. L사는 '내가 고객이라도 다시 찾을 이유가 있는 회사'를 목표로 삼아, 고객 경험을 기업 철학의 중심에 두고 움직이는 회사였다. 그러나 고객의 기대는 빠르게 변하고 있었다. 이제 사람들은 단순히 싸고 좋은 제품이 아니라, '지금 필요한 것을, 지금 받는 경험'을 원했다. 특히 신선식품·생필품 분야에서는 '당일 주문·당일 배송'이 새로운 표준이 되었다.

    L사는 전국 물류센터와 수천 대의 차량을 운영하고 있었지만, 기존의 시스템은 한계가 분명했다. 도심 교통, 변동성 높은 주문량, 라스트 마일의116) 비효율성 등, 무엇보다 기존 방식은 너무 무거웠다. 빠르게 달릴 수 없는 몸이었다. 내부 회의에서는 수십 번의 논의가 오갔다.

    "라스트 마일 시스템을 우리가 직접 새로 만들까?"

    그러나 현실은 냉정했다. 수백억 원의 비용, 인력 채용과 교육, 긴 구축 기간, 불확실한 ROI(투자 수익률) 등이 문제였다.

    그때 누군가 말했다.

    "이건 우리만의 싸움이 아닙니다. 밖에서 답을 찾아야 할지도 몰라요."

    그 말은 L사가 처음으로 스스로의 한계를 정직하게 인정한 순간이었다. 그리고 그 인정은 새로운 길, 협력으로 향하는 출발점이 되었다. 반면, 빠른 배송 서비스를 주력으로 하는 스타트업 V사는 완전히 다른 출발선에 있었다.

작지만 강한 기술력, 실시간 경로 최적화 알고리즘, 기사 위치·도착 시간을 투명하게 보여주는 시스템, 숙련된 전담 기사 네트워크, V사는 유연했고, 가벼웠고, 무엇보다 '빠르다'는 강점을 가지고 있었다.

문제는 자원이었다. 브랜드 인지도는 낮고, 주문량은 불안정했다. 이대로는 기술을 유지하기도 벅찼다. 그들에게는 기술력을 증명하고 고객에게 가치를 보여줄 무대가 필요했다. 그리고 그 무대는 다름 아닌 L사였다.

2) 갈등 구조

L사와 V사가 처음 협상 테이블에 마주 앉았던 날, 방 안의 공기는 묘하게 무거웠다. 서로가 무엇을 요구할지, 어디까지 양보할지 이미 예상하고 있었지만, 이 자리가 단순한 가격 조율의 자리가 아님은 모두가 알고 있었다.

한쪽에는 전국적인 유통망과 방대한 고객 데이터를 갖춘 전통의 대기업 L사가 있었고, 다른 한쪽에는 빠른 실행력과 정교한 기술을 무기로 성장세를 타던 스타트업 V사가 있었다. 두 회사는 서로 다른 언어,

서로 다른 속도, 서로 다른 세계에서 살아왔다. 그러나 지금만큼은 같은 목표, '오늘 주문하면, 오늘 도착하는 세상'을 향해 걷고 있었다. 의지는 같았지만, 길은 처음부터 선명하지 않았다. 협상의 시작은 오히려 서로의 차이를 '확인하는 시간'이었다.

(1) 첫 번째 충돌은 단가 전쟁

가장 먼저 논쟁으로 떠오른 것은 역시 배송 단가였다. L사는 자신들의 스케일과 브랜드 파워를 전면에 내세웠다.

"우리는 하루 수만 건의 주문을 드립니다. 이 정도 규모라면 단가가 최소 20%는 조정돼야 합니다."

그러나 V사는 흔들리지 않았다. 그들은 숫자에 압도당하지 않는 회사였다.

"저희는 단순 운송업체가 아닙니다. 고객이 실시간 배송 상황을 확인하고, 정확한 시간에 물건을 받는 '경험'을 만드는 회사입니다. 저희 서비스는 속도보다 '예측 가능성'이 핵심입니다."

L사의 실무진은 잠시 당황했다. '스타트업 치고 꽤나 단단하다'라는 표정이었다. V사는 자신들을 단순 공급자가 아니라 '함께 미래를 만드는 주체'라고 주장하고 있었다.

형식적으로는 단가 협상이었지만, 본질적으로는 '누가 주도권을 갖는가'를 둘러싼 첫 번째 자리가 되었다.

(2) 두 번째 난관인 데이터라는 심장

단가의 균형점을 찾기도 전에, 더 큰 벽이 나타났다. 바로 데이터 공유 문제였다.

L사는 '오늘온다' 서비스를 실현하려면 실시간 주문 흐름, 지역별 수요 패턴, 예상 지연률 등 수많은 데이터가 V사와 깊게 연결되어야 한다고 주장했다.

"시스템을 완전히 연동하지 않으면 고객에게 오히려 혼란만 줍니다. 고객 경험을 위해서라도 데이터를 전면 개방해 주셔야 합니다."

그러나 V사는 쉽게 고개를 끄덕일 수 없었다. 그들의 데이터는 회사의 심장이었다. 수년간 쌓아 온 기술적 자산이 고스란히 담겨 있었기 때문이다.

"죄송하지만, 고객행동 데이터를 실시간으로 넘기는 것은 저희 기술을 그대로 노출하는 일입니다. 연동은 가능하지만 전면 개방은 어렵습니다."

L사에게는 그것이 신뢰 부족처럼 느껴졌고, V사에게는 자신들을 '검증되지 않은 회사'처럼 대하는 태도로 읽혔다. 같은 목표를 향해 있었지만, 두 회사의 시선은 한동안 서로를 비껴갔다.

(3) 진짜 문제는 '요구의 충돌'이 아니라 '욕구의 불일치'

표면적으로 드러난 쟁점은 단 두 가지로 비용(단가)과 시스템(데이터)의 주도권이다. 그러나 시간이 지나면서 양측은 서서히 깨닫기 시작했다.

"이건 숫자 싸움이 아니다."

L사의 진짜 욕구는 '시장 리더십 유지'였다. 고객이 감탄할 만한 경

험을 제공하지 못하면, 업계 1위의 자리는 흔들릴 수밖에 없다. 따라서 단가는 '목표'가 아니라 혁신 경험을 실현하기 위한 '수단'이었다.

"우리는 싸게 보내려는 것이 아닙니다. 고객이 놀라고, 다시 찾게 만드는 서비스를 만들고 싶은 겁니다."

L사의 속마음은 단순했다.

"우리가 탁월해야 한다."

반면 V사의 진짜 욕구는 '기술 검증과 신뢰 획득'이었다. 기술은 뛰어났지만, 대규모 환경에서 인증 받은 적은 없었다. L사와의 협력은 그들의 기술력을 시장과 투자자들에게 증명할 절호의 기회였다.

"L사와의 협업 결과를 만들어내는 순간, 우리는 더 이상 작은 회사가 아닙니다."

두 회사의 욕구는 달랐지만, 하나의 공통된 진실에 가까워지고 있었다.

"이 협상이 잘 되어야만, 양쪽 모두에게 미래가 열린다."

그때부터 양측은 서로의 말을 '듣기 시작'했다. 숫자 끝에 숨어 있던 진짜 욕구에 조금씩 공감하기 시작한 것이다.

(4) 깨달음으로 이건 '거래'가 아니라 '공동의 도전'이다

정적을 깨고 V사 대표가 입을 열었다.

"지금 우리가 하는 건, 누가 조금 더 가져가느냐의 문제가 아닙니다. 우리가 함께 만드는 서비스가 고객에게 사랑받느냐, 아니냐에 달린 문제입니다."

L사 담당자도 조용히 말했다.

"맞습니다. 결국, 우리는 같은 배를 탄 셈이네요."

이 순간, 갈등의 구조는 단가와 데이터의 프레임을 벗어났다. 이 협상은 '가격 협상'이 아니라 '공동의 도전'이었고, 진짜 핵심은 신뢰, 인정, 그리고 같은 미래를 향한 의지였다.

3) 갈등 해결 과정

협상이란 겉으로 보기엔 테이블 위에 각자의 조건을 늘어놓고 냉정하게 계산하는 과정처럼 보인다. 그러나 그 속을 들여다보면 전혀 다른 진실이 있다.

협상은 결국 사람과 사람의 심리전, 그리고 서로의 감정과 신념이 얽히며 천천히 정렬되는 정서적 여정이다.

L사와 V사의 협상 역시 그랬다. 숫자와 데이터가 차갑게 오가던 테이블 위에 어느 순간부터는 '공감', '이해', 그리고 '함께 해보자는 마음'이 하나둘 놓이기 시작했다.

(1) 교착 상태의 골짜기

초기 협상은 여러 번의 막다른 길을 경험했다. 단가 문제에서는 양측 모두 쉽게 물러설 수 없었다. L사는 물량과 브랜드 파워로 밀어붙였고, V사는 기술력과 '고객 경험의 완성도'를 내세워 굳건했다.

회사의 가치관과 언어가 다르다는 사실은 대화의 흐름을 더욱 둔탁하게 만들었다. 특히 단가 회의 중 V사 대표의 단호한 말은 테이블을 순간 얼어붙게 했다.

"지금 제안하신 단가는 저희가 감당할 수 없습니다. 그 가격에 서비스를 제공하면 고객은 만족하지 못할 것이고, 결국 L사의 브랜드에도 손상이 갈 겁니다."

L사의 담당자는 조용히 메모지를 넘기며 한숨을 삼켰다.

"그럼 어떻게 하자는 거지?"라는 복잡한 표정이 그대로 묻어났다.

반대로 V사 역시 답답했다.

"우린 고객 경험을 위해 기술을 쌓아 왔는데, 그 가치를 인정받지 못하는 것 같다."

양측은 며칠 동안 비슷한 이야기만 되풀이하며 점점 소모적인 흐름에 빠져들었다.

(2) 전환점인 교착을 깨운 한 문장의 힘

그러던 어느 날, 회의를 멈추게 만든 단 한 문장이 있었다. 짐짓 자료를 내려놓은 V사 대표가 조용히 물었다.

"L사가 정말 원하는 건 무엇입니까? 최저가 배송입니까, 아니면 고객이 놀랄 만한 경험입니까?"

방 안이 잠시 정적에 잠겼다. 도발처럼 들릴 수도 있지만, 묘하게 진심이 묻어나는 질문이었다. L사 팀장은 미세하게 웃으며 답했다.

“우리가 진짜 원하는 건, 고객이 놀라고 감탄하는 경험입니다. 그 경험이 우리 브랜드를 다시 움직이게 할 거라 생각합니다.”

그 순간 양측은 처음으로 서로의 말이 아니라 속마음을 들은 듯한 느낌을 받았다. 숫자 뒤에 숨어 있던 목적이 드디어 수면 위로 올라온 것이다.

(3) 신뢰를 키운 첫 양보와 창조적 대안

분위기는 그때부터 천천히 풀리기 시작했다. L사는 먼저 ‘작은 양보’를 내놓았다. 일부 지역에서 시범 운영을 하고, 그 기간만큼은 단가를 일정 수준 보장해 주겠다는 제안이었다.

“우선 작게 시작합시다. 서울 일부 지역에서 시범으로 운영하고, 성과를 보면서 단가를 다시 협의하는 구조로 가보죠.”

V사도 흔쾌히 동의했다. 단기 수익보다 대규모 운영에서 기술을 검증할 기회를 얻는 것이 더 중요했기 때문이다. 이 ‘작은 양보’는 사실 단순한 조건 조율 이상이었다.

“우리는 당신을 신뢰한다.”는 메시지였고, V사는 그 신호에 진심으로 응답했다.

협상의 흐름은 이때부터 완전히 바뀌었다. 무엇을 얼마나 가져가느냐에서 “함께 새로운 구조를 만들 수 있을까?”라는 방향으로 이동했다.

양측은 기존 물류·유통계약에서는 보기 드문 조건부 성과 구조를 설계했다.

예를 들어, 배송 성공률이 기준을 넘으면 단가 인상 또는 인센티브 제공, 고객 만족도가 기준치를 초과하면 분당·강남·송파 등 주요 거점 확대, 기준 미달 시 패널티 또는 프로세스 조정 등이다. 이는 양측 모두에게 공정하면서도 긴장감을 유지하는 구조였다. 단가 싸움이라는 전형적인 '제로섬'의 함정을 벗어나, 협상을 '플러스섬'으로 변모시킨 핵심 장치였다.

(4) 데이터를 중심에 둔 새로운 신뢰

또 하나 중요한 변화가 있었다. 데이터가 '통제의 도구'에서 '신뢰의 언어'로 변했다는 점이다. 이전에는 데이터를 둘러싼 논쟁이 갈등의 핵심이었다.

그러나 시범 운영이 시작되자 양측은 데이터를 투명하게 공유하며 서로의 주장을 뒷받침하는 객관적 기준으로 사용하기 시작했다.

L사는 고객 불만, 재구매율, 앱 체류 시간을 제공했고, V사는 실시간 경로, 기사별 성과, 예측 알고리즘의 정확도를 공개했다.

"이건 우리의 주장이 아니라 데이터가 말합니다."

"이건 감정이 아니라 고객의 반응입니다."

데이터는 이제 분쟁의 근거가 아니라 신뢰의 증거가 되었다.

시범 운영 기간 동안 숱한 문제가 터져 나왔다. 배송 지연, 경로 오류, 예외 주문 처리 문제 등 예상치 못한 변수들이 이어졌다.

그러나 반응은 완전히 달랐다. V사는 오류를 숨기지 않고 즉시 인정하며 밤새 수정 작업, L사는 문제를 비난하는 대신 "어떻게 해결할 수 있을까?"에 집중, 양측은 서로를 '발주자와 공급자'가 아니라 '한 팀'으로 보기 시작, 이 태도의 변화는 단순한 협상 이상의 효과를 냈다. 관계 자체가 새로운 단계로 올라간 것이다.

마침내 협상은 마무리되었지만, 그것은 종착지가 아니었다. 오히려 두 회사가 공동 브랜드 '오늘온다' 아래 함께 시장을 다시 설계하기 시작한 출발점이었다.

4) 갈등 해결 결과

숫자를 넘어 관계가 만든 더 큰 변화로 '오늘온다' 프로젝트가 시범 단계를 지나 정식 런칭에 이르렀을 때, L사와 V사는 비로소 협상의 마지막 문서에 서명했다. 그러나 그 서명은 종이 위에서 끝난 단순한 계약의 마침표가 아니었다. 오히려 비즈니스 관계의 새로운 서막, 그리고 고객 경험의 기준을 다시 쓰는 도전의 출발점이었다.

이 여정은 결코 순탄하진 않았다. 하지만 결과만큼은 분명했다. 이 협상은 숫자로 축약할 수 없는, 사람과 브랜드, 신뢰와 관계가 함께 진화한 하나의 성장 서사였다.

(1) L사가 얻은 것은 숫자를 넘어선 고객 감동

정식 서비스가 공개되자 시장은 즉각 반응했다. 특히 당일 배송의 영향력이 큰 신선식품, 백화점 선정 상품군에서 고객 만족도는 폭발적이었다. SNS에는 이런 후기들이 자연스럽게 올라왔다.

"낮에 주문했는데 저녁 7시에 문 앞에 와 있더군요. 감동이었습니다. 이제는 다른 앱을 열 이유가 없어요."

마케팅 비용 없이 발생한 이 입소문은 무엇보다 강력한 무기였다. 재구매율 전년 대비 35% 증가. 신규 앱 설치 수 한 달 만에 2배 상승, 고객센터의 '배송 불만' 문의 50% 이상 감소 등, 속도만 빠른 것이 아니었다. 고객은 그 속도 속에서 예측 가능함, 안정감, 신뢰를 경험했다. L사는 이 지점에서 명확한 변화를 확인했다.

"우리는 단순한 유통업체가 아니라, 고객의 일상을 바꾸는 라이프 스타일 파트너가 되었다."

(2) V사가 얻은 것은 기술의 증명, 그리고 도약의 발판

V사에게 이 프로젝트는 일종의 성장 통과 의례였다. 기술이 좋다는 내부의 확신이 처음으로 외부 시장에서 '증명된 순간'이었기 때문이다.

수도권 전역 150대 차량 동시 운영 6개 물류 거점 실시간 연동 테스트, 시스템 장애율 0.7% → 0.2% 개선, 고객 평점 5점 만점에 평균 4.9점 등, 수치 이상의 의미가 있었다. 이 성과는 투자자에게 명확한 메시지를 남겼다.

"이 회사는 기술만 있는 스타트업이 아니다. 대기업과의 실전 운영까지 가능한 팀이다."

그 결과, V사는 100억 원 규모의 투자 유치에 성공했고, IT·물류 분야의 핵심 인재 영입도 훨씬 수월해졌다.

인터뷰에서 CTO는 이렇게 말했다.

"우리는 작은 회사였지만, 큰 무대를 경험했습니다. 그 경험이 회사를 '조직'이 아니라 '팀'으로 만들었습니다."

(3) 가장 중요한 변화는 '계약자'에서 '파트너'로

수치와 성과 모두 의미 있었지만, 이 프로젝트가 남긴 가장 큰 변화는 관계 그 자체였다. 이제 L사와 V사는 발주자와 공급자가 아닌, '오늘온다'라는 공동 브랜드를 함께 키우는 하나의 팀이었다.

어느 운영 회의에서 실제로 이런 일이 있었다. 한 배송 기사가 잦은 지각으로 고객 항의가 발생했다면 보통은 책임 공방이 이어졌을 상황이다. 하지만 이제는 달랐다.

L사는 "고객이 이 문제를 어떻게 느낄까?"를 먼저 물었고 V사는 "해당 기사의 동선 데이터와 피로도를 다시 보자."고 제안했다.

누구도 "네 잘못이다."를 입에 담지 않았고, 모두가 "어떻게 같이 개선할까."를 고민했다. 계약서는 종이 한 장이지만, 관계는 마음의 축적이며 시간이 만드는 신뢰라는 사실을 두 회사는 완전히 체득하고 있었다.

(4) 시장에 남긴 흔적으로 기준을 바꾼 프로젝트

‘오늘온다’가 정식 론칭된 뒤, 시장은 빠르게 요동치기 시작했다. 경쟁사들은 일제히 유사한 서비스를 내놓았고 배송 속도 경쟁은 곧 고객 기대치의 재설정으로 이어졌다.

이 프로젝트는 단순한 서비스를 넘어 산업 전체의 기준을 끌어올린 사건이 되었다.

고객은 더 이상 "배송은 느릴 수 있다."는 가정을 받아들이지 않게 되었고 물류 스타트업의 위상은 한 단계 상승했으며 ‘당일 배송’은 선택이 아닌 ‘기본’이 되었다.

이 모든 변화는 하나의 메시지를 남겼다.

"좋은 거래는 계약서의 조항이 아니라, 서로를 대하는 관계의 온도에서 완성된다."

5) 교훈

협상이란 이기는 기술이 아니라 함께 살아가는 지혜이다.

‘오늘온다’ 프로젝트는 협상의 교과서라 부를 만하다. 하지만 그것을 단순히 "잘된 비즈니스 거래"라고 요약한다면, 우리는 이 이야기의 절반만 이해한 셈이다.

이 협상이 특별했던 이유는 수치와 조건을 맞추는 기계적 과정이 아니라, 두 회사가 서로를 바라보는 시선을 바꾸고, 그 변화가 관계와 성장, 그리고 고객 경험이라는 눈에 보이는 성과로까지 이어졌다는 데 있다.

협상이란 결국 사람을 이해하는 과정이며, 그 이해가 쌓일 때 비로소 결과가 바뀐다.

(1) 요구의 이면을 보라

'욕구'를 읽는 것이 협상의 출발점이다

많은 협상이 길을 잃는 이유는 상대의 '요구(What)'만을 보고 대립하기 때문이다.

"이 가격은 맞지 않습니다."
"이 조건은 받아들일 수 없습니다."
"우리는 여기까지가 한계입니다."

하지만 요구는 표면, 그 아래에는 늘 상대가 진짜로 중요하게 여기는 욕구를 확인할 수 있는 왜(Why)가 숨어 있다. L사가 요구한 '낮은 단가'는 '원가 절감'의 신호가 아니었다. 그 뒤에는 고객 경험 혁신, 즉 시장 리더십을 지키겠다는 더 큰 욕구가 있었다.

V사가 고수한 '데이터 보호' 역시 '보안 집착'이 아니라 자신들의 기술 생태계를 지키려는 생존의 감정이었다.

표면에서는 대립처럼 보이던 것들이 내면으로 내려가면 같은 방향을 향한 서로 다른 표현이었다. 좋은 협상가는 말을 듣지 않고, 의도를 듣는다. 말의 높낮이가 아니라, 욕구의 진동을 느낀다.

(2) BATNA는 떠나기 위한 출구가 아니라, 머무를 이유를 확인하는 나침반이다

BATNA(The Best Alternative to a Negotiated Agreement)는 협상에서 자주 등장하는 개념이지만, 많은 사람들은 그것을 '협상이 결렬되면 가는 길' 정도로 이해한다. 그러나 BATNA의 진짜 역할은 '대안'이 아니라 현실을 비추는 거울이다.

L사도, V사도 BATNA를 갖고 있었다. L사는 자체 물류망을 확장하는 길이 있었고, V사는 다른 파트너를 찾을 수 있었다. 그러나 두 회사 모두 그 BATNA에 매달리지 않았다. 그 대신 BATNA를 통해 어디까지는 양보할 수 있고, 어디부터는 양보할 수 없는지를 스스로 확인했다. BATNA가 있었기에 두 회사는 불필요한 양보를 하지 않았고, BATNA가 있었기에 서로의 주장을 좀 더 진지하게 이해할 수밖에 없었다.

BATNA는 협상을 떠나는 도구가 아니라, 협상에 머무르는 이유를 더 선명하게 만드는 도구이다.

(3) 파이를 나누지 말고, 함께 키워라

많은 협상이 '누가 조금 더 가져가느냐'의 게임이 된다. 하지만 좋은 협상은 기존의 파이를 나누는 것이 아니라, 아예 새로운 파이 자체를 만드는 일이다.

L사와 V사는 처음에는 단가·데이터·통제권 같은 전통적 쟁점을 두고 힘겨루기를 했다. 그러나 결국 두 회사는 '오늘온다'라는 공동 브랜드, 성과 기반의 조건부 협상 구조, 그리고 서로를 성장시키는 창조적 대안을 만들어냈다. 그것은 단순한 절충안이 아니라, 새로운 시장의 문을 여는 비즈니스 실험이었다.

좋은 협상은 타협의 기술이 아니라, 미래를 함께 설계하는 공동 창조의 행위이다.

(4) 감정이 아닌 근거인 데이터는 가장 단단한 설득의 언어다

협상 테이블에서 가장 위험한 적은 상대의 주장이 아니라 내 감정이다. 분노, 자존심, 피로, 억울함, 무시당했다는 감정들은 협상을 조용히 무너뜨린다. L사와 V사가 달랐던 점은 이 감정을 데이터가 대신 말하게 했다는 것이다.

고객 만족도, 배송 성공률, 시스템 안정성, 고객 불만 항목, 재구매율 등 수많은 지표들은 언쟁이 아니라 증거가 되었고, 증거는 서로의 감정을 가라앉히고 대화를 현실로 끌어오는 힘이 있었다. 협상에서 가장 강력한 언어는 '목소리'가 아니라 '숫자'다.

(5) 협상은 거래가 아니라 관계로 Win-Win을 넘어 Win-Win-Win으로 결국 이 협상의 가장 중요한 메시지다

협상은 계약서의 결과가 아니라 사람 사이에 남는 관계다.

L사와 V사는 협상을 통해 서로의 한계를 인정했고, 서로의 강점을

존중했고, 무엇보다 '함께 웃을 수 있는 결과'를 만들어냈다. 그 결과는 두 회사의 Win-Win을 넘어 고객까지 포함한 Win-Win-Win이었다.

좋은 협상이란 "누가 이겼는가"가 아니라, "우리가 얼마나 오래 함께 갈 수 있는가"로 평가된다.

'오늘온다'는 단순한 배송 서비스의 이름이 아니라, 어떻게 협력하고, 어떻게 신뢰를 만들고, 어떻게 관계가 성장을 이끄는지 보여주는 하나의 상징이다.

우리가 일상에서 나누는 모든 대화와 설득, 제안 역시 모두 작은 협상들이다. 그 순간마다 이 이야기를 떠올려야 한다.

요구보다 욕구를 보라.
감정보다 근거로 말하라.
파이를 키우고, 관계를 남겨라.
협상이란 결국, 사람과 사람이 함께 살아가기 위해 배우는 지혜의
  언어다.

2. 글로벌 기업과 스타트업의 인수합병(실패 사례)

앞선 사례가 "좋은 협력이 어떤 성장을 만들어내는가"를 보여준 이야기였다면, 지금부터 다룰 이야기는 그 정반대에 서 있다.

성공은 때로 운과 타이밍 위에서 피어오르지만, 실패는 언제나 원인과 과정이 분명한 기록으로 남는다. 우리는 종종 성공에서 영감을 얻지만, 실패에서 비로소 본질을 배운다.

G사와 C사의 인수합병 실패는 기술·자본·비전이 모두 갖추어졌음에도 '보이지 않는 관계의 결핍'이 어떻게 조직을 무너뜨릴 수 있는지를 보여주는 냉혹한 이야기다.

두 회사는 서로의 요구(Position)는 맞췄다. 하지만 그 뒤에 숨어 있는 욕구(Interest), 즉 "왜 이 거래가 필요한가", "우리는 어디로 가고 싶은가"를 끝내 이해하지 못했다.

G사는 자신의 BATNA를 지나치게 축소했고, C사는 창조적 대안이나 조건부 협상을 제시할 여지를 잃었다. 두 조직은 사실보다 감정에 끌렸고, 협력보다 통제를 선택했다. 이제 우리는 이 실패의 여정을 따라가며 다시 묻고자 한다.

"성공이란 무엇이며, 진정한 협력이란 어떤 모습인가?"

G사와 C사의 이야기는 단순한 경영 실패담이 아니다.

숫자와 계약의 세계에서도 결국 가장 중요한 것은 사람과 관계라는 사실을 일깨우는 텅 빈 교실 같은 울림이다.

1) 갈등 배경

실패는 어느 날 갑자기 오지 않는다. 대부분의 실패는 하나의 사건으로 끝나지 않는다. 작은 오판들이 쌓이고, 조급함이 서서히 스며들고, '본질을 돌아볼 시간'을 잃어버릴 때 비로소 방향을 잃는다. G사와 C사의 인수합병 역시 그런 길을 걸었다. 두 회사 모두 절박했다.

하지만 절박함이 서로를 이해하게 만들지 못하고, 오히려 "빨리 결론을 내야 한다"는 조급함만 키웠다. 그 조급함이 이 결합을 가장 위험하게 만들었다.

(1) G사에게는 시간이 없었다

한때 글로벌 무대를 주름잡던 G사는 더 이상 빠르지 않았다. 산업 간 경계가 무너지고 속도가 생존을 결정하는 '빅 블러(Big Blur)'[117] 시대가 도래했음에도, G사는 여전히 과거의 성공 공식에 머물러 있었다.

이사회 회의록에는 이런 대화가 적혀 있다.

"혁신을 말하지만, 실제로 바뀐 게 있습니까?"

"우리는 안정적인 회사입니다. 위험한 실험은 필요 없어요."

"하지만 안정은 곧 정체입니다. 시장은 기다려주지 않습니다."

결국 G사는 "안에서 바꾸기엔 시간이 부족하다."는 결론에 도달했고, 혁신을 내부에서 만들기보다 외부에서 사오는 전략으로 방향을 틀었다. 그들의 눈에 들어온 것이 바로 C사의 자율주행 기술이었다. 회의 말미, 한 임원이 이렇게 말했다.

"우리는 기술이 필요합니다. 그것도 지금 당장."

그 말은 의사결정 라인을 순식간에 굳게 만들었다. G사는 BATNA였던 '자체 개발'을 '느리고 효율이 낮은 선택'이라며 스스로 무가치하게 만들었다. 기술을 만든 사람들과의 조화를 고민하기보다 기술 그 자체만 보려 했고, "함께할 준비가 되어 있는가?"라는 질문은 단 한 번도 테이블 위에 오르지 않았다.

(2) C사에게는 무대가 필요했다

C사는 전혀 다른 세계에 있었다. 작지만 치열한 기술팀, 밤새 연구하는 개발자들, 스스로의 기술이 세상을 바꿀 수 있다는 확신. 그러나 기술이 완성에 가까워질수록 비용은 눈덩이처럼 불어났다. 투자자는 더 이상 '가능성'이 아니라 '증명'을 요구했다. 안정을 찾기 전에 도전이 사라질 수 있는 순간이었다. 그때 G사의 제안이 들어왔다.

"당신들의 기술을 글로벌 무대에 올려드리겠습니다."

그 문장은 사막의 오아시스처럼 들렸다. C사의 창업자 A씨는 후일 이렇게 회고한다.

"우리 기술은 준비되어 있었지만, 세상은 아직 우리를 받아줄 준비가 되어 있지 않았습니다. 그래서 G사의 제안이 마치 구원처럼 느껴졌습니다."

물론 걱정도 있었다.

"우리의 속도와 문화가 저 거대한 조직 안에서 살아남을 수 있을까?"

하지만 생존의 압박과 확장의 기회 앞에서 그 우려는 스스로 작아졌다. C사는 BATNA였던 '다른 투자자·공동개발'의 가능성을 스스로 위축시켰고, 결과적으로 협상 테이블에서 가장 중요한 카드인 자율성·창조성·문화를 충분히 꺼내지 못했다.

(3) 결합의 착각

겉으로 보면, 두 회사의 요구는 완벽히 맞아떨어져 보였다. G사는 기술이 필요했고 C사는 자본과 무대가 필요했다. 거래는 착착 진행되는 듯했다. 그러나 그 안에는 이미 보이지 않는 균열이 있었다.

G사는 '흡수'의 언어로 말했고, C사는 '공존'의 언어로 답했다. 기술과 자본이 오가는 동안 사람과 관계는 대화에서 빠져 있었다. 더 큰 문제는 협상 테이블에 '요구(Position)'만 오갔다는 것이다.

G사의 진짜 욕구(Interest)였던 조직의 신뢰 회복과 C사의 진짜 욕구였던 자율적 비전 구현, 이 두 가지는 끝내 다뤄지지 않았다.

그렇게 이 결합은 서로가 원하는 것을 줄 수 있을 것이라는 착각 속에서 출발했지만, 실제로는 서로의 욕구를 무시한 채 통제·조급함·불신이 쌓여가는 여정이 되고 말았다.

비극은 그렇게, 아무도 모르게 시작되고 있었다.

2) 갈등 구조

G사와 C사가 처음 마주 앉았던 협상 테이블은 겉으로 보기엔 매우 안정적이었다. 양측 모두 치밀한 자료를 준비했고, 목적도 분명해 보였다. G사는 새로운 기술을 확보해 잃어버린 시장 리더십을 되찾으려 했고, C사는 자본과 인프라를 발판 삼아 세계 시장으로 도약하고자 했다.

표면적으로는 '윈윈(Win-Win)' 구도였다. 그러나 몇 차례의 대화가 오가는 동안, 협상 테이블 아래 보이지 않는 균열이 조용히 자라나기 시작했다. 그 균열은 조건이나 숫자의 문제가 아니라, 사람·문화·욕구의 간극이었다. 양측은 같은 문장을 주고받았지만, 서로의 언어는 번역되지 않았다. 그때부터 이 거래는 이미 실패의 길로 들어서고 있었다.

(1) 문화의 벽으로 통제의 세계와 자율의 세계가 충돌하다

G사는 전형적인 관료 조직이었다. 명확한 위계, 문서 중심의 결재 체계, 리스크 관리가 최우선인 프로세스, 그들에게 '질서'는 곧 '안정'

이었고, '안정'은 곧 최고의 가치였다.

"이 프로젝트는 어느 단계에서 보고해야 합니까?"

"모든 결정은 본사 승인 후에 진행합니다."

이 몇 줄의 문장은 G사의 문화를 완벽히 요약한다. 반면 C사의 세계는 그와 정반대였다. 수평적 구조, 빠른 피드백, 실험을 우선하는 애자일118) 문화. 그들에게는 보고서보다 결과가, 절차보다 속도가 더 중요했다.

"회의보다 실물을 보시죠. 지금 시제품 올리겠습니다."

"문서요? 저희는 프로그램이 곧 문서입니다."

이 두 조직의 간극은 거대한 항공모함과 민첩한 고속정이 같은 항로를 항해하는 것과 같았다. 둘 중 어느 쪽도 상대의 속도와 방식에 맞출 준비가 되어 있지 않았다. 그 충돌의 파급력은 아무도 예상하지 못했다.

(2) 표면의 거래만 남고, '요구'가 전부가 되었다

협상 초기, 테이블 위에는 분명한 요구들이 놓였다.

G사는 C사의 자율주행 기술을 자사 체계에 신속히 편입하길 원했다. 기술 확보 → 단기 시장 반등 → 주가 상승으로 G사의 목표는 매우 계산적이었다. G사 임원은 단호하게 말했다.

"우리의 자본력과 브랜드라면, 당신들의 기술은 더 큰 무대에서 빛날 겁니다. 단, 모든 기술은 G사의 체계 안에서 돌아가야 합니다. 그것이 효율의 시작이죠."

C사도 자신들의 요구를 분명히 했다.

"우리가 개발을 계속 주도할 수 있도록 자율성을 보장해 주셔야 합니다."

C사에게 기술은 단순한 자산이 아니라, 그들이 세상을 바라보는 철학이자 정체성이었다. 하지만 양측이 사용하는 언어는 이미 다르게 번역되고 있었다.

G사는 '기술을 흡수'하길 원했고, C사는 '기술을 확장'하길 원했다. 둘의 목표는 겉보기엔 같았으나, 그 속에 담긴 의미는 서로를 향하고 있지 않았다.

(3) 진짜 갈등은 '욕구'의 괴리에서 비롯되었다.

표면적인 요구(Position)의 대립은 협상의 겉에 불과했다. 진짜 문제는 그 안에 숨어 있는 욕구(Interest)의 충돌이었다.

G사의 욕구는 '불안을 감추고 싶은 마음'이었다. G사가 기술을 확보하려 했던 진짜 이유는 주가나 단기 성과 때문이 아니었다. 그들은 내부 혁신의 부재가 만들어낸 불안으로, "우리는 더 이상 기술 선도 기업이 아니다"라는 시장의 시선을 이 거래를 통해 덮고 싶었다. 그러나 그 욕구를 정면으로 말하지 못했다. 대신 "기술 소유"라고 하는 외형적 요구로 포장했다.

C사의 욕구는 '자율적 비전 실현'이었다. C사가 원하는 것은 돈이 아니었다.

"우리가 꿈꾸는 기술의 방향을 우리가 스스로 결정하고 싶다."

그들의 진짜 욕구는 영향력과 자율성이었다. 하지만 협상 자리에서는 그것을 숫자로 표현했다. '인수 금액'이라는 틀에 자신들의 비전을 우겨 넣은 것이다.

요구는 맞아 보였지만, 욕구는 완전히 어긋나 있었다.

두 회사는 서로의 말을 들었지만, 서로의 마음은 듣지 못했다. 그리고 그 조용한 오해와 무관심이 협상 구조 전체를 서서히 뒤틀어 놓았다.

(4) 오판된 BATNA로 대안은 있었지만, 아무도 믿지 않았다

BATNA는 협상에서 가장 기본적인 원칙이지만, G사와 C사는 이를 '절차적 체크리스트' 정도로만 여겼다.

G사의 BATNA는 내부 개발이었다. 하지만 그들은 스스로 그 대안을 무가치하게 만들었다.

"느리고 비효율적이다."

"시장을 따라잡을 수 없다."

BATNA를 버리는 순간, 협상력도 함께 사라졌다. G사는 "이 인수를 반드시 성사시켜야 한다."는 압박 속에서 더 조급해졌고, 더 공격적으로 변했다.

C사의 BATNA는 다른 투자자·공동개발이었다.

그러나 G사의 규모와 네트워크는 압도적이었다. C사는 스스로 BATNA의 가능성을 축소했고, 결국 협상 테이블에서 가장 중요한 카드인 자율성과 창조성을 꺼내지 못했다.

"이번 인수를 놓치면 진짜 끝이다."

"지금은 생존이 먼저야."

이 절박함은 이성을 마비시키는 함정이었다. C사는 더 이상 전략적 사고를 할 수 없었다.

(5) 결말을 향한 예고

대화는 문법만 같았을 뿐, 의미는 달랐다.

시간이 흐를수록 양측의 대화는 점점 멀어졌다. 표면적으로는 합의가 진행되는 듯 보였지만, 그 아래에서는 긴장과 불신이 차곡차곡 쌓여갔다.

G사: "기술 이전 조건을 명확히 하죠."

C사: "조건보다 방향이 더 중요합니다."

G사: "우리는 효율을 말하는 겁니다."

C사: "우리는 비전을 말하는 겁니다."

문장은 모두 정확했지만, 의미는 서로에게 번역되지 않았다. 언어는 같았지만, 세계관이 달랐다. 결국 이 협상은 네 가지 균열 위에서 흔들리고 있었다.

욕구의 부재, 문화의 단절, BATNA의 오판, 창조적 대안의 결핍, 이 네 가지 균열은 협상의 구조만 무너뜨린 것이 아니라, 두 회사의 관계 전체를 파국으로 몰고 가는 서막이 되었다.

비극은 이미 이때 시작되고 있었다. 단지, 아무도 그 징후를 읽지 못했을 뿐이다.

3) 갈등 과정

G사와 C사의 인수합병은 표면상 '성공적 거래'처럼 보였다. 계약서에 서명이 올라가던 그날, 양측 대표는 "이제 진정한 혁신이 시작된다"고 선언했다. 하지만 그 악수는 협력의 출발이 아니라, 붕괴의 서막이었다.

양사는 '요구와 욕구'의 차이를 끝내 이해하지 못한 채, 서로 다른 가치관과 세계관으로 관계를 밀어붙였고, 그 결과 신뢰의 끈은 조용히 닳아가기 시작했다.

(1) 일방 통제가 자율을 지워 갔다

인수 직후 G사는 기다렸다는 듯 C사의 경영 시스템을 전면 개편했다. 논리는 간단했다. "한 가족이 되었으니 하나의 방식으로 움직여야 효율적이다." 그러나 그것은 통합이 아니라 통제의 개시였다.

어제까지만 해도 하루면 끝나던 기능 추가는, 이제 다섯 단계 결재와 세 차례 보고 회의를 지나야 가능했다. 테스트 환경 접근조차 본사 승인을 기다려야 했다.

내부 회의에서 C사 창업자 A씨가 참지 못하고 말했다.

“우리는 유연하고 빠른 팀이었습니다. 지금은 작은 배가 거대한 항공모함의 항로를 따르다 좌초되는 꼴이에요.”

그 말은 팀의 박수를 받았지만, G사 임원의 얼굴은 굳어졌다. G사에게 ‘애자일’은 혼란이고, ‘자율’은 통제 부재로 해석되었다.

“기술은 우리 것이니 운영 방식도 우리가 정한다.”

이 한마디는 C사 구성원들에게 ‘우리 회사가 사라졌다’는 상실감을 남겼다. G사는 C사의 본질적 욕구 ‘비전 실현을 위한 자율’을 지워버리고, ‘소유한 기술은 통제로 관리해야 효율적’이라는 착시에 빠졌다. 그 순간, 핵심 인재들의 마음은 이미 떠나 있었다.

(2) 소통의 붕괴가 자만을 키웠다

양사의 회의실에는 ‘보고’와 ‘지시’만 남았다. 형식적 주간 보고·KPI 점검이 반복되는 사이, C사가 체감하는 현장의 비효율과 불만은 복잡한 절차 속에서 증발했다.

G사 임원: “회사가 크면 시스템을 따르는 게 기본입니다. 적응하십시오.”

C사 팀장: “우리는 속도를 잃는 순간 경쟁력을 잃습니다.”

C사가 제시한 실험 데이터와 효율 지표는 “우리는 수십 년 검증된 방식을 써왔다.”라는 말 한 줄에 묵살됐다. 데이터보다 자존심, 그리고 논리보다 감정이 앞서자 신뢰는 빠르게 침식되었다.

G사는 스스로의 ‘옳음’에 갇혔고, C사는 ‘이제 우리는 파트너가 아니라 피고용인’이라는 냉소 속에 침묵하기 시작했다. 대화가 끊기자,

신뢰는 무너졌다.

(3) 신뢰가 무너지자, 사람들이 떠났다

'신뢰'는 협력의 유일한 자산이다. 그러나 G사는 그것을 잃었다. C사는 프로젝트 단위의 자산으로만 취급되었고, 핵심 인력을 보호하고 동기부여할 장치는 보이지 않았다. 조건부 보상, 독립 연구 권한, 스톡옵션 같은 창조적 대안은 단 하나도 없었다. 대신 '조직 문화 부적응자'라는 낙인이 곳곳에 찍혔다.

팀워크는 흐트러졌고, 아이디어는 줄었다. 회의실에는 "이건 더 이상 우리가 만들던 기술이 아니야"라는 한숨만 남았다. 마침내 이탈이 시작됐다. 공동 창업자이자 핵심 알고리즘 설계자 B씨는 사직서를 내며 말했다.

"여기는 더 이상 우리가 만들던 회사가 아닙니다. 비전이 사라진 회사에서, 기술은 껍데기입니다."

그 말은 사내 메신저를 타고 번졌고, 팀은 급속히 무너졌다.

(4) 뒤늦은 회의, 끝내 던지지 못한 질문

사태가 악화되자 G사 경영진은 뒤늦게 원인 분석 회의를 열었다. 그러나 결론은 '문제는 C사의 적응력 부족'으로 변하지 않았다.

한 임원은 말했다.

"스타트업 방식으로는 글로벌을 감당할 수 없습니다."

그 말은 본질 회피의 선언이었다. 정작 물어야 했던 질문은 단 하나였다.

"우리는 어떻게 이들과 함께할 수 있었을까?"

그 질문은 끝내 던져지지 않았다. 프로젝트는 지연을 거듭했고, G사는 기술의 '소유자'가 되었으나 '혁신의 주체'는 아니었다. C사의 인재들은 흩어졌고, 인수 발표 직후 치솟았던 주가는 6개월 만에 원점으로 되돌아갔다.

(5) 기술은 살 수 있어도, 마음은 살 수 없다

이 실패는 단순한 경영 실수가 아니다. 가치 불일치, 소통 부재, 감정 방치가 초래한 인재 손실의 연쇄였다. G사는 기술을 샀고, C사는 자본을 얻었다. 그러나 그 거래 속에서 사람·신뢰·관계의 의미는 사라졌다.

"기술은 살 수 있었지만, 사람의 마음은 살 수 없었다."

이 한 문장이 모든 결말을 요약한다. 이 인수합병은 '어떻게 실패하는가'를 보여주는 가장 생생한 이야기가 되었다. 결국 그들이 잃은 것은 기술이 아니라, 함께 일할 이유였다.

4) 갈등 해결 결과

G사와 C사의 인수합병은 결국 양측 모두에게 돌이킬 수 없는 실패로 귀결되었다. 이 이야기는 단순한 경영 판단의 오류가 아니다. 비즈니스 협상의 본질, 즉 사람과 관계라는 가장 중요한 축이 무너졌을

때 어떤 파국이 오는지를 보여주는 기록이다.

계약 조건은 완벽했을지 모른다. 기술은 갖춰져 있었고, 자본도 준비되어 있었다. 그러나 신뢰·문화·비전의 합이라는 본질적 일치는 끝내 이루어지지 못했다.

그 결말은 윈윈(Win-Win)이 아닌, 최악의 루즈-루즈(Lose-Lose)였다. 양사는 기술을 잃었고, 사람을 잃었으며, 결국 명성마저 잃었다.

(1) G사의 몰락, '혁신 기업'에서 '보수적 실패 기업'으로

G사는 막대한 자본을 들여 C사를 인수했지만, 손에 남은 것은 기술이 아니라 혼란이었다. 인수 후 3년이 채 지나기도 전에 프로젝트는 좌초되었고, 핵심 기술은 발전하지 못한 채 '폐기'라는 결말을 맞았다.

핵심 인력이 빠져나간 뒤 남은 코드는 유지·보수조차 불가능했다. 그제야 G사는 뒤늦게 깨달았다.

"우리가 산 것은 기술이 아니라, 그 기술을 만든 사람들이었다."

하지만 이미 모든 것은 늦어 있었다. 내부 감사 보고서엔 이렇게 적혀 있었다.

"자율주행 사업 인수로 인한 기회비용 손실: 3년, 누적 투자 손실 2,400억 원."

언론은 연일 조롱했다.

「기술은 살 수 있어도, 문화는 살 수 없다」

「스타트업을 부품으로 만든 순간, 혁신은 죽었다」

내부 구성원들조차 냉소했다.

"G사는 기술이 아니라, 보여주기식 혁신을 산 것이다."

그 여파로 젊고 유능한 인재들이 회사를 떠났고, 대학 졸업생 선호 기업 순위에서 G사는 단 1년 만에 15계단이나 추락했다.

G사는 '기술 확보'라는 요구(Position)는 달성했지만, '조직의 신뢰 회복'이라는 진짜 욕구(Interest)는 완전히 잃었다.

조급함에 눈이 멀어 BATNA(G사의 경우 내부 개발)라는 현실적 대안을 스스로 버린 결과, G사는 가장 피해야 할 "스스로 만든 최악의 선택지"를 향해 걸어갔다.

(2) C사의 해체, 꺾인 꿈, 잃어버린 이름

C사 역시 더 이상 자유와 혁신의 상징이 아니었다. 인수 후 18개월 만에 핵심 멤버의 70%가 회사를 떠났다. 그들의 자리를 메운 것은 G사의 보고 체계와 문서 중심의 절차였지만, 그 어디에도 창의성, 실험 정신, 열정은 남지 않았다.

C사 창업자 A씨는 한 인터뷰에서 이렇게 회고했다.

"자본이 기술을 더 멀리 데려다줄 줄 알았습니다. 하지만 그 안에서 '우리'는 사라졌습니다."

그는 한숨을 내쉰 뒤 덧붙였다.

"우린 기술을 팔았지만, 정체성을 잃었습니다. 비전이 사라지는 순간, 기술도 의미를 잃었어요."

그 말은 인수합병의 본질을 꿰뚫었다. 결국 '혁신 스타트업 C사'라는 이름은 G사의 그늘 아래에서 조용히 사라졌다. 남아 있던 일부 구성원들은 새로운 스타트업을 창업했지만, 그들 중 누구도 다시는 대기업과의 M&A를 고려하지 않았다.

그만큼, 이별은 아프고 상처는 깊었다.

(3) 시스템 통합의 붕괴

G사는 마지막 희망을 걸고 C사의 자율주행 플랫폼을 자사 스마트시티 프로젝트에 통합하려 했다. 그러나 시작부터 삐걱거렸다. G사 IT팀은 코드 리뷰에서 불만을 토로했다.

"너무 복잡합니다. G사 가이드라인을 따르지 않아요."

"문서화가 안 되어 있어 유지보수가 불가능합니다."

C사 개발자들은 침착하게 설명했다.

"우리는 문서보다 프로그램으로 소통합니다. 이 기술이 강력한 이유는 바로 이 구조와 속도 때문입니다."

하지만 두 조직의 대화는 끝내 이어지지 않았다. 기술은 억지로 병합됐지만, 사람과 철학은 결코 융합되지 않았다. 결국 G사는 스마트시티 프로젝트를 '기술적 불안정'을 이유로 전면 중단했다.

회의실 스크린에는 마지막 문장이 남았다.

"다음 인수는 더 신중해야 한다."

하지만 그 문장은 이미 늦은 위로에 불과했다.

(4) 기술은 남고, 사람은 잃었다

가장 비싼 실패의 공식으로 최종 보고서의 마지막 장에는 이렇게 남았다.

"우리는 기술을 샀지만, 그 기술을 움직일 사람과 그것을 발전시킬 문화를 잃었다. 결국 아무것도 얻지 못했다."

이 문장은 단순한 결산이 아니라, 비즈니스 세계 전체를 향한 경고였다.

G사와 C사의 사례는 말한다. 성공적인 협상은 '딜(Deal)'이 아니라 '관계(Relationship)'의 예술이다. 조건을 맞추는 거래는 일시적 성과만 만든다.

신뢰와 이해가 없는 협상은 결국 붕괴한다. 양사는 서로의 BATNA를 과소평가했고, 요구(Position)와 욕구(Interest)의 차이를 외면했으며, 감정과 통제가 객관적 근거를 집어삼키도록 방치했다. 그 결과, 둘은 서로를 '파트너'가 아니라 그저 '거래된 자산'으로 만들었다.

(5) 실패의 잿더미 위에 남은 메시지

이 인수합병은 단순한 실패 사례가 아니다. 협상에서 인간적 요소를 무시할 때 어떤 파국이 오는가를 가장 생생하게 증명한 이야기이다.

"기술은 살 수 있어도, 사람의 마음은 살 수 없다."
이 문장이 G사와 C사의 모든 실패를 함축한다. 결국 협상의 진정한 승자는 조건을 이긴 사람이 아니라 관계를 지켜낸 사람이다. G사와 C사는 그 진리를 너무 늦게 배웠다.

5) 교훈

G사와 C사의 인수합병은 한 건의 협상 실패로 축약할 수 없다. 이 사례는 잘못된 가격·조건의 문제가 아니라, 비즈니스 관계의 근본을 다시 묻게 한 이야기다. 눈부신 성공의 이면에는 언제나 보이지 않는 실패의 흔적이 있고, 그 흔적을 직시한 사람만 다음 선택을 더 넓은 관점에

서 설계한다. 이 비극적 결말은 협상의 기술을 넘어, 결국 사람을 이해하는 법과 관계를 다루는 태도라는 근본 질문을 남긴다.

(1) 요구보다 욕구를, 감정보다 근거를 읽어라

협상은 표면의 제안서가 아니라, 그 뒤에 숨은 왜(Why)를 읽어내는 과정이다. 상대기 무엇을 달라고 말하는지보다, 왜 그 조건을 원하는지, 그들의 동기·가치·불안을 이해하는 일이 우선이다.

G사는 C사의 '기술 인수'라는 단어에만 집중했고, C사가 진정으로 원한 자율성·비전 지속의 욕구를 놓쳤다. 반대로 C사도 G사의 '통합·

효율’ 뒤에 있는 조직 안정과 시장 신뢰 회복이라는 욕구를 읽지 못했다. 이렇게 양측은 언어는 이해했지만 마음은 오독했다. 문제는 곧 감정으로 번졌다. G사는 “우리는 검증된 방식을 갖고 있다.”는 자부심에 갇혔고, C사는 “속도를 잃으면 경쟁력도 잃는다.”는 절박함 속에서 방어적으로 대응했다. 그러나 감정은 협상을 흐리고, 감정이 가라앉을 즈음에는 이미 신뢰가 훼손되어 있다.

협상은 감정의 싸움이 아니라 근거의 대화다. 숫자·데이터·검증된 사례는 오해를 줄이고, 양측을 문제 해결의 언어로 이끈다. 요구만 보고 거래를 성사시킬 수는 있지만, 욕구와 근거를 읽지 못하면 그 뒤의 관계와 미래는 무너진다.

(2) BATNA의 본질을 이해하고, 창조적 대안으로 공동의 길을 설계하라

BATNA는 떠나기 위한 출구가 아니라, 협상 지형을 가늠하는 나침반이다. G사는 내부 개발이라는 BATNA를 ‘느리고 비효율적’이라 단정하며 스스로 협상력을 잃었고, C사는 다른 투자·공동개발이라는 현실적 대안이 있음에도 G사의 규모 앞에서 가능성을 축소했다.
BATNA는 ‘최악을 피하는 안전망’이지, ‘최선을 포기하는 변명’이 아니다. 대안을 스스로 지워버리면 시야가 좁아지고, 창의적 설계가 막힌다.
이들의 테이블에는 ‘가격·시점’ 같은 숫자만 있었다. 하지만 협상을 파트너십으로 끌어올리는 힘은 숫자가 아니라 관계 설계이다. 만약 그

들이 조건부·단계형 장치를 도입했다면 결과는 달라졌을 것이다. 예컨대, 성과 연동 보상(특정 성능·지표 달성 시 추가 보상), 핵심 인력의 독립 연구 자율성 보장, 우선 시연·파일럿 권한 부여 등은 거래를 계약에서 파트너십으로 전환하는 다리가 된다.

창조적 대안은 "무엇을 나눌까"가 아니라, "무엇을 함께 새로 만들까"라는 질문에서 출발한다. 협상은 제로섬이 아니라 플러스섬을 지향해야 한다.

(3) 협상의 본질은 관계이며, 실패는 새로운 시작의 토대가 된다

"우리는 기술을 샀지만, 사람을 잃었다."
이 한 문장은 이번 M&A의 결말을 압축한다. 기술·자본은 교환 가능하지만, 사람의 신뢰는 돈으로 살 수 없다. G사는 C사를 자산으로, C사는 G사를 도구로 보았다.

그 순간 두 조직은 파트너가 아닌 일방적 기대를 투영하는 상대가 되었고, 협력의 가능성은 사라졌다. 진정한 협상가는 상대를 꺾는 사람이 아니라, 함께 미래를 설계하는 사람이다. 관계 중심의 협상은 단기 이익보다 장기 신뢰를 우선한다.

그 신뢰는 기술보다 오래가고, 계약서보다 강력하다. 결국 비즈니스는 사람의 일이다. 기술과 자본은 사람을 연결하는 수단일 뿐, 신뢰와 공감이 없다면 어떤 거래도 오래가지 못한다. 그래서 이 실패는 끝이 아니라 출발점이다. 잿더미 위에 남은 문장 "기술은 살 수 있어도, 마음은 살 수 없다"는 앞으로의 모든 협상에서 잊지 말아야 할 가장 본질적인 통찰이다.

우리는 다시 이 질문 앞에 선다.

"나는 지금 거래를 하고 있는가, 아니면 관계를 만들고 있는가?"

이 질문에 성실히 답하는 기업만이 시장의 속도에 흔들리지 않고, 변화의 압력 속에서도 잃지 않는 사람과 함께 미래를 만든다.

G사와 C사의 실패는 다음 세대 협상가에게 분명한 진실을 남긴다. 협상은 결국 관계를 회복하는 예술이며, 모든 비즈니스의 중심에는 언제나 사람이 있다. 우리가 이 사실을 잊지 않는 한, 그들의 실패는 헛되지 않을 것이다.

비즈니스는 관계에서 다시 시작된다.

안전관리 조직갈등 성공 및 실패 사례

1. 조직갈등 해결 성공 사례

1) 개요와 배경

"선배님! 좋은 소식입니다. 방금 대표이사께서 경영위원회에서 결의된 내용을 최종 승인하셨습니다." 경영기획팀장이 K에게 휴대 전화로 기쁜 소식을 알려주었다. "그래요? 알려줘서 고마워요! 참 잘되었네요."

중대재해 처벌 등에 관한 법률(이하 '중대재해처벌법' 또는 '중처법'으로 표기) 시행을 앞두고 W 회사의 '안전보건 관리조직'과 '안전보건 예산'을 대폭 확대하는 계획이 최종 확정되었음을 확인한 순간이었다.

중대재해처벌법에서는 500명 이상이 상시 근무하는 회사는 2명 이상이 근무하는 전사총괄 안전보건 전담 조직을 갖추고 법에서 정하는 안전보건 확보의무를 이행하도록 정하고 있다. K가 근무하는 본사 안전관리팀은 당시에 3명으로 구성되어 있었고, 공장의 안전관리는 별도의 전담부서 없이 관리지원부서에 소속된 안전관리자, 보건관리자가 담당하는 상황이었다. 심지어 보건관리자는 직접 고용하지 않고 전문기관에 위탁하여 운영하는 곳도 있었다. 중대재해처벌법 시행이 공표되면서 W 회사는 안전보건 관리 조직을 대폭 강화해야 하는 상황에 놓였다. 법적 최소 요건은 충족했지만, 강화된 법적 의무를 이행하기에는 턱없이 부족한 수준이었다. 조직의 규모는 법적인 요건을 충족할 정도인 최소한의 수준으로 관리되고 있었기에 중대재해처벌법에서 요구하는 의무를 이행하려면 환골탈태 수준의 변화가 필요했다. 경영위원회에서 승인된 계획은 본사 및 전 사업장에 안전관리전담부서를 신설하고 인원을 증원하는 내용을 충실하게 담고 있었다.

“그래 좋아! 이제부터 제대로 한 번 해보자!”
K는 입꼬리가 올라가는 미소를 지었다.

며칠 후 안전관리팀을 겸직으로 담당하고 있던 J 상무가 깜짝 놀랄 이야기를 전해주었다.

“우리 회사의 안전관리를 강화하기 위해 회사 외부에서 안전 전문가를 임원으로 영입하기로 결정하였습니다. K 선배님! 많이 섭섭하시죠?”

K의 머릿속에는 그동안 안전관리 조직과 예산을 확보하기 위해 준비하며 노력했던 순간들이 스쳐 지나갔다. K 자신이 W 회사의 안전관리담당 임원으로서의 역할을 할 수도 있겠다는 기대를 조금은 하고 있었기 때문에 적지 않게 실망한 것이 사실이었다. “내게 맡겨주면 잘

할 수 있는데." K는 혼잣말을 되뇌었다.

안전관리 임원 채용 절차는 예정대로 진행되었고 K는 안전관리 임원을 채용하는 면접전형에 참여하였다. 지원자들의 이력서를 검토하는데 유독 눈에 띄는 이력을 보유한 사람이 있었다. 누가 보더라도 안전관리 분야 최고의 전문가임을 알 수 있는 경력, 학력, 자격을 보유한 지원자였고, 면접을 종료한 후에 면접관들이 하나같이 "잘 배웠습니다."라고 입을 모을 정도였다.

"정말 멋진 이력을 갖고 있는 분이네요." K는 지원자 P의 면접을 마치면서 면접관들과 이런 저런 이야기를 나누었다. 이 지원자가 이번 사례에서 K의 상사로 나오는 P 상무이다. 추운 겨울이 끝나가던 2월 중순에 외부에서 안전관리 전문가 P가 임원으로 영입되었다.

"안녕하세요! 만나서 반갑습니다. 이번에 안전관리 담당 임원으로 입사한 P입니다."

K를 포함한 본사 안전관리팀 3명은 P 상무와 첫인사를 나누었다. 그는 안전공학 박사 학위와 굴지의 대기업 근무 경험을 갖춘, 업계 최고의 안전보건 전문가였다. 내부 공채 출신으로 안전관리팀을 이끌고 있던 K는 아쉬움과 긴장감을 동시에 느꼈다. "내가 맡아도 잘할 수 있는데"라는 마음이 있었지만, 동시에 새로운 상사의 전문성을 존중하며 배워야겠다고 결심했다.

작년 11월에 안전관리 조직의 확대 계획이 승인되었으나 여러 가지 이유로 안전관리팀의 직원 채용은 아직 시작되지 않고 있었다. K는 직접 면접 과정에 참여하면서 P 상무의 전문성을 이미 확인하였기 때문에 존경스럽다는 생각이 들었지만, 아직도 K의 마음 한구석에는 고까운 감정도 남아있었다.

두 사람은 업무를 수행하기 시작하면서 서로 다른 접근방식 때문에 충돌하게 되었다. K는 기존의 제도를 토대로 점진적인 변화를 추진하는 방식을 선호했지만, P는 글로벌 선도회사 수준의 제도가 W 회사의 본사와 현장에서 빠른 시간내에 체계적으로 갖추어지는 것을 필수조건으로 여겼다. 목표는 같았지만 방법이 달랐고, 갈등은 반복되며 쌓여갔다.

2) K

(1) 갈등 당사자

K는 25년간 W 회사에서 인사·노무를 담당해온 조직 내부의 인사전문가이다. 최근 안전관리팀으로 이동해 중대재해처벌법에 대응하기 위해 전사 안전보건 관리조직과 안전보건예산을 대폭 확대하는 계획을 경영위원회에서 승인 받았다. 성실하고 꼼꼼한 업무 태도로 팀을 이끌어왔다. K는 회사에서 좋은 평판을 받고 있다.

(2) 쟁점과 이해관계

K는 안전관리팀에 배치된 후 회사의 제도적 기반을 다지는 데 큰

노력을 기울여 왔다. 하지만 외부의 안전보건 전문가인 P가 임원으로 영입되면서, 자신이 기대했던 성장 기회가 사라졌다는 아쉬움을 느꼈다. 또, 자신이 정성껏 준비해 온 각종 문서와 관리 체계가 충분히 존중받지 못한다고 생각하면서 서운함이 쌓였다. 게다가 인력이 부족한 상태에서 새로 만들어진 중대재해처벌법상의 안전보건 확보 의무까지 충족해야 하는 현실적 부담은 그의 어깨를 더욱 무겁게 했다. 결국 K에게 갈등은 '내가 해온 노력이 인정받지 못하는 상황'과 '새로운 상사와 어떻게 협력해야 할지 모르는 불안'에서 비롯된 것이었다.

(3) 갈등의 진행 및 해결과정

(첫 만남의 서운함)

K는 A4 크기의 클리어 파일에 지난 1년간 진행하였던 자료를 정리해서 P 상무에게 내밀었다.
"상무님, 지난 활동 자료를 모두 모아뒀습니다."
그러나 P는 자료를 흘깃 보고 말했다.
"자료는 고맙습니다. 참고하겠습니다. 현장의 안전관리 실태 파악이 더 중요하니 점검계획을 준비해주세요."
순간, K는 섭섭한 마음이 들었다. '내 노력이 무시당하는구나.'

(주간회의의 불편함)

주간회의는 마치 교실에서의 수업과 같았다.

"그건 너무 추상적입니다. 단계별로 세부 계획을 이야기해보세요."

P의 지적은 매번 이어졌다. 팀원들 앞에서 평가받는 듯한 기분이었고, K는 속으로 서운했다. '내 경험과 노력을 인정하지 않는구나.'

그림 2.5.1 주간회의 모습

(안전관리실태 보고서 작성의 갈등)

한 달에 걸친 사업장 안전실태 점검 후 보고서 작성과정에서도 충돌했다. P는 사진과 동영상을 더 넣으라고 고집했다.

"현장의 모습을 제대로 보여주면서 설명하는 것이 효과적입니다. 그렇게 사진과 영상을 준비해야 합니다."

"지금은 멋진 보고서보다는 실제로 개선해야 하는 항목을 본사에서 명확히 보고하고 현업 부서에 전달해 주는 것이 더 시급합니다." K의 이야기는 통하지 않았다. K는 P상무가 '보여주기식만 중요하게 생각한다'며 답답함을 느꼈다.

(현장 안전점검에서 배움)

　그러나 공장 점검 현장에서 상황은 달랐다. P는 현장 작업자에게 다가가 인사를 건넸다.
"안녕하세요? 이 설비를 주로 다루시나요?"
"예, 제가 맡고 있습니다."
"많이 힘들지는 않으세요?"
"괜찮습니다. 다만 가끔 트러블이 생기면 곤란할 때가 있죠."
"트러블이 나면 어떻게 조치하시나요?"
"그냥 경험대로 대응합니다."
"혹시 다칠 뻔한 적은 없으셨나요?"
"예, 지난번에 손이 낄 뻔했습니다."
"어떻게 하면 위험하지 않게 설비를 운전할 수 있을까요?"
"덮개만 보완해도 훨씬 나아질 것 같습니다."
"아, 그렇군요. 좋은 방법입니다. 관리자에게 꼭 개선 요청을 해주세요. 저희도 함께 돕겠습니다. 안전하게 작업 부탁드립니다."
　작업자들은 스스로 위험요인을 말하고, 개선책까지 제시했다. K는 속으로 중얼거렸다.
　'나는 늘 지적하고 조치만 요구했는데, 안전관리는 이렇게 사람을 통해 풀어가는 거구나.'

그림 2.5.2 현장 안전점검

(함께한 해외출장에서 인간적인 강점을 발견)

　인도와 파키스탄 출장 중, K는 새벽에 P가 고열로 쓰러진 것을 발견했다. 호텔에 부탁해 약을 가져오고, 얼굴이 새하얗게 질린 상무의 손을 주물렀다.
　"상무님, 일정은 제가 조정하겠습니다."
　P는 힘겹게 웃으며 말했다.
　"……K, 덕분에 살았습니다."
　그날 이후 두 사람은 저녁 식사 자리와 이동하는 차량 속에서 각자의 경력과 삶의 이야기를 나누었다. 20여 년 간의 경험담을 공유하며 마음이 조금 더 가까워졌다.

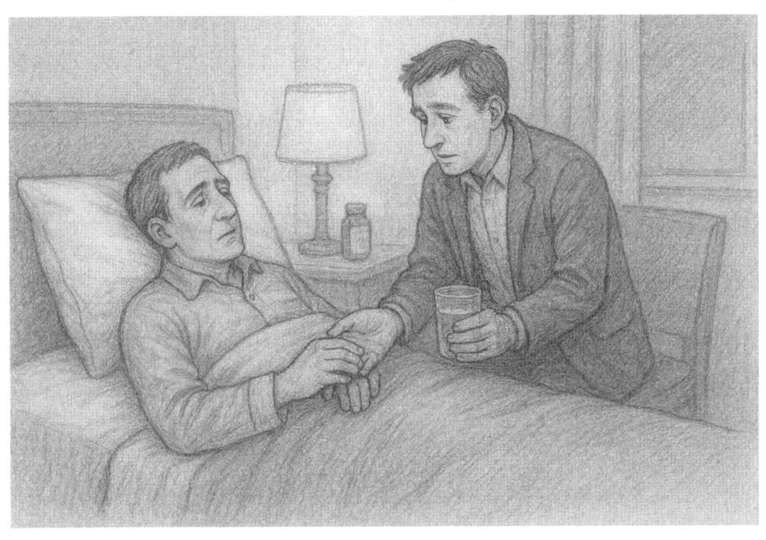

(4) 갈등해결 결과와 평가

K는 자신이 생각하고 있는 현행 제도의 강점을 유지하면서도, 현장을 존중하는 P의 방식을 열심히 배웠다. 이후 회의에서 K는 선도기업들이 시행하고 있는 제도를 벤치마킹(Benchmarking)하여 개선책을 제시했고, P도 그의 보고를 존중했다. 업무를 처리함에 있어서 서로 보완하며 협력적 관계로 발전했고, 성과는 훨씬 나아져갔다.

3) P 상무

(1) 갈등 당사자

P 상무는 안전공학 박사이자 대기업 출신의 외부 안전보건 전문가였다. W 회사에 합류하며 단기간에 안전관리 수준을 끌어올려야 한다는 막중한 임무를 짊어졌다. 중대재해처벌법에서 요구하는 안전보건 확보 의무와 이를 이행하지 않은 상태에서 회사가 감당해야만 하는 강력한 처벌은 아무리 이 분야에서 잔뼈가 굵은 P 상무에게도 큰 부담이었다.

(2) 당사자의 쟁점과 이해관계

P는 외부에서 영입된 안전공학 전문가로서, W 회사의 안전관리 수준을 단기간에 끌어 올려야 한다는 압박을 안고 있었다. 그는 내부 인력의 역량이 아직 충분하지 않다고 판단했으며, 특히 미흡한 수준의 문서와 실제의 상황을 제대로 반영하고 있지 않은 기존 방식의 업무 진행은 반드시 성공적으로 도입해야 하는 변화에 걸림돌이 될 수 있다고 우려했다. 또한 K가 기존 질서를 지나치게 강조하는 모습을 보며, 자신을 견제하거나 변화를 거부하는 태도로 오해하기도 했다. P 상무에게 있어서 갈등은 '조직을 빠르게 변화시켜야 한다는 압박'과 '내부 인력과의 불신'에서 비롯되었으며, 그 속에는 성과를 반드시 보여주어야 한다는 강한 책임감이 깔려 있었다.

(3) 갈등의 진행 및 해결과정

(첫 만남의 속마음)

P 상무는 K가 내민 클리어 파일을 보며 생각했다. '정리는 잘했군. 하지만 과거 기록에만 매달리면 변화는 어려운데. 혹시 나에게 텃세를 부리려고 하는 건 아닐까?'

K가 준비한 자료는 일목요연하게 잘 되어 있었다. 그렇지만 정말로 큰 위험이 있는 곳이 어디일지 가보지 않고는 알기가 어려웠기 때문에 그래서 무심한 듯 "현장이 더 중요하다."고 말했다.

(주간회의에서의 속마음)

K의 보고를 들으며 P 상무는 걱정이 되었다. "이 정도 준비로는 경영진을 설득할 수 없다. 안전관리팀의 계획에 부족한 부분이 많고 이대로 맡겼다가는 실패로 끝날 수 있겠다."

P 상무는 압박감 때문에 날카로운 말이 튀어나왔고, 그것이 K에게 무시로 비쳤다는 걸 나중에야 깨달았다.

(안전관리실태 보고서에 대한 속마음)

P 상무가 사진과 동영상을 고집한 이유는 단순한 형식 때문이 아니었다. '경영진은 눈으로 보지 않으면 움직이지 않고, 이사회가 설득되지 않으면 예산도 인력도 안 풀리게 된다는 경험'을 통해 습관이 된 업무수행 방식이었다.

하지만 이런 속사정을 친절하게 이야기하지 않고 "보고서에 적절한 사진과 영상이 필요하다."는 말만 내뱉으니, K 에게는 고집불통 꼰대처럼 보였던 것이다.
(현장 안전점검의 속마음)

현장 안전점검을 진행하며 P는 일부러 지적 대신 대화를 택했다. 작업자와 소통하며 스스로 위험을 말하고 개선책을 찾도록 유도했다. 가장 효과적인 변화를 만들어내기 위해서 이만한 좋은 방법이 없다는 것을 오랜 경험에서 이미 알고 있었다.

옆에서 놀란 눈빛으로 지켜보는 K를 보며 생각했다.

'그래, 이 방식이 낯설더라도 언젠가는 이해해주겠지.'

그 순간 P 상무는 진지한 태도로 배워가는 K를 보며 K가 자신을 막는 존재가 아니라 잘 가르치고 성장시켜야 하는 동료라는 가능성을 보았다.

(해외출장의 속마음)

해외 출장에서 물갈이 때문에 쓰러졌을 때, 새벽에 약을 들고 나타난 건 K였다. 정성을 다해 손과 발을 주물러 주는 K가 따뜻하게 느껴졌다.

'그동안 나를 견제하는 사람으로만 봤는데, 그는 진심 어린 동료였구나.'

그날 오후부터 두 사람은 식사 자리에서 서로의 인생 이야기를 나누며 마음속 벽을 허물었다.

(4) 갈등해결 결과와 평가

출장 이후 P 상무는 일부러 행동을 바꾸었다. "K, 이번 안건은 어떻게 생각하십니까?"라며 먼저 의견을 묻고, 이사회 보고 자리에서는 "이 자료는 K가 준비한 겁니다."라며 공을 돌렸다. 그의 '현장 인터뷰 방식'은 근로자들의 참여와 신뢰를 높였고, K의 보고는 경영진을 설득하는 기반이 되었다.

P 상무는 처음에는 K를 변화를 거부하는 사람으로 오해했지만, 결국 그는 변화를 조직에 맞게 정착시키는 조정자임을 인정하게 되었다. 약 1년간의 체계적인 업무를 수행한 결과 P상무, K, W회사는 다양한 표창을 통해 대외적인 인정을 받았다. W회사는 2024년 대한민국 제조업부문 안전경영 대상을 수상하였고, K는 2024년 산재예방유공 국무총리 표창을 수여하였으며 P상무도 안전관련 외부기관장의 표창을 수상하였다.

그림 2.5.4 안전관련 표창장

4) K와 P의 조직갈등 해결방법 비교

표 2.5.1 K와 P의 조직갈등 해결방법 비교

구분	K	P 상무
당사자	내부 공채 출신, 인사·노무 전문가	외부 영입 안전전문가, 안전공학 박사
접근 방식	기존 질서 존중, 점진적 변화 중시	현장 중심, 체계적 접근, 근로자 소통 강조
초기 태도	외부 영입에 대한 실망·경계	K를 변화 저항·견제로 오해
갈등 진행	무시·지적·고집으로 느끼며 서운함 누적	실행력 부족, 기존 질서 집착으로 답답함 느낌, 오해
전환점	현장 점검에서 P의 소통 방식에 감탄, 해외출장에서 인간적 교류	해외출장에서 신뢰 회복, K의 태도를 재평가
최종 결과	조직문화 기반으로 성공적인 제도의 완성, 상호존중으로 협력 강화	변화 주도, 내부조직의 조율로 성과 달성

5) 조직갈등 해결의 교훈

첫째, 갈등은 반드시 나쁜 것만은 아니다. 처음 K와 P의 갈등은 불편하고 비효율적으로 보였지만, 시간이 지나면서 오히려 서로의 장점을 발견하고 보완하는 계기가 되었다. 잘 관리된 갈등은 조직이 더 좋은 성과를 내도록 도와주는 힘이 될 수 있다. 비온 뒤에 땅이 더 단단하게 굳는다는 속담처럼…

둘째, 겉으로 보이는 행동과 속마음은 다를 수 있다. K는 P의 무심한 태도를 '내 노력을 무시한다.'라고 해석했지만, 사실 P는 새로운 조직에서 성과를 내야 한다는 압박 때문에 불안했을 뿐이다. 이런 오해는 상대방의 행동을 성급히 판단해서 생기는 문제다. 상대의 입장을 이해하려는 노력이 갈등 완화의 열쇠다.

셋째, 신뢰는 말보다 행동에서 생긴다. K가 해외출장에서 P 상무를 간호한 일, P 상무가 회의 자리에서 K에게 공을 돌린 일은 단순한 친절 이상의 의미가 있었다. 이런 구체적인 행동이야말로 신뢰를 쌓는 가장 확실한 방법이다. 심리학에서 말하는 '호혜성(Reciprocity)' 원리와도 통한다.

넷째, 성과는 서로 다른 강점이 합쳐질 때 더욱 커진다. W회사의 역사 속에서 긴 시간을 함께한 K는 W회사의 조직문화, 영향력 있는 사람들과의 관계에 익숙하였고, P 상무는 안전보건에 관한한 최고의 전문가로서 효과적인 해결방안을 도출하는데 강했다. 두 방식은 따로 놓고 보면 부족했지만, 함께 하니 안전보건비전 및 로드맵 수립, 대한민국 안전경영대상 수상과 같은 큰 성과를 만들어낼 수 있었다. 이런 걸 '상호보완적 협력'이라고 부르는데, 결국 협력이 혼자보다 강하다는 사실을 보여준다.

다섯째, 입장보다는 진짜 관심사에 집중해야 한다. 처음에는 K가 질서를 강조하는 것이 변화 거부처럼 보였지만, 사실은 조직에 변화를 안정적으로 정착시키려는 의도였다. P 상무가 이 속마음을 이해하면서 관계가 풀리기 시작했다. 협상 이론에서도 '입장(Position)'이 아니라 '이해관계(Interest)'를 들여다보는 것이 중요하다고 말한다.

상황을 바라보고 행동하는 방식이 완전히 달랐던 두 사람이 공동의 목표를 확인하고 수행과제를 개발한 것이 70여개가 넘는데 대부분 성공적으로 완수하였다. 협력적 협상의 마인드로 약 3년간의 업무수행을 한 결과 W회사, P상무, K는 대외적으로 인정받는 성과를 달성하였다.

P상무는 회사와의 계약이 종료되어 W회사를 떠났다. K는 지금도 P상무를 존경하며 만남의 기회를 만들어가며 잘 지내고 있다.

2. 조직갈등 해결 실패 사례: '누구를 위한 열정이었을까?'

1) 갈등의 배경

경기도에 위치한 S공장은 신선식품 제조를 20여 년 간 운영해온 회사이다. 다양한 종류의 신선식품을 제조하는 생산공정이기 때문에 자동화하기 어려운 특성이 있어서 사람이 많이 필요하다. 평균적으로 생산직 260여명, 관리 및 기술직 50여명이 근무하고 있다. 생산직의 이직도 많은 편이어서 안정적으로 생산라인을 운영하는 것이 쉽지 않으며 사무관리직 직원들이 1인 2역 내지 3역을 해내느라 무척 예민하다.

최근 6개월 동안 안전사고가 반복되어 발생하였고, 이 문제를 근본적으로 해결하기 위해 본사 안전경영팀에 근무하는 김창수는 S공장으로 출근했다. 봄비가 흩뿌리던 이른 아침이었다. 공장 정문 앞 교차로 신호등에는 빨간 불이 들어왔고 김창수는 차를 멈추었다. "지방 산업단지 한 곳에 낮은 담벼락 너머로 오래된 S공장이 모습을 드러냈다." 회색빛 건물 외벽에는 세월의 흔적이 고스란히 남아 있었고, 곳곳에 녹슨 배관과 덜 닫힌 철문이 보였다.

김창수는 회사 정문을 지나면서 '오늘부터 S공장 안전경영 컨설팅 착수'라는 혼잣말을 하며 성공적인 지원을 하겠다는 각오를 다졌다. 그가 들고 온 가죽 서류가방 안에는 지난 몇 달간 여러 사업장을 점검하며 정리한 진단표와 S공장의 일반현황 개요서가 들어 있었다.

총 300여 명이 근무하는 S공장에 '안전' 담당 인력은 단 한 명뿐이었다. 그나마 있던 안전담당자는 얼마 전 퇴사했고, 소방담당자는 설비유지와 관리에 치중하느라 본래 역할에 손이 닿지 않았다. 보건관리는 외부 위탁업체가 한 달에 한두 번 나오는 수준이었다. 창수는 출입증을 목에 걸며 생각했다.

'이런 구조라면 사고가 나도 이상하지 않지.'

그를 맞이한 사람은 지원담당 매니저 김상철이었다. 김상철은 어딘가 초조한 표정으로 커피를 내밀었다.

"솔직히 말씀드리면, 제가 안전 쪽은 잘 모릅니다. 인원도 없고 맡을 사람이 없어 제가 그냥 하고 있습니다."
"괜찮습니다. 저도 그런 곳 많이 봤습니다." 김창수는 김상철의 마음을 이해한다는 표현을 했다.

김창수는 미소를 지으며 대답했지만, 속으로는 이미 문제의 뿌리가 '시스템의 부재'만이 아니라 '사람의 문제'임을 느끼고 있었다.

며칠간 그는 주요 부서장들과 면담을 진행했다. 첫 번째 인터뷰 대상은 품질관리담당 매니저였다.

"요즘 인원 관리가 너무 어렵습니다. 특히 생산팀 쪽은 매달 누가 나가고 또 누가 들어오고, 품질수준 관리가 안정이 안 돼요."

두 번째 인터뷰 대상인 시설 담당 매니저는 얼굴을 찌푸리며 말했다.

"생산팀장 이용진 말입니까? 본인 말이 전부 정답이에요. 다른 사람 말은 들을 생각도 안 해요."

그리고 마지막 날, 공장 대표인 박종우가 낮은 목소리로 말했다.

"솔직히 말씀드리면… 제일 문제는 생산팀장 이용진입니다. 성과는 내는데, 사람이 너무 강압적이에요. 부하 직원들이 버티질 못합니다."

그림 2.5.5 생산현장에서 팀원들을 질책하는 팀장

주요 관리자들의 면담을 마친 김창수는 S공장의 생산현장을 지원담당부서장인 김상철과 함께 돌아보았다. 김상철은 안전보건에 대한 전

문지식이 없었으나 마땅히 할 만한 사람이 없어서 본인이 이 일을 해
내는 것임을 쉽게 알 수 있었다. 김창수는 공장 대표자, 주요 직책자들
과의 면담을 통해 안전경영실태를 파악하며 개선계획을 마련해 주는
일을 계속 진행했다.

공장 대표인 박종우와 몇몇 직책자들은 입을 모아 생산팀장 이용진
에 대한 불만을 이야기하였다.

"용진의 독선적인 말과 행동 때문에 사람들이 자주 퇴사하는 바람
에 관리하기가 너무 힘들어요."
"용진은 공장의 상황을 잘 파악하지 않고 일하는 것 같아요."

창수는 생산팀장 김용진과의 면담을 요청하였다.

2) 갈등의 당사자와 쟁점

회의실 문이 열리자 생산팀장 이용진이 들어왔다. 40대 초반, 단정
한 셔츠와 짧게 깎은 머리, 마치 군인 같은 걸음걸이였다. 김창수가
먼저 인사를 건넸다.

"이용진 팀장님, 만나서 반갑습니다. 요즘 생산 실적이 좋다고 들었
습니다."

이용진은 고개를 끄덕였다.

"예, 목표는 달성했습니다. 다만 과정에서 말이 많더군요."

그의 목소리는 낮고 단호했다. 김창수는 조심스럽게 물었다.

"조직 내에서 약간의 피로감이 있다는 이야기가 있습니다. 혹시 느끼시는 게 있으신가요?"

이용진은 눈썹을 찌푸렸다.

"공장에 제대로 된 사람이 없습니다. 생산 목표가 주어졌으면 어떻게든 달성해야죠. 그런데 안 된다는 말만 합니다. 핑계만 늘어요."

그는 거침없이 말을 계속 이어갔다.

"결국 회사가 제품을 만들어야 직원들도 보상받는 거 아닙니까? 다 같이 잘 되자는 건데, 왜 그걸 못 받아들이는지 이해가 안 됩니다."
"공장에 제대로 된 사람이 없는 것 같아요."
"공장에 생산 목표가 부여되면 어떻게 해서든지 목표를 달성하기 위해 행동을 해야 하는데 이런 핑계, 저런 핑계, 안 된다는 말 밖에는 듣지 못합니다. 이렇게 해서 어떻게 공장이 제대로 돌아갈 수 있겠어요."

이용진은 S공장에 발령 받은 지 약 1년이 되었는데 창수가 느끼기에 그의 열정은 하늘을 찌를 듯했다. 그리고 그의 말에는 확고한 신념이 있었다. 그러나 그 신념은 '사람'을 향하지 않았다. 성과 중심의 사고는 그의 장점이자, 동시에 가장 큰 결함이었다. 반면, 현장에서는 다른 이야기가 흘러나오고 있었다. 현장 생산라인을 담당하고 있는 손나래는 김창수에게 하소연했다.

"팀장님이요… 아침 회의 때마다 누가 조금이라도 실수하면 바로 호통을 칩니다. '이래서 공장이 돌아가겠냐'고요."
"요즘은 직원들이 그만두겠다고 줄줄이 말합니다. 저도 그들을 달래느라 정신이 없습니다."

최근 한 달 사이에 현장직 사원 네 명이 퇴사했다. 공장 내 불만은 커졌고, 조직은 분열의 기운으로 뒤덮였다.

박종우 대표는 지속된 갈등으로 인한 피로를 호소하며, 김창수에게 인사전문가로서의 조언을 구했다.

"솔직히 저도 버겁습니다. 인사전문가 입장에서 조언 좀 부탁드리겠습니다."

김창수는 메모장에 다음과 같이 적었다.

'이용진 – 강한 성과지향, 공감능력 모호'

‘다수의 동료들 – 생산팀장 이용진에 대한 부정적 인식 심각’
‘박종우 대표 - 피로 누적 → 갈등 폭발 직전’

3) 갈등 해결 노력의 진행과정

김창수는 박종우 대표에게 조언했다.

“대표님, 우선 직접 대화가 필요합니다. 지시가 아닌 대화로 접근해야 합니다.”

박종우 대표는 그 말을 받아들였고, 며칠 뒤 용진과의 면담을 준비했다.
그날 회의실 공기는 묘하게 팽팽했다. 박종우 대표가 먼저 말을 꺼냈다.

“이용진 팀장님, 요즘 직원들이 많이 힘들어합니다. 팀장님 리더십 스타일에 대한 의견이 많아요.”
이용진 팀장은 굳은 얼굴 표정으로 말했다.

“대표님, 저는 회사가 목표를 달성해야 한다고 생각합니다. 감정으로 일할 때가 아닙니다.”
“성과도 중요하지만, 사람도 중요합니다.”
“사람이 회사를 먹여살립니까? 결과가 있어야 보상도 있죠.”

"그래도 직원이 떠나면 결국 팀이 무너집니다."
"떠나는 사람은 어차피 성과를 못 내던 사람들입니다."

대화는 곧 언성으로 번졌다. 박종우 대표는 당황했고, 이용진은 끝까지 한 치도 물러서지 않았다. 그날 이후, 박종우 대표는 김창수에게 전화를 걸어 말했다.

"이 사람, 정말 어렵습니다. 제 말도 안 들어요. 포기하고 싶을 정도입니다."

김창수는 잠시 생각하다가 말했다.

"대표님, 아직 방법이 하나 남았습니다. 코칭을 적용해 보시죠."

그림 2.5.6 코칭을 제안하는 컨설턴트

그는 곧바로 자신의 네트워크를 통해 전문 코치 최원희 교수를 연결했다. D 대학교의 코칭학과 학과장이자 KSC(Korea Supervisor Coach) 공인코치로, 수많은 임원 리더십 개선 사례를 가진 베테랑이었다. 10회 과정의 코칭 제안서가 준비되었고, 비용은 '지인 할인'으로 낮춰주었다.

"이건 진짜 마지막 기회가 될 겁니다."

김창수는 그렇게 조심스레 말했다. 그러나 2주일 후, 김창수가 다시 연락했을 때 박종우 대표의 목소리는 무거웠다.

"본인이 코칭을 원하지 않습니다. '나는 잘못한 게 없다'고 하네요."
"그래도 대표님이 한 번 더 권해보시죠. 이건 징계가 아니라 성장의 기회입니다."
"그 말을 해도 듣지 않습니다. 오히려 '대표님이 나를 불신한다'며 반발했어요."

김창수는 그제야 깨달았다. 문제는 '지식'이 아니라 자기 확신의 벽이었다. 생산팀장 이용진은 코칭을 '도움'이 아니라 '비판'으로 받아들였던 것이다. 결국 코칭은 무산되었다.

4) 갈등 해결 노력의 결과

여름이 지나가던 어느 날, 공지 메일 한 통이 회사 전산망에 올라왔다. [인사발령] S공장 생산팀장 이용진, Y공장 전보. 그 아래 작은 글씨로 '조직개편에 따라 생산팀 폐쇄'라고 적혀 있었다.

S공장은 조직구조를 개편했다. 생산팀은 사라졌고, 시설담당 매니저가 생산조직을 겸직하는 형태로 바뀌었다.

"한 명 때문에 이렇게 바뀌는구나…"
김창수는 메일을 읽으며 쓸쓸하게 중얼거렸다. 며칠 뒤, 그는 다시 S공장을 방문했다. 현장은 한결 조용했다.

"요즘은 숨 좀 쉴 수 있어요."

라인장 손나래가 웃으며 말했다.

"누가 소리 지르지 않으니까 일할 맛이 납니다."

하지만 그 웃음 뒤에는 여전히 그림자가 드리워져 있었다. 김창수는 사무실을 지나면서 보며 이용진의 자리를 바라봤다. 책상 위엔 낡은 머그컵 하나가 덩그러니 남아 있었다.

그는 생각했다. '그때 코칭을 받아들였다면, 그는 달라질 수 있었을 텐데.' 용진은 결국 '열정의 실패자'로 남았다. 그의 방식은 빠르지만, 깊지 않았다. 조직은 성과를 원하지만, 그 성과를 지속시키는 힘은 사람에게서 나온다는 사실을 그는 끝내 깨닫지 못했다.

몇 달 뒤, 김창수는 조직갈등 해결 강의를 준비하며 그 사건을 되짚었다.

"이용진의 문제는 리더십의 결핍이 아니라 관계의 결핍이었다."
"리더십의 본질은 지시가 아니라 이해다. 사람을 움직이려면, 먼저 마음을 움직여야 한다."
"조직 내 갈등은 대부분 '틀림'이 아니라 '다름'에서 시작된다. 그 다름을 조율하지 못하면, 결국 조직이 손실을 입게 된다."
"코칭은 강요할 수 없다. 그러나 성장의 문은 늘 열려 있다. 그 문을 열 준비가 되어 있느냐가 결국 리더의 자질을 결정한다."

5) 사례의 교훈

이 사례는 한 리더의 '성과 집착'이 어떻게 조직을 병들게 하는지를 보여준다. 조직은 지속적인 성장을 해야 하므로 관계관리를 기반으로 성과를 추구해야 성공할 수 있다. 다음 세 가지를 강조하고자 한다.

첫째, 자신이 상대방을 이해하려는 노력이 부족하다는 것을 인식하는 것은 중요하다. 성과는 관계 위에 세워진다. 사람을 잃은 성과는 결국 지속되지 않는다.

둘째, 조직 내부에 협상, 코칭스킬을 보유한 전문가를 육성하고 공식적인 프로그램으로 운영하면 필요한 시기에 적절한 도움을 줄 수 있다. 이 사례에서도 외부 전문가의 도움을 받기 위해 노력하는 과정이 실패한 것이 매우 아쉽다. 리더는 자신을 객관화할 수 있어야 한다. 피드백과 코칭은 리더십의 거울이다. 갈등은 제거의 대상이 아니라 관리의 대상이다. 피하면 반복되고, 잘 다루면 성장으로 이어진다.

셋째, 열정은 조직구성원들이 함께 할 때 가치 있다. 함께하지 않는 열정은 타인을 힘들게 만든다. 이용진은 성과를 추구했지만, 사람을 잃었다. 그의 열정은 불 같았지만, 그 불은 주위를 따뜻하게 하지 않고 조직을 태웠다.

조직에서 리더란 결과를 내는 사람이 아니라, 결과를 만들어내는 사람들과 함께 가는 사람이다.

"누구를 위한 열정이었을까."

건강한 노사협의회와 단체교섭 사례

사업장에는 사업주와 근로자간 근로계약을 통해 개별적 근로관계가 형성된다.

근로계약의 당사자는 근로계약서에 따른 권리와 의무를 이행하게 된다. 근로자는 근로를 제공하면서 고충이 발생하는 경우 30인 이상 사업장의 경우에는 노사협의회에서 근로자와 사용자가 참여와 협력을 통해 공동 이익을 증진하고자 회사의 중요한 정보를 공유하고, 생산성 향상, 근무 환경 개선, 고충 처리 등에 대해 협의한다. 우리나라의 노조조직률이 13~14%인 점을 감안할 때 노사협의회는 중요한 소통의 창구이다. 이러한 노사협의회를 포함한 단체교섭은 집단적 노사관계의 영역에 해당한다.

아래의 2가지 사례에서는 사업장에서 노사협의회와 단체교섭을 통해 건강한 노사관계 측면을 운영했는지 살펴보고자 한다. 또한, 부족했던 부분을 통해 향후 보완할 수 있는 점이 무엇인지도 함께 알아보고자 한다.

1. 건강한 노사협의회 운영 사례

1) 갈등의 배경

K사는 설립된 지 20여년이 된 중견 회사이다. K사는 사업분야에서 독보적인 위치를 차지하고 있었기 때문에 대한민국에서 꾸준히 취업하고 싶은 기업 1위를 유지했다. K사 또한 기업의 성장과 함께 직원들의 노력과 기여를 인정하여 파격적인 성과급을 지급하며 직원들의 만족도를 높였다.

"회사가 이렇게까지 성장한 것은 밤새서 일하는 우리 직원들의 기여가 크기 때문이야. 그렇기 때문에 회사는 우리 직원들이 원하는 것을 다 들어줄 의무가 있다고 생각해."

직원들은 업무적인 개선사항 이외에도 동아리 확대나 통근버스 노선 확대 등 전반적인 근로조건에 대한 개선을 회사에 요구했다. 그러나 회사는 경영이 안정적인 궤도에 오르기도 했고 국내에서 독점적인 위치에 있었지만 경영관리를 하는 임원(이하 'J이사'라 함)은 직원들 관련한 사항으로 사업에 부정적인 영향을 미치지 않게 하겠다고 경영진을 설득했다. 직원들의 다양한 목소리를 듣기보다는 가능한 최대한 비용을 써서라도 회사가 일방적으로 직원들을 이끌어 가야 한다고 주장했다.

2) 갈등의 발생

(1) K사의 제도 변경 이슈와 회사 소통방식에 대한 직원 불만

K사는 사업이 지속적으로 성장하고 있는 상황이라 지원자들이 넘쳐났다. 이에 설립 초기에 비해 다양한 경력과 경험을 가진 인력들이 폭발적으로 늘어나게 되었다. 이에 인사부서와 현업부서에서는 노무관리의 범위가 점점 넓어지자 세부적인 소통이 점차 어려워졌다.

지금과 같이 직원들의 다양한 요구들을 계속 들어주다 보면 직원들이 업무에 집중하지 않는다고 보고를 했다. 따라서 복리후생이나 동아리 활동 등에 빠져 결국 회사가 어려워질 것이기 때문에 직원들이 긴장감과 경각심을 가질 수 있도록 통근버스 폐지, 동아리 지원 폐지, 과일 및 간식 제공 폐지를 발표한다.

J이사는 기존에 직원들이 가장 선호하고 있던 제도부터 폐지하기로 하였다. 이 중 특히 통근버스는 직원들에게 현실적으로 필요했던 제도였다. 왜냐하면 K사가 설립되었을 때 다른 지역에 사무실을 운영하여 직원들이 자택에서 출퇴근했기 때문이다. 회사를 다른 지역으로 이동했기 때문에 당장에 이사를 갈 수 없었던 직원들은 통근버스로 출퇴근이 필요했다. 회사는 이러한 제도폐지에 대해 현업부서부터 의견을 수렴하는 직원 커뮤니케이션이 아닌 전사 공지를 통한 일방적인 통보 방식으로 진행했던 것에 대한 반감을 가지게 되었다.

직원들은 충격에 빠졌고 현업부서 조직책임자에게 문의나 항의를 하였으나 현업부서에서는 경영관리부서가 최고경영진의 의사결정을 받아 진행한 것이라며 회피했다. 결국 직원들은 가장 좋아하고 필요했던 회사 제도의 일방적인 폐지에 대해 불만을 가졌다. 그러나 직원들은 제대로 항의조차 해보지 못하고 폐지안이 적용되는 것을 지켜볼 수밖에 없었다.

<모 언론기사>

　"K사가 깐깐해졌다. 조직 슬림화에 이어 직원 복지 제도까지 일부 폐지했다. 최근 최고경영자가 강조한 벤처 정신 찾기 '채찍질'로 풀이된다.
　K사는 직원 통근 버스를 연내 순차적으로 폐지한다. K사는 `유연한 근무 환경 정착`을 위해서라고 설명했다. K사가 속한 업계는 얽매이지 않는 업무 환경이 중요한데 통근버스 때문에 정시 출퇴근 문화가 고착됐다는 말이다. 타 지역으로 사옥을 이전 후 7년 정도 지나면서 회사 근처로 이사 온 직원도 많고 지하철 개통으로 교통 여건이 나아진 것도 이유 중 하나다.
　직원 사이에선 논란이 일었다. 젊은 직원을 중심으로 "회사가 있는 지역이 교통이 불편한 건 사실인데 통근 버스를 폐지해 업무에 지장이 생긴다."는 불만과 "통근버스 이용자가 직원 10% 정도밖에 안 되고 이미 상당수 직원이 회사 근처로 옮겨 별 문제 없다."는 주장이 부딪혔다. 회사는 통근 버스 20여대를 운영하고 있다.

"회사가 제도를 만들고 시행하는 권한이 있는 것은 알겠지만 어떻게 직원들의 입장을 들어보지도 않고 일방적으로 결정하고 통보했는지 도무지 이해가 안 간다. 이번만이 아니라 앞으로 모든 제도들에 대해서도 일방적으로 통보할게 뻔하다."

(2) 사내 갈등에 대한 조직점검의 중요성

　K사와 직원들 간에 복지제도 폐지에 대한 일방적인 결정과 통보로 인해 갈등은 증폭되어 갔다. 그러나 K사 직원들은 다수의 의견을 모을 수 있는 방법을 찾지 못했다. 이에 일부 직원들은 회사에 집단적으로 의견을 전달할 수 있는 방법을 고민하기 시작했다. 그 중에 하나는 노동조합을 설립하는 일이었고, 다른 하나는 현재 회사에 형식적으로 설치된 노사협의회를 활성화시키는 것이었다.

　K사는 이러한 직원들의 니즈를 파악하고 나서는 외부에서 노사협의회를 실질적으로 운영해 본 경험이 있는 전문가를 모집하였고, H과장을 최종적으로 선발하게 되었다. H과장은 입사와 동시에 K사의 기본적인 근로조건과 노무관리에 대한 점검을 시작했다. 아울러, 회사의 직원 커뮤니케이션 방식 또한 점검을 하였다.

"경영진, 인사노무담당자 누구 한명이 바꿀 수 있는 상황이 아니다. 지금 이 회사는 건강하지 않은 상태이다."

　이에 H과장은 건강한 노사관계를 위해서는 개별 직원이든, 현업 부서이든, 경영임원이든 회사 내부에서 누군가는 자신의 이야기를 들어줄 수 있는 채널이 있어야 한다고 주장했다. 신뢰 있는 채널을 통해 자신이 전달한 의견과 고충들이  심도 있게 검토되어 반영되는 것이 기본이라고 보고했다.

　직원들 스스로 회사의 주체임을 깨닫고 지속적으로 함께 만드는 조직이라고 느낄 때 비로소 회사의 발전과 직원의 성장이 동시에 달성된다고 생각했다. 그렇기 때문에 현재까지 형식적으로 최소화하여 운영되었던 노사협의회를 더욱 내실 있게 운영해야 한다고 J이사에게 보고했다. 그러나 J이사는 노사협의회를 확대한다면 직원들의 목소리와 영향력이 너무 커져서 경영활동에 방해가 될 수 있다는 우려 섞인 의견을 낸다.

"H과장이 노사협의회를 확대하고 활성화하자는 취지는 알겠지만 우리 회사는 지금 계속 성장해야 하기 때문에 쌍방향 소통보다 통제하는 방식으로 갈 수밖에 없어."

H과장은 J이사에게 직원들과의 소통방식, 즉 노사협의회를 확대하고 활성화하는 것은 운영하기 나름이며 오히려 지금 노사협의회를 내실 있게 운영하면서 직원들의 진짜 이야기들을 들을 수 있는 채널로 발전시켜야 한다고 주장했다. 노사협의회에서 건강한 노사관계를 형성하게 된다면 향후에 직원들이 노동조합을 설립하더라도 대립적이고 소모적인 허약한 노사관계로 가지 않을 가능성이 크다고 주장했다.

"건강한 노사관계의 기본은 회사와 직원이 서로를 인정하면서 시작되는 것이며, 인정을 한 이후에는 서로의 입장을 듣고 이야기하는 대화를 통해 신뢰를 형성해 나가는 것이다."

(3) 소통의 방식의 변화만으로도 건강한 노사관계를 형성

결국 J이사는 H과장의 주장을 받아들이게 되었다. 다만 경영권을 침해하는 안건을 제외하는 것을 전제로 노사협의회를 확대하고 활성화시켜보라는 지시를 내렸다. 이에 H과장은 K사와 같이 대한민국에서 굴지의 회사임에도 불구하고 직원과의 소통의 기본인 노사협의회를 얼마나 형식적으로 운영해왔는지 알게 되었다.

그리고 대한민국의 노사관계 평가 때마다 낮은 점수를 받는 이유역시 오로지 사업과 경영이 제1순위가 되고, 정작 건강한 조직을 위한 건강한 노사관계의 기초부터 형성되지 않았기 때문이다. 그렇기 때문에 무노조 사업장의 직원들은 경영진과 대등한 관계에서 소통하기 어려운 구조를 만들었다. 또한 유노조 사업장에서도 생산직에 비해 사무직은 노사협의회에서도 자신들의 입장과 의견을 전달하지 못한 채 불만만 쌓여가는 것이 대한민국 노사관계의 현실이었다.

H과장은 의욕을 가지고 현재의 다소 건강하지 못한 노사관계를 보다 건강한 노사관계로 전환하기 위해 업무에 착수했다. 이에 처음에 5명 이내로 형식적으로 구성만 하였던 노사협의회에 대해 H과장의 적극적인 직원들의 의견수렴 채널로 강화하기 위해 근로자위원의 수를 10명, 20여명 그리고 30명까지 확대하여 운영하였다.

다른 기업과 마찬가지로 K사 역시 직원들이 회사가 운영하는 제도에 적극적으로 나서지 않는 성향이 뚜렷했기 때문에 위원들을 임명하는데 어려움을 겪었다. 직원들 역시 회사와의 불신이 상당히 쌓였던 터라 회사가 진행하는 제도나 프로그램에 의심이 많았다.

결국 근로자위원의 임명이 어려워졌고 새롭게 정비한 노사협의회의 재출범에 차질이 예상되는 상황이었다.

H과장은 이렇게 다시 건강한 노사관계를 만들 수 있는 기회를 놓치고 싶지 않아서 선발된 위원들을 모두 만나서 설득하였다. 노사협의회라는 제도를 통해 직원들도 연습을 해야 나중에 노조가 설립이 되어도 회사와 어떻게 대화하는지 교섭하는지 알 수 있게 된다고 말했다. 위원들은 H과장의 말에 놀랐다. 자신들이 생각했던 경영지원부서 인사부서는 무조건 회사에 노조가 생기지 않았으면 하는데 그 조직에 소속된 H과장은 오히려 노사협의회를 통해 연습을 하라니 놀랄 수밖에 없었지만 H과장을 믿고 따르게 되었다.

이렇게 재출범한 노사협의회는 다른 회사들이 분기회 1회 실시하는 것에 비해 월 1회 회의를 진행하였고, 상시적으로 경영관리 임원이 참석하여 현장에서 즉석 소통하여 답변을 주는 체계로 강화하였다. 또한 대표이사와의 간담회는 반기에 1~2회 하고 K사 창립자인 회장과도 1년에 1회 이상 간담회하기로 했다. 직원들은 회사 경영의 방향이나 그들이 정말 궁금하고 최고경영자에게 직접 물어보고 싶은 질문도 하고 답변도 받는 방식을 도입하여 내실 있는 노사협의회를 운영하였다.

표 2.6.1 노사협의회 위원 주요 활동

의견청취 활동	월례회의	경영진과의 대화
소속 조직/부서의 직원 고충 및 개선 의견 취합	안건 논의 및 개선방안 도출	회사 방향성 및 전략에 대한 공감

(4) 3년간의 노사협의회를 통한 건강한 노사관계 구축

K사는 창사 이래 3년간의 재출범한 노사협의회를 통해 한번도 쌍방향적으로 직원들과 커뮤니케이션을 못했던 경험을 하게 되었다. 최고경영진 역시 직원들과의 직접 소통이 어색하고 돌발적인 질문에 민감했으나 점차 소통하면서 익숙해졌다. 그냥 평범한 사람과 사람간의 대화였다. 결국 진행방식에 대한 규칙을 서로가 알고 진행하는 방식에 익숙해졌다. 간담회나 회의는 아무리 돌발 상황이 발생하더라도 서로의 기준을 준수하는 범위 내에서 진행될 수 있다는 확신이 생겼다.

K사는 이전에 최고경영자가 전 직원과 소통하는 형식적인 자리를 만들었으나 전혀 쌍방향 커뮤니케이션이 아니라 마치 교장선생님이 학생들에게 훈화하는 식이었다. 지금 당장 열심히 일하지 않으면 글로벌 경쟁에서 지게 된다는 식으로 최고경영자가 훈시하는 말은 직원들이 납득하기 어려웠고 오히려 반감과 불만만 키우는 소통이 되었다.

또한 H과장이 K사 특성에 맞는 노사협의회를 운영하였다. 노사협의회 근로자위원에게 상시적인 정보제공, 지속적으로 신뢰관계를 유지하는 것을 가장 중요하게 생각하고 행동했다. 회사에서의 노사관계를 떠나 인생에서의 활발한 활동이 중요하다는 공감대를 형성하면 서로가 라포를 형성할 수 있다.

H과장은 우리가 이렇게 노력해야 후배들도 혜택을 받고 K사가 지속적으로 발전하게 된다고 설득하였다. 그는 나중에 우리 아이들도 입사하고 싶은 좋은 회사를 만들어 보자는 공감대를 형성해 나갔다. 그러나 이러한 진정성 있는 공감대를 형성하는데 만 3년이라는 긴 시간이 필요했다. 그만큼 노사관계의 신뢰는 한순간에 만들어지는 것이 아니라는 점을 깨달았다.

특히 H과장은 거의 모든 근로조건과 관련된 사항을 회사 측만 진행하는 것이 아니라 노사협의회 위원이 직접 참여하고 참가하는 방식으로 전환하였다. 이러한 변화는 공동책임을 넘어 공동신뢰의 개념을 만들어 건강한 노사문화를 만드는 발판이 되었다.

(5) 현실적인 한계점

H과장은 3년이 지났음에도 해결되지 않는 문제를 제기하였다. 이에 J이사는 다른 제안을 하면서 H과장은 고민스러웠다. J이사는 복리후생에 대한 비용은 얼마든지 쓰게 해줄 테니 직원들이 평가와 보상, 즉 성과급에 대한 제도 개선으로 이슈가 확산되지 않도록 시선을 돌려달라고 H과장에게 주문했다.

H과장은 회의를 진행할 때마다 위원들이 지적하고 제기하는 성과급 문제에 대해 처음에는 다른 근로조건을 먼저 개선해보자는 식으로 관심을 돌렸다. 그러나 위원들은 회사가 지속적으로 발전하고 성장한다는 소식에 그러한 성과에 대한 배분을 요구하는 목소리를 철회하지 않았다.

직원들의 성과급에 대한 요구가 컸으나 회사는 노사협의회를 실질적으로 운영하여 직원들의 의견을 다양하게 수렴하고 반영하였다. 즉, 직원들의 성과급 요구를 복지제도의 확대 개선으로 대안적으로 반영하여 갈등과 분쟁 없이 노사협의회가 잘 마무리 되었다.

회사 안에 있는 수 백 명, 수 천 명의 서로 다른 요구를 회사는 전부 수용할 수는 없다. 노사협의회를 통해 주요 근로조건과 근로환경에 대한 수많은 안건을 처리하지만 여전히 직원들이 생각하는 것은 새로 생겨날 수밖에 없다. 최근에는 고용안정 등 경영권과 인사권에 관한 사항들까지도 그 기준과 방식에 대해 직원들의 목소리를 내고 있는 실정이다.

회사 역시 최대한 직원들의 목소리를 수용하려고 하지만 금전적인 부담이 되는 안건은 한 번에 수용하기가 어려운 경우가 많다. 경영상황 등 다양하게 고려해야 할 사항들이 많기 때문이다. 이렇듯 노사협의회를 운영하는 것은 건강한 노사관계를 형성하기 위한 첫 단추는 맞지만 운영하는 데는 한계점도 존재한다.

이를 극복하기 위해서는 회사뿐만 아니라 직원들 역시 회사의 상황을 정확하게 이해하고 양보하는 마음이 형성될 때 건강한 노사관계를 지속적으로 이어나갈 수 있을 것이다.

3) 사례의 교훈

경영학을 배울 당시 "사람은 죽어도 기업은 영속해야 한다."는 문구가 기억이 났다. 사람이 중요하지 않은 것은 아니지만 기업은 경영활동이 원활하게 되어야 지속될 수 있다는 것이다. 이 과정에서 고용이 창출된다. 이러한 고용에서 전문적이고 생산적인 직원들의 활동이 이어지면 순환적으로 회사는 발전하고 성장한다.

K사와 같이 혁신적이고 새로운 산업을 선도해나가는 기업에게도 여전히 노조는 꺼려지는 존재이고, 다수의 직원들이 제기하는 문제나

불만은 경영진들이 피하고만 싶은 불편한 관계가 지속되었다. K사 역시 성장과 경쟁에만 몰두한 나머지 노무관리와 노사관계는 뒷전이었다. 노사협의회가 제대로 운영되기 전에는 직원들의 속마음을 알 수도 없었고 노조가 생긴다는 소식에 회사가 불안에 떠는 모습을 보였다. 이를 보는 직원들은 더욱더 회사가 건강하지 못하다는 것으로 인식하게 되었다.

그럼에도 불구하고 K사의 직원 소통방식의 변화를 통해 본 건강한 노사관계의 구축 사례에서 몇 가지 교훈을 도출할 수 있다.

첫째, 현재가 건강하지 못한 노사관계의 상황이라고 할지라도 지금이라도 노사관계를 진단하고 점검하여 개선방안을 도출하는 것이 먼저 필요하다. 그리고 나서 근본적으로 직원관계, 노사관계가 악화되었던 원인을 파악하여야 하고 사소하지만 중요한 단서를 찾아 노사관계를 재정립하는 기회를 만들어야 한다.

둘째, 건강한 노사관계를 만들기 위해서는 공감하는 유사한 사람들을 일정 정도 확보하고 교류해야 한다. 노사관계는 최고경영자, 임원, 노무담당자 등 단독으로 하는 것이 아니기 때문에 어느 한사람이 좋은 생각과 의도를 가지고 있는 것이 중요한 것이 아니다. 그 사람들 간의 관계를 평균 이상의 업무적, 인간적 신뢰도를 가지고 추진하여야 조직 내에서의 영향력을 발휘할 수 있으며 조직문화로 확산될 수 있다.

셋째, 회사가 아무리 형식적으로 노사협의회나 단체교섭 등 제도를 통해 운영한다고 하더라도 직원들의 적극적인 참여와 회사와 직원을 생각하는 의지가 없다면 의미가 없어진다. 이에 이를 추진하는 담당자는 상시적으로 안건에 대한 정보를 위원들에게 제공하고 설명하고 이해시킴으로써 서로 오해와 이해의 차이가 발생되지 않도록 해야 한다. 하나의 안건이 결정되고 적용되는데 있어서의 직원들에게 영향을 미치는 중요성을 서로 인식함으로써 공동책임으로 하나가 된다는 공동체 의식을 확립해 나가도록 한다.

넷째, 노사협의회에서는 다양한 안건에 대해서 협의할 수 있지만 임금인상이나 성과급 기준 등에 대해 논의할 수 있도록 격상시키는 것은 경영진으로서 부담스러울 수 있다. 그럴수록 향후 더 큰 갈등과 비용을 소모하지 않고 현재 단계에서 충분히 운영할 수 있는 제도가 있다면 진정성 있게 운영하는 것이 바람직하다.

다섯째, 회사와 경영진에게도 처음부터 노조가 설립되어 대립적인 단체교섭을 진행하기 보다는 노사협의회 회의를 통해 진행하는 방식은 유사하고 경험적으로 연습해 볼 수 있다. 막연한 두려움보다는 당당하게 노사협회의를 실질화할 필요가 있다. 이러한 연습을 통해 설령 향후에 노조가 설립되어 단체교섭을 하더라도 더욱 건강한 노사관계를 운영할 수 있다고 생각한다.

4) 건강한 사회를 만들기 위한 건강한 노사관계 제언

'건강한 사회'란 인간의 존엄성을 토대로 하여 타인의 다름을 인정하고 존중하며 경청과 공감의 소통으로 갈등을 해결하고 상호 이익을 충족시키는 윈윈 협상으로 좋은 관계를 구축하는 사회를 의미한다.

노사 협의회에 대한 법령은 「근로자참여 및 협력증진에 관한 법률」에 의거 협력적인 노사관계를 지향한다. 노동조합은 「노동조합 및 노동관계조정법」에 따라 노조의 노동3권을 기본으로 사용자인 회사에게 근로조건 유지·개선을 목적으로 행하기 때문에 협력적인 노사관계를 기본으로 하지만 때로는 대립적이기도 하다.

따라서 건강한 노사관계를 기본적으로 법령에 따라 노사 간 상호의 존재를 인정하는 데부터 시작하며, 그 바탕 위에서 서로의 입장과 주장의 과정을 거쳐 공동체적 관계를 형성하는 것이 건강한 노사관계로의 길이다.

2. 건강한 단체교섭 운영 사례

1) 갈등의 배경

M사에 노동조합이 설립되었다. 회사에서는 회사에 왜 노조가 설립되었는지 모르고 있었다. 그러나 직원들의 회사에 대한 불만이 상당히 오랜 기간 동안 누적되어 왔다. 회사는 노사협의회가 있었으나 매우 형식적으로 운영을 하였다. 그리고 직원들과 진정성 있는 의사소통을 하려고 하지 않았다. 게다가 회사는 일방적으로 제도를 축소하거나 폐지했다. 그럼에도 불구하고 직원들이 별다른 반발이나 반응을 하지 않자 이러한 일방적인 커뮤니케이션을 지속했다. 그러나 직원들 마음속에는 회사에 대한 실망감과 배신감이 보이지 않게 쌓였다.

인사제도 등 근로조건과 밀접한 제도는 직원들에게는 상당히 중요하다. 근로시간이나 임금, 휴일 등은 직원들이 가장 중요하게 생각하는 근로조건이다. 그러나 회사는 인건비를 절감하거나 생산성을 높인다는 명목으로 제도를 바꾸었다. 마치 M사에 노동조합이 절대 생기지 않는다는, 아니 설립하지 못할 것이라는 자신감이 가득 찬 것처럼 회사는 직원들을 대화의 상대로 보지 않았다.

그러던 중 M사와 동일업계에서 작년 하반기부터 노조가 설립 붐이 일어났다. M사의 노조설립을 주도한 집행부 인원들은 이러한 업계의 분위기를 감지하고 작년 말부터 M사 노조 설립을 위한 준비를 하게 된다. 또한 M노조 설립 집행부는 상급단체 M노총 산하 노조의 도움을 받아 설립준비를 하게 되었다.

2) 갈등의 발생

M사는 이미 수년 전부터 회사에 노조가 설립될 것이라고 예상은 했었고, 그렇기 때문에 회사는 노사협의회를 통해 최대한 협력적 노사관계를 구축하려고 하였다. 경영진 역시 노사협의회를 다년간 운영하면서 사실상 노조가 설립되지 않는 것으로 생각하였고 회사가 직원들과의 소통을 잘하고 있다고 착각하게 만들었다.

그러면서도 이후에 설립된 노조와의 관계설정을 검토하여야 하나 경영진과 담당자들은 노사협의회 운영만으로도 충분하다고 생각했다. 그래서 그들은 더 이상 고도화된 운영을 하지 않고 직원들의 가장 불만요인이었던 성과급 배분기준만 관여하지 않도록 지시를 했다.

그러나 노사협의회 운영만으로는 직원들의 요구와 불만을 잠재울 수 없었다. 이미 노동계에서는 M회사가 속한 업종에 대해 노동조합 설립을 지지하였고 지원하게 되었다. 이러한 분위기 속에 구성원들의 회사에 대한 애정과 로열티가 줄어들었다. 그리고 과거보다 노동조합에 가입을 한다는 것에 대한 부정적인 이미지도 줄어들었다.

직원들은 거대한 회사를 상대로 혼자 싸우지 못한다는 점을 인식하고는 집단적으로 조직화를 해야 하는 필요성을 깨닫게 되었다. 자신들의 근로조건에 대해 적법한 보상을 받아야 한다는 권리의식 역시 높아졌다. 이렇게 M사 직원들의 의식 변화가 뚜렷하게 있었음에도 회사는 이를 알아차리지 못했다. 경영진에 대한 직원들의 신뢰도는 낮아졌고, 조직책임자들 역시 구성원들에 대한 건강한 노무관리가 운영되고 있지 않았다.

전체 직원들에 대한 인사노무를 담당하는 조직도 노사협의회 외에는 적극적으로 직원들과 접촉하고 소통하는 조직문화를 만들지 못했다. 경영진 역시 더욱 적극적인 소통 활성화는 오히려 노조를 촉발시키고 직원들의 기대치만 높인다는 부담감이 있었기 때문에 직원들의 인식과 행동에 따라 올 수가 없었다.

이러한 상황을 활용하여 M사의 직원들은 회사와 공개된 채널을 통해 소통을 한 것이 아니라 외부의 익명채널을 통해 온라인에서 의견을 수렴하고 조합원을 확보하는 집행부가 주도하는 방향에 따랐다. 노조 집행부 역시 과거 노조 설립 사실이 알려졌을 때 회사에서의 대응을 이미 알고 있었기 때문에 최대한 최대 규모로 조합원을 확보할 때까지 철저하게 비공식적으로 온라인을 통해 활동했다. 또한 노조집행부는 외부의 정당과 상급단체와의 도움을 받아 노조 설립을 진행하였다.

이러는 동안 직원들의 회사에 대한 반감과 반목은 더욱 깊어졌으며, 노조 설립이 공식화되었을 때도 회사가 적극적으로 노조를 인정하고 협력적 관계를 이어간다는 입장을 밝히지 않았다. M사의 경영진은 회사의 부정적인 이미지가 뉴스 등을 통해 알려지는 것을 극도로 꺼렸다. 경영진은 부정적인 기사에 대해 해명하거나 인정하는 태도를 취하는 것이 아니라 이를 부정하고 변명하는 태도로 일관했다. 회사의 태도에 대해 노조원들은 자신들이 회사를 바꿔야 한다는 사명감으로 더욱 조직을 확대하고 적극적인 노조활동을 하였다.

경영진에서는 어떠한 의사결정을 내릴지 우왕좌왕만 하였고, 담당 부서와 담당자들은 노사관계의 방향이나 구체적인 의사결정을 내려주지 않는 경영진에 대한 불만이 발생하였다

"경영진이 노사관계를 건강한 방향으로 갈지 의사결정을 해주어야 노조의 요구에 대해 검토할 텐데...도대체 어떤 생각을 가지고 있는 거지?"

노사를 담당하는 임원은 이 회사에서 노조는 처음이지만 자신만의 방식으로 노조를 다룰 수 있다고 판단했다. 노조는 회사에 단체교섭 요구를 하였고 그 과정에서 노조에서는 노조사무실 설치 등 조합 활동을 위한 요구를 회사에 전달하였다. 그러나 노사 담당 임원은 노조의 모든 요구에 대해 거부하거나 부정적으로 입장을 전달하였다. 심지어 노조가 회사 내부에 노조 사무실을 설치해 달라는 통상적인 요구도 노사 담당 임원은 거부하였다.

"처음부터 많은 것들을 들어주기 시작하면 노조는 더 많은 요구를 하게 될 것이 분명해. 처음부터 요구를 거절해야 회사는 최대한 적게 내주게 될 거야."

노사 담당 임원 입장에서는 노사협의회가 수년간 잘 운영되었기 때문에 직원들의 요구는 이미 만족하게 되었기에 더 이상 노조가 생기지 않을 것이라고 기대했었다. 그러나 노동조합이 갑자기 설립되는 바람에 노사 담당 임원은 최고경영자로부터 질책을 받았기 때문에 이를

만회하려 했다.

노동조합은 근로자가 스스로 조직한 단체로, 근로조건의 유지·개선과 근로자의 경제적·사회적 지위 향상을 목표로 한다. 물론 회사의 경영자는 자신들이 보유한 경영권과 인사권에 따라 구성원들에 대한 제도와 정책을 이끌고 싶어 한다. 그렇기 때문에 노조라는 단체가 이러한 경영자들의 경영활동을 제한하고 방해한다고 생각하기 때문에 노사관계의 실패의 근본적인 원인으로 발생한다.

노동3권, 즉 단결권, 단체교섭권 및 단체행동권은 헌법상 보장된 권리이다. 노동3권이 우선이냐 경영권이 우선이냐 라는 논쟁도 있을 수 있지만 노사관계에 실패한 기업들은 이러한 논쟁을 여전히 하고 있다. 이러한 이유로 노사 간 갈등과 분쟁이 항상 발생하여 회사가 망하거나 위기를 겪고 있는 회사들도 많다.

그림 2.6.1 노동3권의 구성

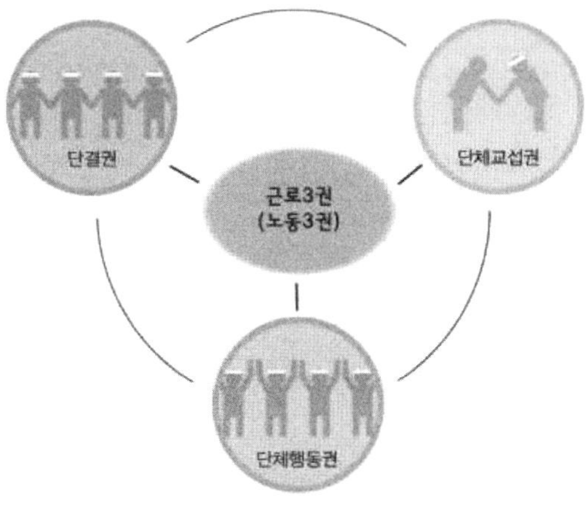

M사 역시 십 수 년 동안 노조 없이 회사의 일방적이고 자유롭게 경영을 해 오다가 회사의 정책에 반대를 하고, 경영권과 인사권에 제한을 두는 요구를 하는 노조가 절대로 반가울 리는 없었다.

관계라는 것이 형성되기 위해서는 서로의 존재를 인정하는 것부터 시작된다. M사는 이미 오래 전부터 회사에 노조가 생길 수 있다는 것을 알았음에도 불구하고 실제로 노조가 설립되었을 때 노조를 인정하지 않았다.

회사는 노조를 인정하지 않은 것에서 더 나아가 노조 자체를 무시하고 격하시켰다. 하물며 회사는 노조가 요구하는 사항에 대해 합리적이고 상식적인 측면에서 대화하고 이해시키려 하지 않았다. 이렇게 이미 손상되고 악화된 노사관계가 시작되었다.

3) 직원들과 노조가 가장 원하는 것은 공정성과 투명성

M사가 노사협의회를 운영할 당시에도 직원들에게 배분되는 성과급에 대한 산정과 지급기준을 공개하지 않았다. 이렇게 비공개로 진행되는 성과급 체계에 대해 직원들은 불만을 가지고 노사협의회에 안건을 상정하여 논의하고자 하였다. 그러나 경영진은 절대로 성과급에 대해서는 인사권의 영역이므로 직원들이 더 이상 주장할 수 없도록 하라는 지시를 하였다.

직원들은 노사협의회에서 조차 논의를 하지도 못하고 회사의 입장을 들을 수도 없었다. 그렇기 때문에 노조가 설립되고 나서 공식적으로 성과급 지급 기준을 공개하라는 요구를 강하게 하였다. 회사는 이러한 노조의 주장에 대해 당혹스러웠지만 이를 부정할 수도 공개할 수도 없는 입장에 처했다. 노조는 성과급 지급 기준 공개가 핵심적인 사안이었기 때문에 사활을 걸고 단체교섭에서 이를 요구하였으나 회사는 교섭에서도 이에 대한 입장을 거부하였다.

성과급 지급 기준 공개는 노조가 설립된 이유 중 가장 큰 요구사항이었으나 이렇게 하면 회사가 경영권과 인사권을 노조에게 내준다고 인식을 했다. 노사 담당 임원 역시 노조의 주장을 들어주기 시작하면 한도 끝도 없이 끌려 다닐 것이기 때문에 회사는 끝까지 성과급 기준을 공개하지 말고 버텨야 한다고 주장했다.

그러나 노조는 이미 수천 명의 조합원을 확보한 상태였고, 외부에서 노조를 도와주는 정당과 상급단체의 도움을 받는 상태였기 때문에 회사가 무시할 수도 거부할 수도 없을 정도의 힘을 가지게 되었다. 또한 언론을 통해 M사의 노사관계에 대한 부정적인 기사가 쏟아지자 M사 경영진들은 당혹감을 감추지 못했다. 급기야 노조는 노조 설립 이후 첫 쟁의행위를 선언하였다.

노조는 기존의 폭력적이고 과격한 쟁의행위 대신 평화롭고 지지를 받을 수 있는 형태로 시위를 이어갔고, 이러한 새로운 형태의 노조활동에 대해 더욱 많은 지지를 받았다.

이때 회사를 지원하고 있던 공인노무사 T가 경영진에게 전격적으로 보고를 했다.

*"지금 회사가 노조에게 명확한 회사의 입장을 밝혀야 합니다. 노조
는 회사의 성과급 기준에 대한 공정성과 투명성을 요구하고 있습니다.
우선 그 요구에 귀를 기울이면 됩니다."*

결국 회사는 내부에서 판단한 것과는 달랐지만 파업까지 진행된 상
황을 해결할 수 있는 방법을 알지 못했기 때문에 외부 전문가의 자문
의견을 받아들이기로 했다. 무조건적인 반대는 결국 회사에 손해로 돌
아오게 되고 노사관계는 건강하지 못한 모습으로 비치게 되었다. 미래
의 노사관계가 어떻게 될지 불확실하기 때문에 노사를 담당하는 부서
나 외부 전문가는 명확하게 노사관계를 경영진에게 그려주어야 한다.
그렇게 해야 경영진은 정확한 의사결정을 내릴 수 있다.

회사는 노조의 많은 요구사항 중 가장 알고 싶어 하고 개선을 필요
로 하는 성과급 기준을 공개하고 새로운 보상정책을 발표했다. 노조가
설립된 이후 줄곧 노조를 인정하지 않다가 외부 전문가의 자문을 받아
들여 건강한 노사관계로 전환하게 된 것이다. 회사의 태도 전환에 대
해 노조는 의아한 면이 있었지만 투쟁적인 감정에서 다시 회사를 믿고
대화를 할 수 있다는 신뢰가 형성되기 시작했다.

회사는 노사협의회만 잘 운영하면 모든 직원들의 불만과 요구를 들
어주고 소통은 끝났다고 생각했다. 그러나 수많은 인원이 있는 회사에
는 불만이 있는 부서와 직원들이 존재한다. 물론 그 부서와 직원들
모두를 건강 검진하듯 아픈 곳을 전부 살펴 줄 수는 없다. 우선순위를

정해서 지원할 수밖에 없으며 부서와 직원들 간에 이해가 충돌되는 부분들도 감안하면서 수용해 나가야 한다. 회사의 자원은 한정되어 있기 때문이다.

그러나 이번 기회로 경영진들은 비록 외부 전문가의 자문을 받았지만 앞으로는 내부적으로 다양한 소통채널을 확보하여 회사의 부서와 직원에 아프거나 허약한 곳이 없는지 수시로 점검하고 진단해야 한다는 점을 깨닫게 되었다. 결국 건강한 노사관계를 만들기 위해서는 경영진, 노사담당, 조직책임자들이 상시적으로 조직에 청진기를 가지고 모니터링 해나가야 한다.

4) 사례의 교훈

M사는 노조 설립 이슈가 있다는 사실을 인지하고 내부에 노사전문가를 채용하여 사원협의체를 활성화시키는 노력을 했다. 그 결과 표면적으로는 직원들의 다양한 요구들을 개선하였고 경영진은 안심했다. 다만 경영진이 민감하게 생각하는 성과급 지급기준의 공개는 경영권과 인사권을 침해하는 것이라고 생각하여 절대 수용하면 안 된다는 기조를 유지하였다.

결국 회사에 노조가 설립되었고 노조 집행부는 다수의 직원들이 가장 우선적으로 개선을 요구하는 성과급의 지급기준을 투명하게 공개하고 공정한 성과보상체계를 요구하였다. 단체교섭 초기에 회사는 기존과 같이 노조의 요구를 무시하는 전략을 선택했다. 최소화로 노조의 요구를 들어주고자 한 것이다.

그러나 노조는 회사의 태도에 반감을 가지며 외부에 이슈화하고, 파업을 준비하게 되는 투쟁적인 태도를 보이게 되었다. 다행스럽게도 회사는 외부 전문가로부터 건강한 노사관계를 만들어가는 방법에 대한 자문을 받아 극한의 분쟁을 피할 수 있었다. 만약 회사가 현재의 입장을 고수하게 되면 회사의 노사관계뿐만 아니라 사업에도 부정적인 영향을 미칠 수도 있었다.

회사는 단기적인 회피가 가능하다고 믿었지만 노조가 지속적으로 투쟁적인 태도를 유지한다면 분명히 적대적인 노사관계가 될 것이다. 이러한 사례를 통해 건강한 단체교섭이 되기 위해 아래와 같이 교훈을 얻게 되었다.

첫째, 건강한 단체교섭은 노사 모두 양측을 인정하는 데부터 시작되며, 존재를 인정하게 되면서 관계가 성립하게 된다. 그러한 신뢰 있는 관계를 기반으로 상충된 이해관계에 대해 주장하고 수용하는 과정을 거치며 노사합의를 이끌어 낸다.

둘째, 단체교섭을 진행함에 있어 상대방이 요구한 사항에 대해서 최소한의 입장과 근거를 제시함으로써 상대방에게 대화를 지속하겠다는 의지를 전달하는 것이 중요하다. 단체교섭이 중단되면 교착상태에 빠지거나 파업 등 분쟁상황으로 이어질 수 있기 때문이다.

셋째, 노사 간 단체교섭을 진행하면서 서로의 수용여부와 허용범위를 파악하는 것이 중요하며 내부적으로 해결이 되지 않을 때에는 외부 전문가의 도움을 통해 대화를 이어가는 것이 필요하다.

넷째, 회사의 입장을 지지해주고 옹호해주는 직원과 부서를 확대할 필요가 있으며 노사 모두 힘의 균형이 유지될 때 합리적이고 상식적인 노사협상의 결과가 도출될 수 있다.

다섯째, 단체교섭은 당사자들의 지속적 관계를 전제로 하기 때문에 교착상태나 파업 등 분쟁상황이 발생하더라도 향후의 관계를 고려하여 극한으로 상대를 파괴하거나 소멸시키면 안 된다. 손상된 관계를 치유하고 회복시키는 훈련이 필요하다.

제7장 학교갈등 해결 사례

학교폭력 화해중재 및 분쟁조정 사례

학교폭력 사건은 우리 사회에서 심각한 문제로 대두되고 있으며, 그로 인해 피해자와 가해자 모두에게 큰 상처를 남길 수 있다.

1. SH중학교 학교폭력 화해중재 사례

1) 갈등의 배경

S와 E은 SH중학교의 같은 반 친한 친구사이였다. 어느 해 5월경 E는 S가 하지 않은 말을 학원 친구들에게 전달하면서 S는 그 친구들과 갈등이 발생하였다. 잘못된 말이 전달되면서 S는 친구들로부터 은근히 따돌림을 당하게 되었다.

이 뿐만 아니라 E는 S에게 직접적인 신체 폭력을 가해 S의 입술이 터지는 사건도 발생하였다. 그리고 6월 어느 금요일 학교교실에서 쉬는 시간에 E가 S에게 '유도 가냐'고 질문을 하려고 불렀는데, S는 E가 시비를 거는 줄 알고 욕을 하며 화를 내자 E가 S의 뺨을 때리고 교무실로 도망갔다.

S가 반 여학생 친구에게 숙제 도움을 받고 있는데 E가 "니가 그러

니까 인생이 그렇지."라며 비하발언을 하였다. S는 화가 나서 쫓아가 E를 잡아 넘어뜨리며 팔을 꺾었다.

또 한 번은 이런 일이 있었다. S가 반 여학생 친구에게 숙제 도움을 받고 있을 때 E가 S의 바지를 벗긴 적이 있었다. S는 엄청 창피했고 수치심을 느꼈다.

2) 갈등의 당사자와 쟁점

(1) S 측의 주장

S는 앞의 사건 배경에서 나타난 사실을 설명하면서 부가적인 상황과 자신의 심리상태를 표현하였다. 5월초 E가 L에게 자신이 하지도 않은 말을 전달하면서 학원 친구들과 사이가 안 좋아졌다고 주장했다. 이로 인해 S는 친구들로부터 은근히 따돌림을 당했다고 한다.

S가 반 여학생 친구에게 숙제도움을 받고 있을 때 E가 S의 바지를 벗긴 사건은 충격적이었다. 옆에서 숙제를 알려준 친구는 반 여학생이었기에 S는 바지 벗김을 당해 수치스럽고 창피함이 말도 못할 정도였다. 이로 인해 S는 밤에 잠을 잘 이루지 못하고 정신적으로 힘들었다고 고백했다.

S의 보호자, SP는 학교에서 S가 구타당하고 따돌림을 당하는 것에 많이 속이 상했다. SP는 E가 잘못 된 말을 L에게 전달하면서 오해가 생기고 S가 집단적 위협을 받고 따돌림을 당했다고 주장했다. 또한 SP는 E가 S의 얼굴을 때려 입술이 터진 사건에 대해 화가 난다고 했고

바지 벗김을 당한 사건에 대해서는 강경한 태도를 보였다.

SP는 다수의 남학생과 여학생이 있는 교실에서 E가 강제로 S의 바지를 벗겨 성적 수치심을 유발한 것은 단순한 장난이 아닌 성희롱사건이라 항변했다. 또한 SP는 E가 S의 얼굴을 구타하여 입술이 터지게 한 것은 고의성이 있는 폭력행위라고 주장했다. SP는 부모로서 상상만 해도 참을 수 없는 분노와 억울함이 밀려온다고 하며 폭력에 대한 응당한 책임과 재발 방지를 원했다.

(2) E 측의 주장

E는 5월에 학원에서 S가 다른 친구들의 뒷 담화를 한다고 장난으로 말했지만 집단적으로 S를 따돌린 적은 없다고 말했다. 그리고 E가 S의 얼굴을 때린 것은 장난을 치다가 발생했는데 고의로 때릴 의사는 없었다고 주장했다.

E가 학교 쉬는 시간에 S에게 오늘도 유도학원에 가는지 물어보려고 'S야'라고 불렀는데 S는 시비를 거는 줄 알고 욕을 하며 "왜 부르냐?"고 했다고 말했다. E는 S가 화를 내는 것을 보고 장난으로 S의 뺨을 한대 때리고 교무실로 도망갔다고 했다.

점심시간에 S가 여학생 친구에게 문제에 대하여 물어보았는데 S가 친구의 설명을 이해하지 못하는 모습을 보여 E가 "그러니까 니 인생이 그런 거야." 라고 말을 하자 그 말을 들은 S가 쫓아와서 E을 잡고 넘어트렸다고 말했다. E는 S에게 "미안해." 라고 사과를 했다고 말했다.

S가 반 여학생에게 다시 공부를 알려 달라고 했을 때 L이 E에게 "S의 바지를 벗기면 형님이라고 부른다." 고 말해서 E는 S의 바지를

벗겼다는 숨겨진 사실을 말했다.

E의 보호자, EP는 학교 선생님으로부터 연락을 받고 알게 되었다고 말했다. EP는 자기 아이의 장난으로 인해 S가 성적 수치심을 느끼게 된 점에 대해서 S에게 미안하고, SP에게 죄송하다고 사과했다. EP는 다시는 이런 행동을 하지 않도록 지도하겠다고 용서를 청했다.

그림 2.7.1 학교폭력 화해중재 회의

3) 화해중재의 진행과정

6월 *일 S가 학교폭력으로 신고하였다. 관련 학생들과 보호자들의 확인서 작성하여 학교에 제출하였다. 당일 교육지원청으로 학교폭력 사안접수 보고서가 접수되었다.

그로부터 3일 후 화해중재 대화모임 신청서가 제출되었다. 이에 중재자가 선정되고 중재자는 학교전담교사와 보호자와 중재 일정을 조율하였다. 중재자는 보호자들이 직업이 있는 관계로 예비 중재와 본 중재를 동시 진행하는 것에 동의를 구하고 4일 후 오후 5시에 중재일정을 확정하였다.

중재 날짜에 중재 장소인 학교1층 회의실에서 중재자와 관계 당사자들이 모두 모였다. 중재자는 화해중재를 시작하면서 회의의 목적과 취지를 설명하고 화해중재 규칙을 읽고 서명하는 시간을 가졌다. 당사자 간 직접 대화방식이 아니라 중재자가 각 당사자에게 질문을 하면 상대측이 경청을 하는 간접 대화 방식으로 회의가 진행되었다. 당사자는 사안에 대해 설명을 하고 서로의 입장을 나누는 시간을 가졌다.

회의 진행 방식을 한번 보기로 하자. 중재자는 피해와 관련해서 S에게 질문을 하였다.

"학생 어떤 일이 있었나요?"

"제가 E에게 세 번이나 숙제가 뭐냐고 물어 봤지만 E는 대답을 안했어요. 그리고 E가 화장실 갔다 와서는 제 바지를 벗겼어요."

다시 중재자가 S에게 질문했다.

"전에 E와 갈등이 있었나요?"

"3월초 E가 L에게 잘못되게 이야기를 전달해서 사이가 안 좋아졌어요."

"이전에 관계는 어땠나요?"

"이 사건 전에는 좋았어요."

중재자는 사건 이후에 대해 질문을 했다.

"바지 벗김 사건 이후 감정은 어땠나요?"

"옆에 숙제를 알려준 친구가 여자 친구였어요. 반에서 바지 벗김을 당해 너무 수치스럽고 창피했어요."

"왜 E가 바지를 벗겼을 거라고 생각하는지요?"

"본인은 장난이라고 하는데 저는 절대로 아니라고 생각해요."

"이 일로 걱정되는 점이 있나요?"

"티를 안 낸 거지 다른 친구들이 알고도 모르는 척 하는 것이 불편해요."

"그 일 이후 E가 잘 해주고 있습니다. 지금처럼 잘 대해줬으면 좋겠어요. 학교 내에서 인사하고 지금처럼 지냈으면 좋겠어요."

중재자는 SP의 의견을 들어 보았다.

"S가 집에서 말을 잘 안 해서 걱정이 더 컸습니다. 학원에서 L 사건 이후에 집단폭행을 당할 뻔 했습니다. 영어 학원을 같이 다니는 친구들이 따돌림을 하는 것 같아 학원을 옮기자고 했는데 S는 괜찮다고 했어요. S가 뭐가 행동하는 것이 불편하니 그렇겠구나 생각하지만 대화를 통해서 해결하지 않고 어떻게 학교를 보내야 하나하는 걱정이 생겼어요.

엄마 입장에서는 E가 장난이라기보다는 의도적으로 아이들 앞에서 망신을 주려고 그랬나 하는 생각이 들었습니다. S는 실제로는 아니라고 하는데 진짜 의도 파악이 안 되어 힘들었어요. 이 사건 후 수치심이 생기고 혹 다른 마음먹어 폭력이라도 쓰면 어쩌나 하고 생각해서 대화로 풀고 싶었습니다."

이제 중재자는 가해관련 해서 E에게 질문했다.
"얼굴 때린 사건에 대하여 어떻게 생각하나요?"
"S가 말을 거는데 장난스럽게 반응해서 화난 것을 인지했지만, 바로 화났다가 풀린 줄 알았어요. 하면 안 될 짓을 하게 되었습니다."
"어떤 생각으로 바지를 벗겼나요?"
"다른 친구의 바지를 벗긴 적이 있어서 장난으로 아무 생각 없이 바지를 벗기게 되었어요."
"S와의 관계는 어때요?"
"좋은 관계는 맞습니다."
중재자는 피해자와의 감정과 관계에 대해 질문하였다.
"S가 어떤 피해를 받은 거 같나요?"
"화가 머리끝까지 나고 수치스러워서 학교생활을 하기 어려웠을 것 같아요. 역지사지로 생각한다면 관계가 회복되기 어려울 것 같고 화가 너무 나서 감정을 조절하기 힘들었을 것 같습니다."
"이 일로 인해서 걱정되는 점은 있나요?"
"S랑 사이가 좋아졌다가 거기서 선을 넘어서 제가 앞으로 그런 행동을 안 하게 조심해야겠다고 생각합니다. 예전처럼 서로 선을 지키고 제가 서운한 게 있으면 서로 대화하면서 잘 지냈으면 좋겠습니다."
중재자는 EP의 의견을 들어 보았다.
"저는 할 말이 없습니다. E가 한 행동이 모두 잘못됐다고 생각하고 S한테 미안하고 모두 죄송스러운 마음입니다."

4) 화해중재의 결과

중재자는 화해중재 합의문을 작성하기 전에 몇 가지 화해와 향후 조치를 확인했다. 먼저 중재자는 사실의 인정과 사과의 시간을 가졌다.

중재자는 E에게 사실의 인정과 진심의 사과를 요청하였다.

"저는 위 모든 사실을 인정하고 S에게 행한 저의 행동에 대해 진심으로 사과합니다."

중재자는 S에게 사과를 받아줄 것인지 물어보았다.

"E가 진심으로 사과하는 것에 진심을 느끼고 사과를 받아줍니다."

중재자는 재발방지에 대한 의견을 다음과 같이 제시하고 당사자들에게 동의를 구하였다.

-제3자의 친구들에게 오해가 되는 이야기는 하지 않기로 약속한다.

-서로 불편한 부분이나 서운한 일이 있으면, 바로 이야기하고 풀 수 있도록 노력한다.

-앞으로 동일한 사안이 발생하지 않도록 노력한다.

중재자는 당사자 상호 관계를 설정하는 합의문을 작성하였다.

-서로 인사하고 지내는 사이로 지내기로 한다.

-서로 불편함을 느끼지 않도록 한다.

본 합의문은 ****년 *월 *일부터 이행할 것을 약속한다.

위 내용으로 화해중재 합의문을 만들고 각 당사자와 보호자의 자필 서명을 받고 중재자가 최종 서명하였다(표 2.7.1 참조).

표 2.7.1 학교폭력 화해중재 합의문

화해중재 합의문(약속이행문)

학교명	SH중학교		중재 사안번호		SHJ-****-**
일시	****.**.**		장소		1층 회의실
당사자	성명	성명	성명		성명
	S	E			

우리는 교육지원청 화해중재단을 통하여 다음과 같은 내용에 합의하였습니다.

1. 인정 및 사과
-*월 *일 학교교실 쉬는 시간 E가 S에게 "유도 가냐"로 물어보려고 했는데, S는 E가 시비를 거는 줄 알고 욕을 하며 화를 냄. E가 뺨을 때리고 교무실로 도망감. 이후 S가 친구에게 숙제 도움을 받는데 E가 '니가 그러니까 인생이 그렇지'라며 비하발언을 하였고 S가 쫓아가 E를 잡아 넘어뜨리며 팔을 꺾음. 이후 S가 친구에게 숙제도움을 받고 있을 때 E가 S의 바지를 벗김
-E학생은 위 모든 사실을 인정하고 S에게 행한 자신의 행동에 대해 진심을 담아 사과를 함.
-S학생은 E의 사과를 하는 것 진심을 느끼고 받아줌.

2. 재발 방지
-제3자의 친구들에게 오해가 되는 이야기는 하지 않기로 약속함.
-서로 불편한 부분이나 서운한 일들이 있으면, 바로 이야기하고 풀 수 있도록 노력한다.
-앞으로 동일 일이 발생하지 않도록 노력한다.

3. 관계 설정
-서로 인사를 하는 사이로 지내기로 한다.
-학생이 서로 불편함을 느끼지 않도록 한다.

※ 본 이행문의 내용을 ****년 *월 *일부터 모두 이행할 것을 약속합니다.

(당사자) __________ (서명)	(당사자) __________ (서명)
(당사자) __________ (서명)	(당사자) __________ (서명)
위원 __________ (서명)	위원 __________ (서명)

OOOO교육지원청 화해중재단

표 2.7.2 학교장 자체해결 동의서

학교장 자체해결 동의서
(학교폭력대책심의위원회 미개최 요구 의사 확인서)

*사안번호: SH중학교 - **** - **호

피해학생	소속학교	학년/반	학생성명	보호자성명
가해학생	소속학교	학년/반	학생성명	보호자성명
사안 조사 내용	▶사안조사 보고서를 참고하여 사안내용을 구체적으로 기록 (발생 일시, 사안 내용 등)			

위 사안 조사 내용을 확인하였으며,
이 사안에 대해서 학교폭력대책심의위원회를 개최하지 않고
학교장 자체해결에 동의합니다.

****년 **월 **일

피해학생:　　　　(인)
피해학생 보호자:　　　　(인)

SH중학교장 귀중

　　이렇게 화해중재 합의문을 작성함으로써 이 사안에 대해 학교폭력대책심의위원회를 개최하지 않고 학교장 자체해결의 성과를 달성하게 되었다. 결과적으로 S와 보호자 SP로부터 학교장 자체해결 동의서를 받았다(표 2.7.2 참조).

5) 사례의 교훈

본 사건의 화해중재 합의문을 작성한 후 관찰한 결과를 정리해보았다. 두 관련 학생은 현재 같은 반에 재학 중이며 같은 영어학원에도 같이 다니고 있다고 한다. 화해중재 합의문(약속이행문) 처럼 서로 불편한 사항이 있으면 직접적으로 표현을 하고 있다고 한다. 또한 사안 발생 후 EP가 S와 SP에게 치킨으로 저녁을 사주는 등 원만한 관계를 유지하고 있다는 소식을 전해왔다.

본 학교폭력 사건의 화해중재를 통해 해결함으로써 몇 가지 교훈을 도출할 수 있다.

첫째, 가해자의 사실 인정과 사과를 통해 피해자의 고통을 회복할 수 있다. 본 사건은 장난이라고 하지만 다수의 남, 여학생이 있는 교실에서 발생한 엄연한 성희롱사안이다. 가해 학생과 보호자가 사안에 대해 모두 인정하고 사과 의사가 있어 화해가 이루어졌다. 사실 인정과 사과로 피해 학생의 고통을 회복시키고, 가해 학생의 행위에 대한 책임성을 부여하였다.

둘째, 진정한 사과를 통해 가해 학생과 피해 학생의 관계를 회복할 수 있다. 학교폭력심의를 받으면 행위에 대한 행정적 처벌은 받을 수 있지만 직접적인 사과는 받을 수 없다. 피해자가 진정한 사과도 받지 못하고 지나면 당사자의 마음속에도 가해자에 대한 안 좋은 기억이 남을 수 있고 관계도 회복될 수 없다. 이에 반해 화해중재를 통해 가해자가 진정한 사과를 하고 피해자가 수용함으로써 두 사람의 관계가 상당부분 회복될 수 있다.

셋째, 부모들이 사과할 수 있는 용기가 필요하다. 부모들이 사과할 수 있는 용기와 실천은 자녀들을 실질적으로 올바르게 키울 수 있는 지혜로운 방법이다.

넷째, 화해중재를 통해 서로 화해하면 경제적 비용을 절약할 수 있다. 학교폭력심의를 하면 조사관과 심의위원 수당을 포함해서 최소 200만원의 경비가 소요된다. 그러나 화해중재를 통해 해결하면 이러한 비용을 절약할 수 있다.

다섯째, 통상적안 학교생활에서 발생될 수 있는 경미한 사안을 학교폭력으로 접수하지 않고 약식 조정, 화해 절차를 마련할 필요가 있다. 통상적안 학교생활에서 발생될 수 있는 경미한 사안까지 학교폭력으로 신고하고 있는데 이에 대한 제도 개선이 필요하다.

여섯째, 가해관련학생이 피해관련학생을 대상으로 학교폭력법을 이용한 '맞신고'를 제약하는 조치가 필요하다. 학교폭력사건에서 가해관련학생으로 지목된 학생이 오히려 피해관련학생을 대상으로 학교폭력법을 이용하여 '맞신고'를 하는 사례가 증가하고 있다. 자신의 징계 수위를 낮추거나 학교폭력의 처분을 지연시키기 위한 보복성, 무마성 수단으로 활용되는 사례가 늘고 있다. 피해관련학생은 자신의 피해사실을 증명함과 동시에 가해자가 아니라는 사실까지 증명을 해야 하는 심리적, 물리적 2차 피해가 발생하고 있어 이에 대한 대책이 필요하다.

일곱째, 학교폭력이 대학입시제도에 반영되어 의도적인 학교폭력 접수가 증가하고 있는 바 이에 대한 개선책이 필요하다. 학교폭력의 기록이 4년 간 유지되고 대학입시에 반영되는 관계로 의도적인 학교폭력 접수가 증가하고 있다. 학교폭력심의는 1회에 심의를 종결해야 하는 관계로 관련 학생의 인생에 학교폭력의 가해자라는 고리표를 달게 할 수도, 면죄부를 줄 수도 있는 심의이므로 신중해야 한다.

2. 학교폭력대책심의위원회 분쟁조정 사례

1) 갈등의 배경

C는 몇 년 전 3월경 서울에서 H시 소재 DW중학교 3학년 4반으로 전학을 오게 되었다. C와 J는 동아리를 통해 알게 되었으나 소원한 관계였다.

전학 온지 한 달도 안 된 3월 29일 저녁에 C는 동아리 친구들 통해 J가 자신에 대해 험담(뒷담화라는 표현을 사용하였음)을 했다고 들어서 인스타그램 DM을 통해 확인을 해보았다. 그러던 중 처음에는 J가 자신은 아니라고 해서 C가 동아리 친구를 통해 들었다고 하니 그때서야 J가 인정을 했다. 잠시 후 J가 C에게 전화를 걸어 서로 욕설을 하며 언쟁을 하게 되었다.

이틀 후 아침에 교실에서 엎드려 잠을 자고 있던 C를 J가 깨우며 언쟁을 벌였고 급기야 상호간 신체폭력이 발생하게 되었다. 곧 바로 C가 학교폭력 신고를 하고 112에도 신고하였다. 오후에는 J가 학교폭력의 맞 신고를 하면서 문제가 커졌다.

2) 갈등의 당사자와 쟁점

(1) C측의 주장

C는 3월 29일 저녁 동아리 친구에게 J가 자신에 대해 뒷담화를 했다는 얘기를 듣고 인스타 DM으로 J에게 뒷담화를 했냐고 물어보았다. J가 부인을 하자 C가 동아리 친구에게 들었다고 하니 J가 인정을 했다.

잠시 후 J가 전화를 해서 C에게 '죽여보라'고 하며 욕설을 하며, '싸우자'고 말했다. C는 '한심한 놈'이라고 말하며 전화를 끊었다.

이틀 후 아침 9시경 C가 반에서 책상에 엎드려 잠을 자고 있었는데, J가 흔들어 깨우며 나오라고 해서 "xx 놓아라."라고 욕을 했다.

그러자 J가 C의 배를 발로 차며 3번을 밀치며 손날로 C의 왼쪽 눈을 내리쳤다. C는 J의 어깨를 밀치거나 때린 적이 없다고 주장했다.

이런 상황을 감안해서 C는 J에게 200만 원 피해보상을 요구했다.

(2) J측의 주장

3월 29일 저녁 C가 J에게 인스타 DM으로 "내 뒷담화를 했냐?"고 물어와서 "안 했다."고 하니 C는 심한 욕설을 하면서 "니 부모 죽인다, 담배 피우는 것을 사진 찍어 선생님께 이야기 한다."라고 했다고 주장하였다. J도 화가 나서 욱하는 마음에 똑같이 욕설을 했다.

C가 "한심한 새끼, 그니까 니 애미 애비가 너 같은 아들 낳은 거다."라고 해 더 이상 말이 통하지 않을 것 같아 학교에서 화해하거나 싸우려고 했다.

J는 자신의 YW중학교 친구가 "C 잘 나가냐?"라고 물어서 "잘 모르겠다." 고 말했는데 그것이 C에게 좀 기분 나쁘게 전달된 것 같다.

이틀 후 아침 9시경 C에게 이야기하기 위해 C에게 가니 자고 있어서 흔들어 깨우며 나오라고 하자 C가 화를 내고 욕을 하면서 J를 밀치고 팔뚝을 때렸다. J도 이에 대응하여 C를 발로 차고 똑같이 밀쳤다. C가 또 밀고 때리기에 J가 발로 배를 가격 하였고 서로 주먹이 오가던 중 반 친구들이 말리면서 종료되었다.

C에게 싸우자고 하며 먼저 시비를 한 것을 사과하고 화해하고 싶은데 C가 계속 합의금 200만원을 요구해 학교폭력으로 신고를 하게 되었다.

그림 2.7.2 학교폭력대책심의위원회의 개최 모습

3) 학교폭력대책심의위원회 개최

서로 학교폭력이 있던 날 아침 C가 학교폭력으로 신고를 하고, 112에 신고를 하였다. 당일 오후 J가 학교폭력으로 맞 신고를 하였다.

관련 학생들과 보호자들의 확인서 작성하여 학교에 제출하였다. 당일 교육지원청으로 학교폭력 사안접수 보고서가 접수되었다.

그로부터 3주 후 학교폭력대책심의위원회가 개최되었다. 전담조사관이 작성한 학교폭력사안조사서, 관련학생들의 최초 진술서, 전담조사관 대면조사 시 작성한 추가 학생 확인서, 전담조사관이 목격학생들에게 받은 목격 학생확인서와 인스타 DM대화 캡쳐 본이 증거 자료로 제출되었다.

위원장이 학교폭력대책심의위원회의 목적과 절차에 대해 설명을 하고 주의사항을 안내하였다.

"먼저 성원여부를 확인 하겠습니다. 간사님은 성원보고 바랍니다."

"[학교폭력예방 및 대책에 관한 법률] 시행령 제14조 제5항에 의거 성원이 되었으므로, HS교육지원청 20**-00호 00학교 0호 학교폭력대책심의위원회를 개최하도록 하겠습니다."

"본 심의와 관련하여 제척이나, 회피하실 의원님은 말씀해 주시기 바랍니다."

"간사님은 본 안건과 관련하여 추가적으로 전달할 사항이 있으면 말씀해 주시기 바랍니다. 감사합니다."

"본 심의는 학생의 인생에 학교폭력의 가해자라는 꼬리표를 달게 할 수도, 면죄부를 줄 수도 있는 중요한 자리입니다. 객관적 증거를 바탕으로 공정하게 심의해 주시기 바랍니다."

"HS 20**-000호 (00학교 0호) 학교폭력대책심위위원회 심의를 시작하겠습니다. 본 사안으로 인해 학생과 보호자께서도 많이 놀라고 걱정이 많으셨을 거라 생각 됩니다. 편히 앉으시고 마이크는 가까이 당겨서 말씀해 주시기 바랍니다. 먼저 참석자 확인을 하겠습니다. 학생은 자신의 이름과 학교, 학년, 반을 말씀해 주시기 바랍니다. 같이 참석하신 보호자께서는 성함과 학생과의 관계를 말씀해 주시기 바랍니다."

심의위원장은 이어서 심의를 이어갔다.

"먼저 법령의 절차에 따라 본 심의위원회 심의위원님들 중에 기피 대상자가 있는지 확인하겠습니다. 앞에 계신 심의위원님들 중 아시거나 이해관계가 있어 공정한 심의를 할 수 없다고 생각되는 위원이 있으신가요?"

"없다고 말씀하셨기에 기피 대상자는 없는 것으로 심의 진행하겠습니다. 대기실에서 주의사항은 확인하시고 이해하셨습니까? 본 심의는 법률상 비공개 심의이므로 심의 내용을 녹음하시면 안 된다는 것을 다시 알려드립니다."

"다음은 학교폭력대책심의위원회의 절차와 규칙에 대해 간단히 말씀드리고 심의 진행하겠습니다. 간사님의 사안 설명이 있은 후 위원장의 사실 확인과 심의위원님들의 질의가 있으실 겁니다. 이해되지 않으시면 다시 말씀해 달라고 요청하시고, 답변하기 어려운 것은 답변하지 않으실 수 있습니다. 사실에 근거하여 구체적으로 말씀해 주시기 바랍니다."

"심의위원님들의 질의 시 민감한 내용의 질문, 사실적 표현, 질의가 추궁하거나, 취조하는 느낌이 들어 불편할 수 있습니다. 하지만, 위원님들의 질의는 정확한 사실관계를 확인하기 위한 것으로 학생과 보호자님은 이점 양해 바랍니다. 학생이 발언할 수 있도록 해주시고, 보호자님께는 추후 발언할 시간을 드리겠습니다."

"발언하기 위해서는 손을 들어 발언 의사를 밝히시고, 위원장의 동의를 구하시기 바랍니다. 본 심의는 당사자에게 의견진술 기회를 부여하는 것이지, 심의위원에게 질문이나 토론, 논쟁하는 자리가 아닙니다. 또한 본 심의위원회가 진행되는 동안 폭언, 욕설 등 심의 진행을 방해할 경우 퇴실 조치를 하겠습니다."

위원장은 사안에 대해 심의절차에 들어갔다.

"사전에 보내드린 참석 안내서는 확인하시고 가지고 오셨는지요? 참석 안내서를 참고하시고 간사님의 사안 설명을 들어주시기 바랍니다. 간사님 사안보고 해주시기 바랍니다."

"관련학생과 보호자님께서는 본인에게 유리한 자료가 있다면 제출할 수 있습니다. 추가로 제출할 자료가 있으신지요? 본 심의위원회 조치결정 전까지 제출되지 않는 자료는 심의에 반영되지 않음을 알려드립니다."

"학생은 지금 이 자리가 불편하고 힘들 수 있습니다. 하지만, 사실관계 확인을 위해 학생은 참석안내서를 보시고 위원장의 사실확인 질의에 성실히 답변해 주시기 바랍니다. 학생은 사실과 다른 부분이 있으면 어떤 것이, 어떻게 다른지 구체적으로 설명해 주시기 바랍니다."

학교폭력대책심의위원회는 안내를 마치고 사실관계 확인을 시작하였다. 위원장이 피·가해 관련 C에게 쟁점사항을 질문하였다.

위원장: "피해주장 1번: 3월 29일 저녁 J는 본인을 험담한 사실이 있는지 확인하는 C에게 죽여 보라면서 욕설을 하고, 전화를 걸어 싸우자고 하였다고 했는데 사실과 다름이 있으면 구체적으로 말씀해 주세요."

C학생: "3월 29일 저녁 동아리 친구에게 J가 자신의 뒷담화를 했다는 얘길 듣고, 인스타 DM으로 J에게 뒷담화를 했냐고 물어보았는데 J가 부인을 하였습니다. 그래서 제가 동아리 친구에게 들었다고 하니 인정을 하였습니다. 잠시 후 J에게 전화가 와서 J가 저에게 '죽여보라'고 하며 욕설을 하며, '싸우자'고 말을 해 제가 '한심한 놈'이라고 말하며 전화를 끊었습니다. 저는 J에게 욕을 하지 않았습니다."

위원장: "피해주장 2번: 이틀 후 아침 C가 반에서 책상에 엎드려 잠을 자고 있었는데, J가 흔들어 깨우며 나오라고 해서 '** 놓아라'라고 했습니다. J가 C의 배를 발로 차며 3번을 밀치며 손날로 왼쪽 눈을 가격했다고 하는데 사실과 다름이 있으면 구체적으로 말씀해 주세요."

C학생: "반에서 자고 있는데 J가 찾아와 흔들어 깨우며 나오라고 해서 '** 놓아라'고 했습니다. 이후 J가 제 배를 발로 차고 3번 밀쳤으며 손날로 왼쪽 눈을 내리쳤습니다. 저는 J의 어깨를 밀치거나 팔뚝을 물고 때린 적이 없습니다."

위원장: "이번에는 J의 피해주장에 대해 사실관계를 확인하도록 하겠습니다. J의 피해 주장 1번: 3월 29일 C가 J에게 C의 험담한 사실이 있는지 확인하는 과정에서 J를 '죽여 버린다'고 하고 'J의 부모님을 죽인다', '부모님에 대한 패드립'[119] 등 심한 욕설을 했다고 주장하는데, 사실과 다른 것이 있을까요?"

C학생: "욕을 한적 없습니다."

위원장: "J의 피해 주장 2번: 3월 29일 C는 J가 흡연할 때 사진을 찍어 선생님께 말씀드린다고 협박을 했고 이에 J도 C의 흡연 모습을 찍어 똑같이 선생님께 말씀드린다고 하자, C가 '한심한 새끼, 그니까니 애미, 애비가 니 같은 아들 낳은 거'라고 하였다고 하는데 그런 말을 한 적이 있나요?"

C학생: "생각이 나지 않습니다."

위원장: "J의 피해주장 3번: J가 C를 찾아가 자고 있던 C를 흔들어 깨웠는데 C가 화를 내고 욕을 하면서 J의 어깨를 밀치고 팔을 가격했다고 주장합니다. 그런 행위를 한 적이 있나요?"

C학생: "J의 어깨를 밀치거나 팔뚝은 물론 한대도 때린 사실이 없습니다."

위원장: "다수의 목격학생 진술이 있습니다. C는 J에 대응하여 J를 밀치거나 때린 적이 없다고 진술했으나 목격학생들은 일관되게 J가 C를 깨우며 '싸우자'라고 하였고, C가 일어나며 J의 가슴 쪽을 손으로

세게 밀쳐 냈고, J가 C를 발로 차자 C와 J가 서로 욕설을 하며 때렸다고 진술하고 있습니다. C는 목격학생들의 진술에 대해 어떻게 생각을 하시나요? 목격학생들의 진술이 누군가에 의해서 오염되었다고 생각하시나요?”

C학생: “아닙니다.”

위원장: “C가 경찰에 신고 후 J에게 합의금으로 200만원을 요구했다고 했는데 사실인가요? 외상 등 피해는 미비해 보이는데 200만원을 요구한 이유는 무엇인가요?”

C학생: “제가 더 많이 피해를 입은 것 같아 신고를 했고, 피해 보상으로 200만원을 주면 경찰에 신고한 것을 취하해 주겠다고 요구했습니다. 200만원을 받으면 사적으로 사용하려고 했습니다.”

위원장: “심의위원님들은 추가로 확인하실 사항이 있으시면 질의하시기 바랍니다.”

이에 심의위원들이 사안에 관련하여 질문을 하였다. 현재 학교생활과 J와의 생활에 대해 질문을 했고, C의 보호자에게 사안에 대해 C에게 어떻게 들었고, 어떻게 해결되길 바라는지 질문했다.

C보호자: “C가 전학 온 후 아직 친한 친구가 없고 교우관계가 형성되지 않은 시기에 발생되었고, J에게 일방적으로 피해를 보았다고 하여 학폭신고를 하게 되었습니다. 피해보상금을 요구한 것은 오늘 심의 중 알게 되었습니다. 먼저 원인을 제공한 것은 J가 맞으나 C도 잘못한 행위가 있었던 것 같습니다. 원만히 해결되었으면 합니다.”

위원장: “C와 보호자는 C가 경찰에 신고한 것을 취하하고 J측과 화해를 할 의사가 있으신가요?”

C학생과 보호자: "빠른 학교생활 적응과 원만한 교유관계를 위해 화해의사가 있습니다."

위원장: "그럼 대기실에서 기다려 주시기 바랍니다."

위원장: "다음은 J의 의견을 듣도록 하겠습니다."

위원장이 학교폭력대책심의위원회의 목적과 절차에 대해 설명을 하고 주의사항을 안내하였다.

위원장: "J의 피해주장 1번: 3월 29일 C가 J에게 C의 험담한 사실이 있는지 확인하는 과정에서 J를 '죽여 버린다'고 하고 'J의 부모님을 죽인다', '부모님에 대한 패드립' 등 심한 욕설을 했다고 주장하는데, 사실과 다른 것이 있을까요?"

J학생: "C가 인스타 DM을 통해 '내 뒷담화를 했냐'고 물어와 안했다고 하니 심한 욕설과 '부모님을 죽인다' 등 패드립과 '담배 피우는 것을 사진 찍어 선생님께 이야기 한다'라고 협박을 했습니다. 그래서 저도 욱해서 똑같이 욕을 하였습니다."

위원장: "C가 욕설을 해 J도 같이 욕설을 했다는 것이 맞나요?"

J학생: "네."

위원장: "J의 피해주장 2번: 3월 29일 C는 J가 흡연할 때 사진을 찍어 선생님께 말씀드린다고 협박을 했고 이에 J도 C의 흡연 모습을 찍어 똑같이 선생님께 말씀드린다고 하자, C가 '한심한 새끼, 그니까 니 애미, 애비가 니 같은 아들 낳은 거'라고 하였다고 하는데 사실과 다른 부분이 있을까요?"

J학생: "C가 그렇게 말했습니다. 말이 통할 것 같지 않아 3월 31일에

학교에서 화해하거나 싸우려고 했습니다. 저는 YW중학교 친구가 ‘C 잘 나가냐?’라고 물어서 ‘잘 모르겠다’고 이야기를 했는데 그것이 C에게 좀 기분 나쁘게 전달된 것 같습니다.”

위원장: “J의 피해주장 3번: J가 C를 찾아가서 자고 있던 C를 흔들어 깨웠는데 C가 화를 내고 욕을 하면서 J의 어깨를 밀치고 팔을 가격했다고 하는데 사실과 다른 부분이 있을까요?”

J학생: “C가 자고 있어 흔들어 깨우며 나오라고 하자 C가 화를 내고 욕을 하면서 저의 어깨를 밀치고 팔뚝을 때렸습니다. 그래서 제가 C를 발로 차고 똑같이 밀었습니다. C가 또 밀고 때리기에 저도 발로 C의 배를 가격했습니다.”

위원장: “책상에 엎드려 자고 있는 C를 깨우며 ‘맞장 뜨기로 했잖아, 사지박자, 맞장 한번 떠야지’라며 싸움을 걸은 것이 싸우자고 시비를 걸은 것이지 화해를 하기 위해 깨운 것 같지는 않아 보이는데 어떻게 생각하는지요?”

C학생: “네, 그런 것 같습니다.”

위원장: “보호자는 이 사안이 어떻게 해결되길 바라십니까? 쌍방폭행이 발생했고, 원초를 제공한 것도 J로 보이는데요.”

보호자: “네. 저희 아이가 C에 대하여 다른 의도로 발언을 하였다고 하나 당사자는 기분이 안 좋았을 것 같습니다. 또한 싸우자고 한 것도 우리 아이입니다. C학생과 보호자에게 미안하다고 전하고 싶습니다.”

위원장: “그럼 J와 보호자는 C학생이 경찰에 신고한 것과 학폭 취소 여부와 관계없이 학폭신고를 취하하실 의사가 있으신가요?”

J와 보호자: "예. 있습니다."

위원장: "그럼 제가 C학생과 보호자에게 J학생과 보호자의 학폭 취하 의견을 전달하고 C학생 측의 의견을 듣고 다시 말씀 드릴 테니 대기실에서 대기하시길 바랍니다."

위원장은 간사를 통해 J학생 측의 의사를 C학생 측에 전달하고 C학생 측이 동의를 하여 C학생 측과 J학생 측을 심의실로 입장시켰다.

4) 심의위원회의 분쟁조정의 결과

심의위원회는 사실 인정과 사과의 시간을 가졌다. J와 C가 서로 대화하는 시간을 주었고, J가 다른 친구에게 C에 대해 평가를 해 오해를 하게 한 것에 대해 사과를 하였다. 또한 전화로 욕을 한 것과 싸우자고 하고 실제로 자는 C를 깨우며 시비를 걸어 싸운 것을 사과했다.

C는 다른 친구의 말을 듣고 사실 확인을 하는 과정에서 흥분하여 먼저 심한 욕을 한 것과 대응하여 싸운 것에 대하여 사과를 했다.

양측의 보호자는 서로 오해를 풀 수 있는 관계개선 자리가 있었으면 심의까지 오지 않았을 것이라고 하면서, 좀 더 면밀히 아이들과 대화하고 훈육하겠다고 약속했다.

심의위원회는 절차대로 심의조치 결정을 유보하고 C학생 측과 J학생 측에 학교에 방문해서 학교장 자체해결 동의서를 작성 교육청에 제출할 것을 안내하였다. 결국 학교장 자체해결 동의서가 학교를 통해 접수되면서 심위위원회는 이번 학교폭력사건을 학교장 자체해결로 처리를 하였다.

5) 사례의 교훈

　본 사건의 학교폭력대책심의위원회 심의 중 분쟁조정에 대해 정리해보았다. C는 서울에서 전학을 온 후 얼마 되지 않았고 이 지역에서 학교를 다니지 않았기 때문에 교우관계가 별로 없었다. C는 자신의 존재감을 드러내기 위해 강한 표현을 사용하여 상대방을 자극하였다. J는 전학 온 C에 대해 잘 모르고 있었는데 다른 친구가 주변에 떠도는 소문을 접하고 C에 대해 물어 본 것에 오해의 소지를 줄 수 있는 언행을 하여 갈등의 원인을 제공했다.
　첫째, 분쟁조정은 사건의 사실 관계를 명확히 하는 것이 필요하다.
　이를 통해 모든 관련자가 사건의 전개를 이해하고, 문제의 본질을 파악할 수 있다. 이후에는 서로의 의견을 교환하며, 상호 이해를 도모하는 것이 필요하다.
　둘째, 학교폭력 사건의 분쟁조정 절차는 단순히 갈등을 해결하는 것이 아니라, 피해 학생이 다시 학교생활에 적응할 수 있도록 돕는 데 중점을 둬야 한다.
　사건 당사자들이 자신의 감정을 표현할 기회를 가지며, 자신의 행동에 대한 책임을 인식하게 해야 된다. 이러한 과정은 궁극적으로 학생들 간의 신뢰를 구축하는 데 기여할 수 있다.
　셋째, 학교폭력 사건이 발생한 경우, 피해자와 가해자 간의 갈등을 원만하게 해결하기 위해 자동적으로 관계개선프로그램이 개입하는 것이 필요하다.

특히, 학폭사건의 경우에는 단순히 법적 처벌로 끝나는 것이 아니라, 피해자의 심리적 회복과 가해자의 반성을 이끌어내는 것이 중요하기 때문이다.

넷째, 통상적안 학교생활에서 발생될 수 있는 경미한 사안을 학교폭력으로 접수하지 않도록 학교폭력 신고 전후라도 자동적으로 관계개선 프로그램이 개입하는 절차를 마련할 필요가 있다.

통상적인 학교생활에서 발생될 수 있는 경미한 사안까지 학교폭력으로 신고하는 것에 대한 제도개선이 필요하다. 학교에서는 관계개선 프로그램을 통해 학생들에게 상대방의 입장을 이해하고, 공감하는 능력을 기를 수 있도록 하여 학생들이 단순히 갈등을 피하는 것이 아니라, 문제를 해결하는 능력을 가질 수 있게 할 필요가 있다.

다섯째, 분쟁조정은 관련 당사자들의 사실 인정과 사과를 통해 서로의 입장을 알 수 있고 자신들의 언어적 행위와 폭력행위에 대한 책임감을 느끼게 한 시간이었다.

진정한 사과와 수용, 용서를 통해서 두 학생들의 관계가 상당 부분 회복할 수 있었다. 학교폭력심의를 받으면 행위에 대한 행정적 처벌은 받을 수 있지만 직접적인 사과는 받을 수 없다. 피해에 대한 사과도 받지 못하고 지나면 당사자들의 마음속에도 서로에 대한 안 좋은 기억이 남을 수 있고 관계도 회복될 수 없다.

여섯째, 부모들이 사과할 수 있는 용기가 필요하다.

부모들의 사과는 자녀들이 실질적으로 올바르게 키울 수 있는 방법이다. 부모들은 자녀들이 학교생활에서 잘못된 행위를 하지 않도록 관심을 가지고 지도해야할 책임을 가져야 한다.

변전소 증설과 해상풍력발전사업 갈등 사례

1. D변전소 증설 갈등 사례

1) 공공갈등의 배경

2025년 3월 해상풍력발전사업 및 국가전력망(송전망) 사업의 원활한 추진을 위해 '해상풍력 보급 촉진 및 산업 육성에 관한 특별법' 및 '국가기간 전력망 확충 특별법'이 통과되었다. 이들 두 개 법률의 공통점은 인허가절차의 간소화(특례) 및 주민 수용성 확보에 있다고 볼 수 있다. 특히, 국가전력망(송전망)은 과거 밀양사태 이후 국민적 관심을 갖게 되었고, 송전망사업이 지연되거나 포기되는 경우에까지 이르게 되었다.

이런 분위기에서 기후위기와 에너지대전환의 시기가 도래하고, 분산에너지활성화 대책 및 신재생에너지의 보급이 확대되면서 지역의 에너지원을 서울수도권으로 전력망을 확보하는 방안이 매우 시급해지는 시기에 이르게 되었다.

지금까지 전력망 관련 사업시행자인 K공사 등 공공기관과 지역 주민들 간의 분쟁과 갈등 사례는 언론과 방송을 통해 많이 소개된 적이 있다. 그러나 지역주민들 간의 분쟁은 다소 소홀히 취급되고 그 중요성에 대하여 인지하지 못한 경우가 많았다. 사실 공공기관인 사업자와 지역주민 간의 분쟁이 장기화되고 갈등이 더 심화되는 배경에는 지역주민들 간의 갈등과 이해관계가 매우 중요하게 자리 잡고 있었다.

K공사는 1차 연도에 동해안에서부터 수도권까지 HVDC 송전사업을 추진하였다. D변전소 부지 내 옥내화 및 변환소를 증설하고 국가 전력수급 안정과 사업 일정을 준수하며 비용 최소화를 도모하고자 하였다. K공사는 H시에 변전소 증설 건설허가를 신청하였고 민원해결은 H시가 책임진다는 MOU를 체결하였다는 내용을 지역 주민들이 뒤늦게 알게 되었고, 이런 사건이 계기가 되어 지역 주민들의 불만이 폭발하여 공공갈등이 장기화되고 있다.

2) 공공갈등의 당사자와 쟁점

(1) K공사

K공사는 동해안에서부터 수도권까지 HVDC 송전사업을 추진하였다. D변전소 부지 내 옥내화 및 변환소를 증설하고 국가 전력수급 안정과 사업 일정을 준수하며 비용 최소화를 도모하는 하고자 하였다.

K공사는 *년 *월 H시와 MOU 체결하였는데 민원 해결은 H시가 부담하는 내용이 포함되어 있는 것으로 알려졌고, 주민 전체가 아닌 일부 대표자만 설명회에 초청되어서 정보 은폐와 주민 배제라는 비판을 받았다.

K공사는 인근 아파트 주민에게 편익 제공 약속을 시도했는데 이것도 주민들 사이의 이간질을 시킨 것이 아니냐는 의혹을 받았다. K공사는 행정심판을 제기하여 '국가기간 사업은 지체될 수 없다'라는 논리로 대응하였다.

(2) H시

H시는 지역 내 갈등을 관리하고 행정책임을 부담하며 정치적 파급효과를 최소화하려는 노력을 하고 있다.

H시가 K공사와 MOU를 체결할 당시에 자료를 비공개로 하면서 주민의 불신을 증폭시킨바 있었다. *년 상반기 건축허가 접수 시 소극적으로 대응하고 주민에게 사실상 숨긴 채 건축허가를 진행시키려는 의혹이 제기되고, 얼마 후 주민의 반발이 확산되자 H시는 건축허가를 불허하기로 결정하였다. 그러나 주민들은 '행정심판 대응이 형식적이었다'라고 의심을 하였으며 '패소 후 법과 원칙 명분으로 허가할 것이다'라는 불신을 여전히 가지고 있다.

(3) 지역주민과 단체

입주민 대표단은 입주민 전체 대표성을 자임하고 있다. 입주민 대표단은 주민투표, 성명서, 집회 등을 통해 변전소 건설 전면 반대 입장을 확립하였다.

비상대책위원회(비대위)는 초기에는 조건부 협상 vs 전면 반대의 구도로 내부 분열을 직면해 있었지만 이후에 새 비대위가 출범해 입주민

대표단과 연대를 결성하였다.

인근 아파트 일부 주민들은 전기요금 감면 등 편익을 기대하며 K공사와 협력적인 태도를 유지하였다. 그러나 아파트 주민 다수는 안전과 자산 가치 하락 우려로 반대 입장을 보였다. 그래서 주민 간 입장 차이가 존재하였는데 주민투표를 통해 과반수 반대 입장이 확인되면서 공식적으로는 단일화가 이루어졌다.

3) 공공갈등의 진행과정

표 2.8.1 D변전소 증설 갈등 진행경과

시간	발생 사건
1차 연도 *월	D변전소 부지를 HVDC 변환소 증설 입지로 내정
1차 연도 *월	K공사는 H시에 개발제한구역(GB) 변경 신청
2차 연도 *월	H시는 이를 G도에 신청
2차 연도 *월	G도 도시계획위원회 심의 전 H시와 MOU 체결("민원 해결은 H시가 책임") 양측의 협조 의지를 공식화
3차 연도 *월	K공사는 H시에 건축허가·행위허가를 접수
3차 연도 *월	H시는 D변전소 증설 관련 건축허가 4건을 불허 결정
3차 연도 *월	주민대표단은 성명서에서 "H시는 변전소 증설 추진 과정에서 주민 의견을 외면하고 무능·무책임 행정을 했다"고 비판하면서도 불허 결정을 환영하였다
3차 연도 *월	G도 행정심판위원회는 K공사의 청구를 인용하며 H시의 불허 처분을 취소하라는 재결을 내림

(1) 사전 준비 단계(1차 연도 ~ 2차 연도 상반기)

K공사는 1차 연도 *월에 이미 D변전소 부지를 HVDC 변환소 증설

입지로 내정하였다. 그해 *월, K공사는 H시에 개발제한구역(GB) 변경 신청을 했고, 다음 해 *월 H시는 이를 G도에 신청했다.

H시는 주민들에게 1년 넘게 이 사업 사실을 알리지 않았다. H시와는 내부 협의를 통해 GB(개발제한구역) 해제, MOU 체결 등을 진행했으나, 주민에게는 공개하지 않았다. 주민대표단은 "K공사가 1차 연도 *월에 D변전소 부지를 HVDC 변환소 부지로 내정했음에도 주민들에게 1년 이상 알리지 않았다."고 지적했다.

뒤늦게 언론·행정심판 과정을 통해 이 사업 사실을 알게 된 주민들 사이에서 '주민을 배제한 은밀한 추진'이라는 강한 불신이 확산되었다. 주민들은 "공지 게시만으로도 알릴 수 있었는데 알리지 않았다."며 H시와 K공사가 정보를 숨겼다고 주장했다. 이렇게 초기부터 '절차적 정당성이 무너졌다'라는 프레임이 형성되었다.

이 때 지역주민들 간의 갈등도 발생하게 되었다. 입주민 대표단은 입주민 대표성을 내세웠지만, 실제로는 단지별로 의사결정이 조율되지 않아 내부 신뢰가 완전히 확보되지 못한 상황에서 설명회가 추진되었다. K공사는 입주민 대표단, 주민자치회, 통장단협의회를 통해 설명회를 제한적으로 진행하였으나, "대표 몇 명만 알고 다수 주민은 몰랐다."는 불만이 발생했다.

또한 일부 주민에게 편익 제공 약속으로 주민 분열 양상이 나타났다. 인근 아파트 주민, 특히 OO아파트 단지가 K공사와 개별 접촉을 통해 '편익 제공'을 약속받았다는 소문이 퍼지면서, 자산 가치(매매·분양)에 민감하지 않은 OO아파트 입주민과, 전자파, 안전, 자산가치에 민감한 아파트 보유 세대 간 의견차이가 발생하였다.

(2) MOU 체결과 갈등 표출 단계(2차 연도 하반기)

2차 연도 *월 G도 도시계획위원회 심의 하루 전에 H시와 K공사가 MOU(양해각서)를 체결하였다. 양해각서에는 민원 해결은 H시가 책임진다고 되어 있어서 양측의 협조 의지를 공식화하였다.

주민대표단은 "개발제한구역(GB) 변경이 확정되기도 전에 K공사와 H시가 MOU를 체결했다." "H시가 K공사와 협력하여 주민 의견 수렴을 배제했다."며 불신을 제기하였다. 특히 MOU에는 민원 해결을 H시가 부담하는 내용이 담겨 있어, 주민들은 "H시가 주민을 배제하고 K공사 편을 들었다."는 주장을 했다.

주민 불만이 표출되자 K공사는 주민설명회를 추진하였다. 그러나 K공사는 주민 전체 대상 설명회 대신 주민자치회와 통장단협의회 등 일부 대표자만을 대상으로 설명회를 개최하였다는 의혹이 제기되었고, 실제 거주민 다수는 사업 사실조차 모른 상태였고, 설명회 내용도 증설의 핵심을 제대로 알리지 않았다는 비판이 제기되었다.

"일부 대표자만 불러 요식행위처럼 설명했다.", "주민 전체를 상대로 한 공청회는 없었다." "주민대표 100여 명(전체의 약 0.7%)만 설명을 들은 수준에 불과했다."라는 불만이 표출되었다.

이 시기부터 "K공사가 주민들을 이간질하고 있다."는 의혹이 등장하였고 특정 단지와 대표와만 접촉하는 방식이 갈등을 증폭시키게 되었다.

주민들 중에서 초기 비상대책위원회는 강경한 반대 목소리를 조직했으나, 소송, 집회, 언론 대응 등 민원 제기 방안과 H시와의 관계를 둘러싸고 내분이 발생하였다. 일부 위원들은 H시 및 유관단체와의 유착 의혹을 받으며 내부에서 '이중적 태도'라는 불신이 생겼다.

(3) 행정심의·인허가 접수 및 갈등 심화 단계(3차 연도 상반기)

3차 연도 *월 K공사는 H시에 건축허가와 행위허가를 접수하였다. 주민들은 "조건부 의결이 있었으나 전자파 검증자료 등 보완 요청만 있었고, 주민홍보는 거의 없었다."고 지적하고 "H시가 사실상 사업을 승인하는 방향으로 움직였다."는 불신을 표출하였다.

K공사는 OO아파트 등 변전소 인근 단지를 대상으로 편익 제공(전기요금 할인, 생활지원 등)의 조건부 협상을 시도하였다는 의혹을 받고 있었다. 결과적으로 'OO단지는 찬성, OO단지는 반대' 라는 구도를 조장했다는 의혹을 받았다. 더불어 '주민 반발은 지역이기주의(NIMBY)'라는 일부 언론과 분위기는 사업자와 관할 지자체에 대한 불신을 더욱 심화시키는 결과를 초래하였다.

이제 주민 내부 분열이 현실화되었다. 일부 단지는 협상에 참여하고 다수 단지는 강경하게 반대하였다. 주민 대표단과 지역 단체(비대위 포함) 간에 'K공사와 협상할 것인가, 전면 반대할 것인가'를 두고 의견이 분열되었다. 일부 단지 대표는 조건부 수용(편익 제공 시) 노선을 주장하며, 강경 비대위와 충돌하였다. 비대위 내부에서도 민원 제기 방향(조건부 협상 vs 전면 반대)을 두고 갈등함으로써 비대위가 분열되는 양상으로 이어졌다.

요컨대 결국 OO아파트 단지 일부는 K공사가 제공할 편익에 상대적으로 긍정적 태도를 보이는 입주민과 반대 입장을 보이는 입주민이 발생하였고 OO단지 거주민은 자산가치 하락과 안전문제를 이유로 반대 입장을 강화하였다. 주민들은 K공사를 '공공기관으로서의 책무를 저버리고, 오히려 지역을 이간질하는 행태'로 규정하였다.

(4) 공식 대응·집단행동 단계(3차 연도 하반기)

K공사와 H시의 MOU 체결 사실이 공개되면서 주민 불신이 폭발하였다. 그래도 K공사는 여전히 "법적으로 문제없다."라는 태도를 견지하면서 주민 전체 설명회는 끝내 실시하지 못했다.

주민 반발이 격화된 이후 H시는 그 해 *월 K공사의 D변전소 증설 관련 건축허가 4건의 신청을 불허하였다. 주민대표단은 *월 성명서에서 "H시는 변전소 증설 추진 과정에서 주민 의견을 외면하고 무능·무책임 행정을 했다."고 비판하고 동시에 불허 결정을 환영하며 "주민과 함께 끝까지 싸우겠다."라고 선언했다.

주민대표단과 새로운 비대위가 연합해서 3차 연도 *월에 대규모 집회시위, 서명운동(약 1만 명 이상)을 전개하였다. 성명서에서 "K공사는 주민을 투명하게 대하지 않고, 행정기관과만 밀실 합의했다."라고 강력히 비판하였다. "공공기관이 주민을 상대로 이간질하는 행태는 더 이상 용납할 수 없다."라는 메시지가 급격히 확산되었다.

이 때 주민 간의 갈등을 정리해보자. 기존 비대위 붕괴로 새 비대위 출범이 필요해진 상황에서, 기존 비대위의 내분과 신뢰 상실로 인해 해체 수순이 진행되는 과정에 대규모 집회시위를 계기로 새로운 비대위가 결성되었다. 새로운 비대위는 명확히 '전면 반대' 노선을 채택하게 되었다. 새로운 비대위는 대표단과의 연대를 강화하여 "전체 주민을 대표한다."는 구도를 구축하였다. 이제 대표단 내부의 조건부 수용

의견은 점차 설 자리를 잃고, '주민투표 추진'으로 입장이 수렴되었다. 편익을 기대하던 일부 OO단지 입주민도 '다수 여론에 따르자'는 분위기로 이동하였다. 그러나 OO단지 입주민 간에 여전히 '찬반 혼재' 상태가 잔존하였다.

그림 2.8.1 D변전소 설치 주민 반대 시위

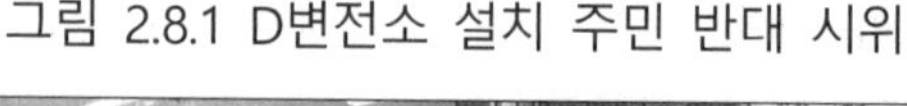

(5) 행정심판 및 주민투표·대항 구도 확정 단계(3차 연도 말 ~ 4차 연도 초)

K공사는 H시의 불허 처분에 불복하여 G도 행정심판위원회에 불허 처분 취소 청구를 제기하였다. G도 행정심판위는 일부 인용 판결을 내렸다. 이에 주민들은 H시가 '결국 법과 원칙을 명분으로 인허가를 허용할 것'이라는 의심을 제기하였다. 또한 주민들은 H시가 행정심판 과정에서 충분히 대응하지 않았다고 주장하고 'H시는 결국 K공사 편에 설 것'이라는 불신이 고착되었다.

K공사가 행정심판에서 일부 승소하며 '법적 정당성'을 강조하였지만 여전히 주민 전체와의 직접적 소통은 부족한 상태이다. 주민 대표단과 비대위가 공동으로 주민투표를 실시하여 과반수가 변전소 증설의 반대 입장에 찬성하였다.

이로서 "K공사는 끝내 주민 전체를 상대로 소통하지 않았다. 주민 스스로 다수결로 입장을 정리했다."는 비판적 인식이 확산되었다. 이렇게 하여 주민, H시, 정치권 일부가 연대하는 구조가 확정되면서 K공사는 고립되는 구도가 형성되었다.

주민 간 갈등도 변화가 발생하였다. 전체 주민의 과반수가 참여, 과반이 '증설 반대'에 찬성함으로써, 내부 분열된 목소리를 정리하고, 공식적으로 '주민 반대' 입장으로 확정되었다. 대표단과 비대위의 공동 주최 및 연합 구조가 공고화되었고 '대표성 경쟁'이 사실상 종결되었다. 또한 인근 OO아파트 주민도 편익 기대 입장은 소수화로 나타나 공식적으로는 '다수결 존중' 기류가 형성되었다. 주민 간 내부 갈등은 '공식적 봉합' 단계에 이르렀지만 OO단지 일부와 조건부 수용파의 불만은 잠재적 재점화 가능성을 내포하고 있었다.

4) 갈등 해결의 결과

아직 갈등은 진행 중이다. H시는 내부 민·관협치위원회를 구성해 주민대표, 시의원, 전문가와 함께 공개 논의 테이블을 구성하려고 시도하고 있다.

한편 K공사는 주민 선호도 조사에 기반한 경관개선안 등을 제시하며, 주민 수용성 확보 노력을 강조하고 있다. K공사는 동시에 "시급한 인허가 지연은 전력망 구축에 장애물이 된다."며 압박 및 읍소 전략을 병행하고 있는 중이다.

주민들의 인식은 부정적이다. H시가 표면적으로는 건축허가 불허 처분으로 주민 편에 섰으나, 주민 사이에서는 여전히 'H시는 신뢰할 수 없는 행정 주체'라는 인식이 강하다.

H시와 K공사 갈등은 단순한 행정적 의견 충돌을 넘어, MOU 공개 논란 → 주민 배제 의혹 → 행정심판 → 협치 노력으로 이어지는 복합적 갈등 양상을 보이고 있다. K공사는 국가 기간망 사업의 시급성과 법적 정당성을 기반으로 사업 강행 의사를 갖는 반면, H시는 주민 수용성·절차적 정당성을 우선시하며 갈등을 관리해 왔다.

5) 사례의 교훈

(1) 공공사업의 시행주체는 주민 소통을 원활히 해야 한다

공공기관(K공사 등)은 사업 초기부터 주민을 배제하지 않고, 정보 공개와 직접 소통을 투명하게 해야 한다. 선택적 소통이나 일부 단지에 대한 편익 제안 등은 갈등을 증폭시킬 뿐이며, 절차적 정당성 상실로 사업 자체의 추진가능성을 훼손한다.

K공사는 사업 초기(입지 확정시)부터 일반 주민에게 사실을 충분히 알리지 않았고, 주민들은 온라인 카페에서 문제가 제기된 후 비로소 알게 되었고, 설명회도 전체 주민 대상이 아닌 일부 단체·대표 초청 방식으로 진행되었다는 비판을 받았다. 이런 오해와 비판은 OO단지 등에 특별지원금·편익 제공 약속을 제안하여 주민들 사이에 '분열 조장' 의혹으로 까지 확산되었다. K공사는 최선을 다해 지역 주민들과 소통하려고 노력했다고 하지만, 국무총리실 내 '공공갈등 성공사례집'을 보면, 주민과의 갈등해결을 위해 사업시행자는 수 백 번을 찾아가고 만났다는 내용이 나온다. 이렇듯 수 백 번은 아니더라도 지역 주민들에게 감동을 줄 수 있을 정도의 노력과 끈기 있는 설득 작업이 필요함에도 불구하고 과연 이런 노력을 기울였는지 생각해 볼 필요가 있다.

절차적 정당성을 잃으면 주민들은 사업 전체를 불신하게 되고, 대규모 행동·법적 대응·여론 악화로 이어진다. 결국 공사 지연, 비용 증가, 공공기관 신뢰 붕괴가 초래된다.

(2) 지자체는 공공갈등 사업을 공개적으로 추진한다

공공갈등이 발생하는 가장 근본적인 원인 중 하나는 지자체의 정보 비공개와 폐쇄적 행정 절차에서 비롯된다. OO지역 D변전소 증설 사례에서도 확인되듯이, 지자체가 핵심 사업 정보를 주민에게 제때 공개하지 않고 내부적으로만 처리하려 했을 때 주민 불신이 극대화되었다.

H시는 K공사와 변전소 증설에 관한 업무협약(MOU)을 체결하면서 그 내용을 비공개로 처리했고, 건축허가 접수 단계에서도 주민에게 명확히 고지하지 않은 채 절차를 진행하려 했다는 의심을 받았다. 이러한 상황은 주민들에게 "지자체가 우리를 배제한 채 사업자의 편에 서서 밀실 행정을 하고 있다."는 인식을 심어주었고, 결국 초기 불신이 주민 분노로 확산되는 결정적 계기가 되었다.

공공갈등이 포함된 사업은 이해관계자가 매우 다양하고, 주민의 생존권·환경권과 직접 연결되는 만큼 지자체의 가장 중요한 책무는 투명성과 절차적 정당성을 확보하는 것이다. 특히 개발제한구역(GB) 변경, 인허가 접수, 환경적 영향이 예상되는 시설 설치와 같은 중대한 행정 결정은, 주민에게 충분한 사전고지와 참여 기회를 제공해야 한다. 이를 생략할 경우, 아무리 행정 절차가 "법적으로 문제없다."고 주장하더라도 주민 신뢰를 잃게 되고, 정책 추진은 오히려 더 지연되거나 무산될 가능성이 높아진다.

또한 지자체는 단순히 행정 절차를 고지하는 수준을 넘어, 주민이 이해할 수 있는 방식으로 정보와 결정 과정을 설명하고, 정기적인 설명회·공청회·온라인 공지 등 참여 채널을 구축해야 한다. 이는 갈등 예방 차원을 넘어, 공공기관과 주민 사이에서 중재자 역할을 수행해야 하는 지자체의 본질적 기능이기도 하다.

OO지역 D변전소 증설 사례에서 보듯이 정보가 투명하게 공개되지 않으니 루머가 확산되고, 일부 주민단체와의 갈등, 대표성 논란, 단지 간 분열까지 이어졌다. 결국 지자체가 초기에 공개적 절차를 충실히 이행했다면, 갈등은 지금처럼 장기화되지 않았을 가능성이 크다. 공공 사업은 처음 단계에서부터 공개적이고 민주적인 절차를 지켜야만 지역사회 내 신뢰가 쌓이고 협력적 거버넌스가 형성될 수 있다.

따라서 지자체는 공공갈등의 성격이 예상되는 사업일수록 사실 공개 → 영향 분석 → 주민 의견수렴 → 협의체 구성 → 공개 토론과 같은 절차를 반드시 선행해야 한다. 이러한 공개성은 단순한 행정의 선택이 아니라, 공공의 신뢰를 유지하기 위한 최소한의 의무이다.

(3) 공공사업은 주민들 의견 수렴으로 추진한다

공공사업은 지역 주민의 생활환경과 안전, 건강, 자산 가치에 직접적인 영향을 미치기 때문에, 사업 추진 과정에서 가장 중요한 원칙은 주민 의견을 충분히 듣고 반영하는 것이다. 특히 OO지역 D변전소 증설 사례처럼 시설 자체가 고압 전력 기반의 기피·혐오시설 성격을 갖는 경우, 초기 단계부터 주민을 배제하면 갈등은 급속히 악화되고 사업은 사실상 추진이 어려워진다.

OO지역 D변전소 증설 사례에서 사업시행자는 여러 차례 "법적으로 전체 주민을 대상으로 공청회 의무가 없다."는 입장을 유지하며 전체 주민 대상 의견수렴을 생략했고, 일부 대표단체만 초청하는 제한적 설명회를 반복했다. 이 과정에서 주민들은 자신들이 사업 정보를 뒤늦게 알게 되었고, 충분한 설명도 듣지 못한 채 절차가 진행되고 있다고 느꼈다. 이러한 불투명한 소통 구조는 주민 내부 불신을 키우고, 단지

간 분열을 촉발했으며, 결국 비대위 결성·주민투표·대규모 집회 등 강한 저항의 형태로 표출되었다.

이처럼 공공사업은 명확한 절차적 정당성과 주민 참여가 뒷받침될 때만 추진 가능하다. 주민들은 단순히 반대하는 존재가 아니라, 사업의 위험·효과·대안 등을 함께 논의하는 정책 파트너로 보아야 한다. 공청회, 설명회, 주민투표, 협의체 구성 등 다양한 참여 방식을 통해 주민의 의견을 충분히 듣고, 그 내용을 정책에 반영할 때 갈등은 완화되고 공공사업의 지속성과 정당성도 확보된다.

결국 주민 의견수렴은 선택이 아니라, 공공사업의 필수 단계이다. 주민이 참여하면 사업이 늦어지는 것이 아니라, 오히려 장기적 갈등 비용을 줄이고 더 나은 해결책을 찾을 수 있다는 점에서, 공공갈등 예방의 가장 핵심적인 수단이다.

(4) 주민공동체 의견수렴 기구를 상설로 개설할 필요가 있다

공공갈등이 반복적으로 발생하는 지역일수록, 일회성 설명회나 단발성 협의만으로는 갈등을 해결하기 어렵다. ○○지역 D변전소 증설 사례에서도 갈등이 장기화된 핵심 원인 중 하나는, 주민·지자체·공공기관이 지속적으로 대화하고 조정할 수 있는 상설 협의 구조가 처음부터 마련되어 있지 않았다는 점이었다. 공공기관과 지자체가 주요 절차를 내부적으로 진행하는 동안 주민들은 정보를 뒤늦게 접하게 되었고, 이런 과정이 불신과 단체 간 분열을 심화시켰다.

이러한 문제는 초기 단계에서 공식적이고 상설적인 의견수렴 기구가 구축되어 있었다면 상당 부분 예방할 수 있었다. 상설 협의체는 특정 사업이 있을 때만 운영되는 임시조직이 아니라, 지역 내 모든 공공사업, 환경·안전 문제, 대규모 인허가 사안을 상시적으로 논의하고 갈등을 조기에 진단·중재하는 거버넌스 체계이다. 이를 통해 주민은 언제든 필요한 정보를 공유 받을 수 있고, 사업자와 지자체는 정해진 절차와 협의 틀 속에서 투명하게 의견을 나눌 수 있다.

여기에 더해, 중앙정부의 역할이 매우 중요하다. 국가 기간망과 같이 전국적 영향이 큰 공공사업은 지자체 단독으로 갈등을 관리하기 어렵고, 정부 차원의 제도적 기반 마련과 갈등조정 기능이 필요하다.

중앙정부는 공공기관·지자체가 공공갈등을 사전에 예방하도록 표준 프로세스, 갈등영향분석 제도, 상설 협의체 운영 기준을 마련해야 한다. 특히 주민 배제, 정보 비공개, 지자체-사업자 간 밀실행정 등 갈등의 주요 원인을 차단하기 위해 정보공개 원칙과 주민참여 절차를 법제화해야 한다.

사업자가 법적 절차만 강조하며 지역사회와 소통을 회피하지 않도록, 정부는 주민수용성 확보를 법적 의무로 부여하고, 갈등관리 전문기관을 통한 중재·조정을 지원할 필요가 있다.

지자체가 주민 반발로 정치적 부담을 느끼거나, 공공기관이 추진 일정만 앞세우는 상황을 방지하기 위해 정부가 중립적 조정자(Neutral Mediator) 역할을 수행해야 한다.

특히 변전소·송전선로와 같이 장기적·지속적 영향을 미치는 시설은 공사 전뿐 아니라 공사 중·완공 후에도 꾸준한 모니터링과 공개적 대화가 필수적이다. 상설 협의체가 존재하면 갈등이 일시적으로 봉합되는 데 그치지 않고, 정기회의, 현장 점검, 정보 공개, 위험관리, 전문적 중재를 통해 지역사회 신뢰를 지속적으로 유지할 수 있다.

따라서 지자체는 주민대표·전문가·시의회·공공기관이 함께 참여하는 주민공동체 의견수렴 기구를 상설화해야 하며, 중앙정부는 이를 제도화하여 전국 지자체가 준수할 수 있도록 법·가이드라인·재정지원·전문가 파견을 통해 뒷받침해야 한다. 이러한 상설적, 제도적, 정부-지자체-주민 협력 기반이 구축될 때 비로소 공공갈등을 구조적으로 예방하고 신뢰 기반의 지속 가능한 지역 거버넌스가 실현될 수 있다.

2. 해상풍력발전사업 갈등 사례

1) 서론

탄소중립 사회로의 전환은 국가의 지속가능한 성장과 기후위기 대응을 위한 필수 과제로 자리 잡고 있으며, 이에 따라 해상풍력발전은 한국형 그린뉴딜 및 에너지전환 전략의 핵심 동력으로 부상하고 있다. 정부는 2030년까지 14.3GW 해상풍력발전 보급을 목표로 대규모 단지 조성 및 제도 정비에 나서고 있으며, 민간 사업자와 발전공기업 등 참여를 확대하고 있는 상황이다.

그러나 해상풍력발전사업은 입지 선정 초기 단계부터 어업권 침해, 보상 기준 불명확, 주민 배제, 환경영향평가 형식화, 이익공유 구조 부재 등의 문제로 인해 어업인, 지방정부, 수협, 시민사회 등 다양한 이해관계자와의 갈등이 지속되고 있다. 특히 일부 지역에서는 수년째 사업이 중단되거나 좌초되는 사례가 발생하고 있으며, 이는 사업의 예측가능성과 지속가능성 모두에 큰 위협이 되고 있다. 이로 인하여 해상풍력발전 보급량은 2025년 현재 약 0.3GW이며, 이는 2030년 목표인 14.3GW의 약 2% 수준에 멈춰 있다.

해상풍력발전사업이 지지부진한 다양한 이유가 있지만, 그 중 인허가의 복잡성과 피해 어업인들과의 갈등문제 2가지를 가장 큰 요인으로 볼 수 있다. 정부는 2025년 3월 '해상풍력 보급 촉진 및 산업 육성에 관한 특별법(이하 '해풍법')'을 제정하여 이런 문제를 해결하고자 하였다. 하지만 이 '해풍법'은 인허가 절차의 간소화를 중심으로 구성되어 있으며 피해 어업인들의 갈등 문제 즉, 주민수용성 확보에 관하여는 매우 추상적으로 규정하고 있어 여전히 피해 어업인들과의 갈등 문제는 지속될 것으로 보인다.

해상풍력발전사업은 서남해지역과 울산을 중심으로 집중적으로 분포되어 있으며, 각 지역과 사업지 마다 민원발생 및 갈등 양상은 거의 유사한 모습을 볼 수 있다. 이에 S 해변지역의 K 민간발전사업의 사례를 살펴본 후, 전국 연안 해역에서 공통적으로 발생하는 해상풍력발전사업의 갈등구조를 살펴보고자 한다.

한국의 해상풍력 확대는 관련 산업 육성과 기후 정책 양측의 요구로 빠르게 추진되고 있으나, 이에 상응하는 사회적 협의와 공공적 거버넌스 구축은 미흡한 실정이다. 특히 어업인들의 생계와 직접적으로 연결된 해역을 대상으로 개발이 이루어지면서, '에너지 전환'이라는 공공성과 '생존권 보호'라는 권익 간의 충돌이 다수 발생하고 있다.

그림 2.8.2 서남해 해상풍력발전단지 전경

2) 갈등의 배경

20**년에 S 해변지역에 해상풍력발전사업이 K 민간해상풍력발전사업자에 의해 추진되었다. 우리나라는 인구 대비 육지 면적이 좁으나 삼면이 바다로 둘러싸여 있어서 해상 풍력단지를 조성하는 것이 가능하고 연관 기술인 조선 및 해양구조물 건조기술이 세계 제일이라 해상에서 풍력발전사업을 시작하였다.

바다 위에 기둥을 세울 수 있는 기초를 세우고, 전력망을 바다에 설치하고, 변전소도 건립해야 해서 건설, 전기, 기계 등 여러 측면에서 육상에 비해 어렵고 비용도 상대적으로 높다. 그럼에도 풍속감소가 육상에 비해 상대적으로 작기 때문에 같은 높이의 타워를 가지고 더 큰 출력을 얻을 수 있다.

해상풍력발전사업은 공유수면 점사용 허가를 받아야 하는데 어업을 하고 있는 어민들에게 동의를 구하고 피해보상을 해야 하는데 사업자와 어민 간의 갈등을 해결하고 합의에 이르기가 매우 지난한 일이다. K 해상풍력발전사업자도 S 어민단체들과의 보상합의가 잘 해결되어야 발전 사업을 본격적으로 추진할 수 있는데 갈등이 상당히 장기화되고 있다.

3) 해상풍력발전사업 관련 당사자와 입장

(1) K 해상풍력발전사업자

K 해상풍력발전사업자는 국가의 탄소중립 및 에너지전환 정책에 따

라 해상풍력단지 개발을 추진하는 핵심 주체이지만, 사업 초기부터 다수의 복합적 갈등 요인에 직면하고 있다. 가장 큰 갈등요인은 복잡한 인허가 구조, 다기관 협의의 비효율성, 국방부·해수부 등 관계부처의 비협조, 어업인 반발, 보상 법제도의 미비 등이 복합적으로 작용하면서 사업지연과 비용 증가로 이어진다는 점이다.

(2) SG 지자체

그림 2.8.3 해상풍력발전사업 관련 이해관계인

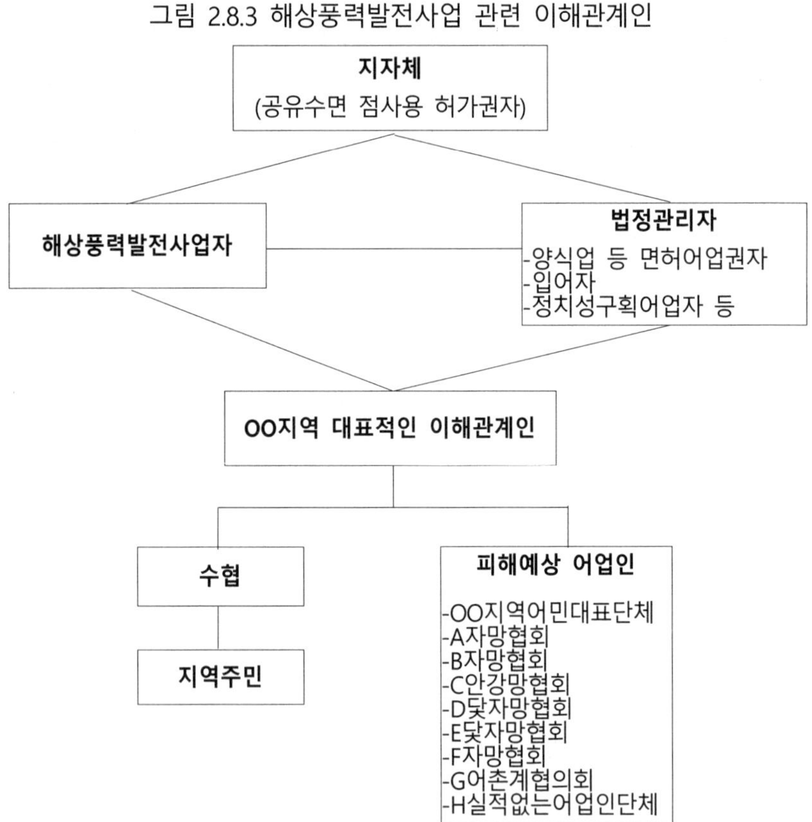

해상풍력발전단지가 입지하는 수역은 연안해역과 배타적경제수역(EEZ)으로 구분할 수 있으며, 연안해역은 관할 지자체가 EEZ는 해양수산부장관이 공유수면을 관리한다.

K 해상풍력발전사업자는 공유수면 관리권자의 점사용 승인을 받아야 한다. 연안해역은 기존 어업인들의 주조업 장소로서 연안해역에 입지하는 해상풍력발전단지는 연안어선어업자들과의 마찰은 불가피하다.

연안해역을 관리하는 SG 지자체는 유권자인 수많은 어업인들의 민원을 이유로 어업인들의 동의를 받아 공유수면점사용 승인신청을 할 것을 발전사업자에게 요구하고 있다.

SG 지자체장은 어선업자와 맨손신고어업자를 포함하여 전체 약 5,000명 가까운 어업인들의 동의를 요할 것인지? 어선어업인들의 동의를 요할 것인지? 명확한 입장을 밝히지 못하고 K 해상풍력발전사업자가 어업인들 동의서를 받아오면 그때 검토하겠다는 입장이다.

(3) S 지역 주민

바다에서 일하는 어업인보다 어업인이 아닌 일반 S 지역 주민이 월등히 많다. S 지역은 바다에 입지하는 해상풍력발전사업으로 별다른 피해가 없는 상황에서 사업자들로부터 다양한 혜택을 부여 받는다는 이야기에 해상풍력발전사업 찬성하는 주민들이 많아 졌다. 언론 등을 통하여 타 지역 해상풍력의 경우 관광객이 급증하였다는 이야기를 접하게 되면서 해상풍력발전사업에 대부분 호의적인 분위기가 형성되기 시작하였다.

(4) S 지역 수협

S 지역의 수협은 어업인 대표기관이라고 볼 수 있다. '수산업협동조합법'에 의하여 어업인 지도 업무를 수행하고 있으며, 대부분 어업인들이 수협의 조합원으로 활동하고 있다. 그러나 4년 마다 시행되는 수협조합장 선거로 당선된 조합장 조직과 낙선한 측의 조직으로 이분화 되면서 수협이 전체 어업인들을 대표하기에는 사실상 어려운 점이 많다.

이런 분위기 속에 S 지역 수협은 해상풍력발전사업이 입지할 경우 조합원을 대상으로 SC 에너지협동조합을 구성하고 조합원이 해상풍력사업자로 지분 참여(또는 채권 투자 등)하기 위해 다양한 노력을 기울이고 있다. 그러나 수협의 행태에 반대하는 어업인 조직은 이와 별개로 SP 에너지협동조합을 구성하여 K 해상풍력발전사업자와 직접 협상을 시도하고 있다.

(5) 피해 예상 어업인

① SR 지역어민대표단체

SR 지역어민대표단체는 수천 명의 맨손신고어업인, 수백 명의 어선어업인으로 구성된 S 지역의 가장 큰 어업인 단체이다. 그러나 수백 명의 어선어업인이 중심이 되다 보니 이들 중에는 실제 바다에서 열심히 조업하는 어업인들 보다 실제 작업을 많이 하지 않는 어업인들이 다수를 차지하고 있다.

또한 해상풍력발전사업자는 맨손신고어업은 보상대상이 아니라는 논리로 SR 지역어민대표단체를 인정하지 않고 있었다. 그러나 SR 지역어민대표단체의 강한 항의와 수차례의 집회 시위로 단체로 인정받았으며, K 해상풍력발전사업자와 어업피해보상과 어업인 지원 등을 위하여 수차례 협상을 시도하였다.

② A 자망협회

S 지역 어선어업인 중 가장 많은 인원을 차지하고 있는 자망어업자는 해상풍력발전사업자들로부터 상당한 로비를 받았다. 이는 실제 수백의 어선 중에 실제 작업하는 비중이 높고 인원수도 많다는 이유이다. 이로 인하여 자망어업인단체는 대표자 선출에 있어 문제가 발생하였고, 결국은 A 자망협회와 B 자망협회로 분리되었다.

A 자망협회는 기존 협회장을 중심으로 구성되었으며, 인원수는 B 자망협회와 비교하여 1/3수준에 불과하지만 실제 작업 비중과 빈도는 매우 높은 편이다.

③ B 자망협회

B 자망협회는 기존 자망협회와 분리된 단체로서 인원수는 많지만 조업하는 비중이 다소 떨어져서 단체들의 결집력은 조금 부족하였다.

A자망협회가 물리적인 행사를 하며 상생자금을 지원받았음에도 불구하고 B자망협회는 어떠한 지원 또는 합의금을 받지 못하고 있어 해상풍력발전사업에 상당한 부정적인 여론이 형성되어 있다.

④ C 안강망협회

안강망은 일시적인 닻을 설치하여 어구를 고정하는 어법으로서 해상풍력발전단지 또는 주변에 안강망 어구를 설치하여 작업하는 어업 행태이다. C 안강망협회는 인원수는 10여명 안팎이지만, 닻그물을 임시적으로 설치하고 어구를 고정하여 어업을 한다는 이유로 해상풍력발전사업에 상당한 지장을 줄 수 있는 단체이다. 또한 C 안강망협회 대표는 수협에서 임원으로 지역에서 매우 영향력을 행사하고 있어 해상풍력발전사업자가 이 단체를 무시할 수 없는 상황이었다.

A 자망협회 대표와 C 안강망협회 대표는 오랫동안 친분을 과시하며 해상풍력발전사업자와 지속적으로 상생지원금과 어업피해보상을 요구하고 있었다.

⑤ D 닻자망협회

해상풍력발전사업에서 가장 중요한 이해관계인은 닻자망어업인이다. 닻자망어업은 그물과 그물을 고정시키는 닻(닻줄 포함)까지의 길이가 약 1-1.5km에 이르고 수십 개의 어구를 바다에 설치하는 고정성 어구로서 수년간 닻이 바닥에 설치되어 해상풍력발전단지 지반조사 시작부터 닻을 제거하지 않을 경우 지반조사 자체가 불가능한 경우가 많다.

D 닻자망협회는 S 지역에 속하지 않은 인접한 타 지역에 속한 협회로서 관할 지자체가 다르다. 이에 해상풍력발전사업자는 사업을 준비하는 초기 지자체가 다르다는 이유로 D 닻자망협회와 전혀 접촉을 시도하지 않았지만, 지반조사를 위한 현황조사 시 대부분 닻어구가 D닻자망협회 소속 어업인 소유라는 것을 파악하고, 급하게 협회 대표와 협의를 시도하였다. 그 결과 1인당 수천만 원을 지급하는 조건으로 지반조사 시 어구를 철거해 주는 조건으로 협의가 마무리 되었다.

⑥ E 닻자망협회

E 닻자망협회는 S 지역에 속하는 닻자망어업인들로서 해당 해상풍력발전단지에는 소속 회원 10여 명 중 과반수 정도 닻어구를 설치하여 작업을 하는 어업인 단체이다. 소수의 인원임에도 불구하고 S 지역에 속하고 닻자망 어구라는 특성 때문에 주요 협상 당사자에 속한다. 따라서 해상풍력발전사업자는 E 닻자망협회와 지속적으로 어업피해보상 및 상생지원 관련 협상을 해 왔고, 지반조사를 위하여 D 닻자망협회와 유사한 내용으로 협의를 마무리 하였다.

E 닻자망협회, A 자망협회, C 안강망협회는 오랫동안 친분이 두터운 사이로, 어업인 숫자를 보면 전체 어선어업자들 중 1/5 수준이지만, 실제 작업 비중이 높아 해상풍력발전사업자는 오래전부터 이들 단체와 지속적으로 협의를 하기 위해 노력해 왔다.

⑦ F 닻자망단체

F 닻자망단체는 S 해역 인근 섬에 거주하는 닻자망어업인 단체로서, 이들 어업인들은 S 지역에서 작업하는 것보다 인접한 지자체의 해당 수역에서 대부분 작업을 하고 있었다. 이에 해상풍력발전사업자는 F 닻자망단체를 협상 당사자에서 배제하였으나, D 닻자망협회와 E 닻자망협회가 지반조사시 어구이전비용 등으로 개인별 수천만 원씩 받았다는 소식을 접하고, 해당 사업지에 어구가 없다고 하더라도 언제든지 어구를 설치하여 작업할 수 있으며 지금 당장이라도 어구를 설치할 수 있다는 이유로 D 닻자망협회와 E 닻자망협회와 유사한 비용을 지급할 것을 주장하였다. 그러나 사업자는 닻어구가 설치된 사실을 확인할 수 없는 바 이를 거부하였고, 상당 기간 분쟁이 지속되어 왔다.

⑧ G 어촌계협의회

G 어촌계협의회는 연안 지선을 둘러싸고 있는 마을어장 등 면허어장의 권리자(어촌계)들이 결성한 단체로서, 3면이 바다인 대한민국 전국 연안지선은 대부분 해당 지역 마을어장으로 둘러싸여 있다고 보아야 한다. 이에 바다의 해상풍력단지가 육지로 전력을 공급하기 위한 해저케이블을 연결할 경우 대부분 연안 지선의 마을 어장을 관통하는 경우가 상당하다.

이에 마을어장의 권리자로서 해당 지역의 어촌계장은 '공유수면법'상 법적인 피해예상권리자에 해당된다. 이러한 이유로 G 어촌계협의회도 실질적인 이해당사자에 해당되지만, 협의회 소속 어촌계가 약 15개 정도 되어도 사실상 해저케이블로 인하여 피해가 예상되는 어촌계는 2-3개에 불과하다. 따라서 해상풍력발전사업자는 G 어촌계협의회 단체와 협상하기 보다는 해저케이블이 관통하는 해당 지역 어촌계와 개별적으로 협상하거나 지원금을 지급하는 형태로 협상을 진행하고 있다.

이에 개별 어촌계와 해상풍력발전사업자 간의 협상 결과는 다른 타 어촌계와의 형평성 등을 이유로 비공개로 진행되는 경우가 많아 상생 지원금에 대한 협상결과를 파악하기 어렵다. 그러나 소문에 의할 경우 해저케이블이 관통하거나 변전소시설이 입지하는 해당 마을은 수십억 원의 지원금이 지급된다는 이야기가 돌고 있어, 형평성 문제를 주장하는 인접 어촌계 및 인접 주민들과의 갈등은 여전히 남아 있는 상황이다.

⑨ H 실적없는어업인단체

S 지역은 어선척수가 수백척에 이른다. 이중 60-70% 정도가 연중 출입항 기록이 60일 미만의 조업실적이 없는 어선어업자들에 해당된다. 실적이 없는 어선업자들은 각각의 단체에 일부씩 속해 있으나, 다른 단체에 속하지 않고 남아 있는 어민들로 구성된 단체가 H 실적없는어업인단체이다. 이들 단체는 기존의 태양광발전사업에 따른 에너지협동조합의 조합원들과 연대하여 향후 주민참여 형태로 해상풍력발전사업에 참여하기 위해 해상풍력발전사업자와 협상을 시도하려고 노력하고 있는 단체이다.

상당한 인원수를 배경으로 수협과 지자체를 압박하여 해상풍력발전사업자들과 협상을 시도하고, 주민참여형 사업에 주도권을 잡기 위해 노력하고 있다.

4) 해상풍력발전 어민갈등의 진행 과정

(1) 공유수면 점사용허가 갈등

S 지역의 지자체장 SM은 전체 약 5,000명 가까운 어업인들의 동의를 요할지, 어선어업자들의 동의를 요할 것인지 명확한 입장을 밝히지 않고 해상풍력발전사업자가 어업인들 동의서를 받아오면 그때 검토하겠다는 입장을 취하였다. 이에 K 해상풍력발전사업자는 S 지역 지자체 소속 어선어업인 약 700명 중 약 100명의 동의를 받아 제출하였다. 그러면서 대부분 조업을 하지 않는 무실적어선으로 실제 조업하는 어선은 약 150척 정도이며, 조업실적이 있는 어선 150척 중 과반수 이상인 100명의 동의를 받았으니 공유수면 점사용허가를 내 줄 것을 요구하였다.

K 해상풍력발전사업자가 SM 지자체장에게 전체 어업인 중 극소수인 100 여명의 동의서를 첨부하여 공유수면점사용허가 신청하였다는 소문을 들은 어업인대표들은 SM 지자체장을 찾아가 항의를 하며 집회 시위를 예고하였다.

이에 부담을 느낀 SM 지역 지자체장은 K 해상풍력발전사업자에게 추가로 더 많은 인원의 동의를 요구하였다. 이에 해상풍력발전사업자는 약 200명에 가까운 어선어업인들의 동의서를 첨부하여 공유수면점사용 승인신청을 하였고, SM 지역 지자체장은 이를 받아들여 공유수면점사용 승인고시를 하였다.

이에 항의하던 어업인 대표들은 집회시위와 함께 S 지자체장과 해상풍력발전사업자 간의 비리가 의심이 된다는 성명서까지 발표하였다.

한편 '공유수면 관리 및 매립에 관한 법률(이하 '공유수면법')'에서는 해상풍력발전사업 등 공유수면 점사용 허가신청 시 이해관계인의 의견을 청취하도록 규정하고 있어서, 실무적으로 수협을 통하여 이해관계인의 의견을 청취하고 있었다. SC 수협조합장은 SM 지자체장과의 친분, 그리고 사업시행자의 로비로 공유수면점사용 허가 시 어업인들의 동의를 유도하기 위해 해상풍력발전사업에 호의적인 어업인들을 중심으로 의견을 청취하거나 설명회를 개최한다는 소문에 휩싸이게 되었다. 그 결과 반대 측 어업인들로부터 거센 항의를 받았다.

K 해상풍력발전사업자는 초기 마을 이장을 중심으로 해상풍력발전사업을 홍보하며 여론을 형성하기에 힘써 왔었다. 그러나 정작 생계터전을 상실하게 된 어업인들은 뒤 늦게 이런 사실을 알게 되고, 반대의 목소리를 높이게 되었다. 어업인들이 반대의 목소리를 내고 더 크게 내면 낼수록 찬성하는 마을이장(마을 주민)들 간의 마찰은 더 심해지는 상황에 이르게 되었고, 지역사회가 찬반 그룹으로 갈라서는 상황까지 이르게 되었다. 즉, 언론에도 보도되고 있듯이 지역사회가 분쟁의 소용돌이에 빠지게 된 것이다.

(2) 피해 예상 어업인들과 협상

K 해상풍력발전사업자는 맨손신고어업은 보상대상이 아니라는 논리로 S 지역어민대표단체를 인정하지 않았다가 S 지역어민대표단체의 강한 항의와 수차례의 집회 시위로 부담을 느낀 사업자는 S 지역어민대표단체를 협상당사자로 인정할 수밖에 없었으며, 이에 당사자들은 어업피해보상과 어업인 지원 등을 위하여 수차례 협상을 이어갔다. 이런 와중에 K 해상풍력발전사업자는 갑자기 S 지역어민대표단체와 연락을 단절하고, 더 이상 협의를 시도하지 않았다. 이에 S 지역어민대표단체는 K 해상풍력발전사업자는 보여주기식 협상을 통하여 인허가를 득하고 해외 투자자에게 사업체를 매각하기 위해 우리 OO지역어민대표단을 이용했다는 내용으로 격앙된 비난과 비판의 목소리를 냈다. S 지역어민대표단체는 가성사업자에 대한 발전사업허가 취소를 요구하는 청원문서 시행과 수차례 정부와 지자체에 항의 방문을 하였다.

해상풍력발전사업자는 사업 초기 자망업자들과 어떠한 협의도 없이 지반조사를 강행하였다가 A 자망협회가 다른 닻자망협회에 수억 원의 지원금과 어구이전비를 주었다는 소문을 뒤 늦게 듣고, 해상풍력발전단지와 주변 수역 수 킬로미터를 그물 등 어구를 설치하여 물리적인 행사를 진행하였다. 사업시행자와 법적인 다툼까지 진행되면서 극한 상황까지 이르게 되었지만, 극적으로 상생자금을 지원하는 방향으로 협의가 이루어지면서 갈등이 일단락되었다. 반면 인원수는 많지만 조업하는 비중이 다소 떨어지고 결집력이 부족한 B 자망협회는 어떠한 지원 합의금을 받지 못하고 있어 해상풍력발전사업에 상당한 부정적인 여론이 형성되었다.

닻자망협회는 여러 개가 있는데 그중 D 닻자망협회와의 협상이 활발했다. 지반조사를 위한 현황 조사 시 대부분 닻어구가 D 닻자망협회 소속 어업인 소유라는 것을 파악하고, 급하게 협회 대표와 협의를 시도하였다. 그 결과 1인당 수천만 원을 지급하는 조건으로 지반조사 시 어구를 철거해 주는 조건으로 협의가 마무리 되었다. 그러나 본 사업을 위한 공유수면인허가 신청 시 당해 K 해상풍력발전사업자는 다른 지자체라는 이유로 D 닻자망협회의 동의와 사전협의 없이, 지반 조사 이후 본 사업(실시계획 인허가)을 위한 공유수면점사용허가를 신청하였고, 점사용허가 승인고시가 되었다. 이에 D 닻자망협회는 정부와 해당 S 지자체에 강한 반발과 민원을 제기하고, 정부에 탄원서를 제출하는 등 강력한 투쟁과 법적인 준비를 하고 있었다.

한편 H 실적없는어업인단체는 수협과 연합하여 K 해상풍력발전사업에 따른 주민에너지협동조합을 결성하였으며, 해상풍력발전사업자와 상생협약 및 주민참여와 관련된 설명회 개최를 요구하였다. 이에 K 해상풍력발전사업자는 정부의 정책에 발맞추기 위해 이익공유 및 주민참여와 관련된 설명회를 개최한 바 있다.

곳곳에서 실적 없는 어업인들에게도 해상풍력발전사업자가 적에는 1,000만 원 많게는 3,000만 원 이상을 상생지원금 등의 명목으로 지급한 사실이 알려지면서, H 실적없는어업인단체는 회원들을 상대로 1억 원 이상의 상생자금을 받을 수 있다는 소문을 퍼뜨리며 단체 회원를 늘려 나가고 협상력을 높이기 위해 노력하였다. 즉, 기존 100MW 사업자가 실적 없는 어업자에게 300만 원을 지급하기로 했다면, 500MW 사업은 실적 없는 어업자에게 5배에 해당하는 1.5억 원의 상생자금을 지급해야 된다. 이 경우 실적 없는 어업자가 각각의 개별사업자에게 1.5억 원에 해당하는 상생지원자금을 지급해야한다면, 실적 있는 어업인은 얼마의 상생자금을 지급해야 하며, 10개의 사업자에게 개별 어업자는 얼마의 상생자금을 받게 되는가? 라는 논리를 펼쳤다. 참고로 당시 실적없는어업권(선박과 허가권의 가격)은 3,000만 원에서 6,000만 원에 거래가 되는 상황이었다.

최근 K 해상풍력발전사업자는 몇 년 동안 지속된 협상이 어렵게 되자, 급한 마음에 일부 단체들과 실적 없는 어업인들에게 최소 1,000만 원에서 3,000만 원 정도 지급할 수 있다는 이야기를 흘리고 있다는 소문이 있다.

5) 어민갈등 발생의 구조적 원인

(1) 사업 절차의 비공개성과 정보 비대칭

해상풍력 사업은 대규모 자본과 복잡한 행정절차를 수반함에도 불구하고, 초기 사업계획 수립과 입지선정, 환경영향평가, 인허가 등 절차가 지역주민과 어업인에게 충분히 공개되지 않는 문제가 지속되고 있다.

이해관계자들은 계획수립 단계에서 배제된 채 사후 통보를 받는 경우가 많고, 이로 인해 정보 비대칭이 심화되며 불신이 누적되고 있다.

언론보도 등 다양한 매체에서도 지역 주민들이 정보 접근 과정에서 실질적 참여보다는 형식적 통보나 설명회 수준에 머물렀다는 평가가 반복적으로 제기되고 있다.

(2) 주민 및 어업인 참여 절차의 형식화

공청회, 설명회, 간담회 등의 주민참여 절차는 주로 사업 추진의 정당성을 확보하기 위한 수단으로 활용되며, 실질적 협의보다는 형식적 절차로 전락하는 경우가 많다.

이는 공공기관 갈등관리 매뉴얼에서도 반복적으로 지적되며, 계획 초기 단계부터 실질적 참여와 협의가 이루어져야 갈등을 줄일 수 있다고 강조된다.

또한 다수의 어민들은 협의 대상자로 지정되지 않아 의견 개진 기회

조차 갖지 못하고, 협의체에 포함된 일부 어촌계나 수협조차 대표성 문제로 내부 반발을 겪기도 한다. 예를 들어 가족들의 생계를 책임지며 새벽에 출어하는 어민들 상당수는 바쁜 일과와 고된 노동으로 공청회 또는 설명회 등에 참석하지 못하거나 귀찮아, 공청회나 설명회에 참석하지 않는 경우가 많은 반면, 어업보다 다른 업종에 종사하는 실적 없는 어민들은 더 적극적으로 간담회 등에 참석하여 목소리를 높이고 있는 경우가 상당하다.

(3) 어업권 침해와 보상 기준의 불명확성

해상풍력발전단지는 어업활동이 이루어지는 해역을 점유함으로써 어업권 침해로 이어지고, 이에 따른 보상 문제는 사업 초기부터 갈등의 핵심이 되어왔다.[120]

특히 무실적 및 계절성 어업자 등 통계자료로 입증하기 어려운 어업인의 피해는 보상 대상에서 제외되거나 최소화되기 쉬우며, '실적 증명' 중심의 제도는 현장성과 현실을 반영하지 못하고 있다.

또한 보상 방식이 일회성 현금 지급 중심으로 이루어지고 있어, 어촌의 지속 가능성이나 공동체 회복을 고려하지 못하는 한계를 보이고 있다. 다른 업종과 달리 어민들은 자손 대대로 어업을 이어받는 경우가 많고 배움의 기회가 적어 폐업에 따른 취소보상을 받고 어업외 다른 업종에 종사하더라도, 재산을 탕진하고 어업에 재취업하는 경우가 상당한 것으로 조사되었다.[121]

(4) 발전공기업 및 중앙정부의 책임 회피

많은 해상풍력 사업이 민간 주도로 추진되면서, 발전공기업이나 중앙정부는 '민간사업의 일환'이라며 갈등 해결에 소극적인 태도를 취하는 경우가 많다. 그러나 전력망 확보, 발전단가 보조, 인허가 협의 등 실질적으로 정부와 공공기관이 깊이 관여하고 있음에도, 주민과의 소통 및 갈등 해결은 사업자에게 떠넘기는 구조가 형성되어 있다.

이는 주민들에게 '국가는 책임을 회피한다'는 인식을 심화시키고, 행정적 신뢰를 무너뜨리는 결과를 초래하기도 한다. 최근 여론조사 결과 해상풍력 갈등 관련 정부의 개입을 요구하는 경향이 강한 것으로 조사되었다.

(5) 지역사회 이익공유 구조의 미흡

해상풍력발전단지는 공공자원인 해역을 점유하고 막대한 이익을 창출하지만, 이로부터 발생하는 경제적 이익이 지역사회에 제대로 환원되지 않는다는 지적이 많다. 이로 인해 주민들은 개발의 '수혜자'가 아니라 '피해자'로 인식하며, 갈등이 구조화되고 있다.

이해당사자 간 이익공유 구조가 체계적으로 설계되지 않은 점, 지역주민의 수익 참여 구조 부재, 공동체 기반 사업의 미흡, 사업자 마다 주민참여와 이익공유에 대한 기준이 다른 점 등은 사업 추진 동력을 약화시키는 요인으로 작용하고 있다.

정부는 피해 어업인들의 갈등문제를 해소하고 해상풍력발전사업의 파트너로서 사업참여 및 이익을 공유하기 위한 정책과 제도를 수차례 발표하였다. 이와 관련된 과거 정부의 발표 자료를 보면, 산업통상자원부 등 관계부처와 공동으로 마련한 "주민과 함께 수산업과 상생하는 해상풍력 발전방안"(2020.7.17., 해양수산부), '신재생에너지법' 제27조의2(신재생에너지 발전사업에 대한 주민참여) 규정을 신설하여 주민참여 근거를 마련(2020.1020), '신·재생에너지 집적화단지 조성·지원 등에 관한 지침'을제정하여 집적화단지를 위한 민관협의회 구성 및 운영에 관한 제도를 신설(2020.11.11.), '신재생에너지 집적화단지 가이드라인' 발표(2021.08), '주민·어업인과 함께하는 해상풍력발전 안내서' 발간(2023.04, 산통부), '해상풍력 민관협의회 어업인 해설서' 발간(2024.02, 수협중앙회) 등을 발표하였다. 그러나 이러한 정책과 제도는 구체성이 결여되고 표준화 되어 있지 않아 현장에서는 외면받고 있는 실정이다.

6) 해상풍력사업의 갈등관리를 위한 제도적 대안

(1) 갈등영향분석 제도 의무 도입

해상풍력사업은 초기 단계부터 다수의 이해관계자가 얽혀 있어 갈등이 구조적으로 발생하는 특성이 있다. 그러나 지금까지 대부분의 사업은 경제성과 기술성에 초점을 둔 채 추진되었고, 갈등 발생 가능성과 이해관계 조정 필요성은 충분히 고려되지 않았다.

해양수산부의 해상풍력발전사업 갈등영향분석보고서에서도 어업인에 대한 사전 영향조사 부재, 피해규모의 과소평가, 실질적 어업조사 대신 서류 중심 평가가 갈등의 직접적 원인임이 반복적으로 확인되었다.

따라서 사업 추진 전 단계에서부터 사전 갈등영향분석(Conflict Impact Assessment)을 의무화하여 다음 요소를 포함한 체계적 평가가 필요하다.
- 어장·어업 활동 영향에 대한 정량화된 조사
- 이해관계자별 영향도 분석
- 갈등 발생 가능성 및 위험관리 전략 제시
- 대안 비교를 통한 입지·설계의 최적화 제안

국무조정실이 제시한 공공기관 갈등관리 매뉴얼에서도 "갈등 발생 가능성이 높은 대형 국책사업에는 사전 갈등 영향 분석을 도입해야 한다."고 명시한 바 있어, 제도적 도입의 타당성은 충분하다.

(2) 민관협의체 및 중립적 갈등조정기구 구성

다수의 언론보도와 해양수산부의 해상풍력발전사업 갈등영향분석 보고서에서 공통적으로 지적한 문제는 민관협의회가 형식적인 요식행위에 그치고 있다는 점이다. 일부 사업자는 찬성하는 어민 일부만을 선별해 협의체에 참여시키거나, 반대 의견을 가진 실질적 이해당사자를 배제하여 지역 분열을 심화시키고 있다.

이러한 문제를 해결하기 위해서는 다음과 같은 구조 개편이 필요하다.

① 중립적이며 전문분야별 갈등조정 전문가(갈등조정가, 공론화 전문가, 법률·어업 전문가) 참여 의무화

② 어업인·수협·지자체·주민대표 등 실질적 이해관계자 전원의 참여 보장122)

③ 협의 결과를 법적·행정적 절차에 반영하는 구속력 부여, 협의체 운영의 투명성 확보(회의록 공개, 정보공개, 중립적 진행).

(3) 어업인 중심의 실질적 보상체계 확립

보상체계는 해상풍력 갈등의 핵심으로, 어업인들은 단순한 '법적 최소 보상'이 아니라 생계 전반을 고려한 실질적 보상체계를 요구하고 있으며, 필요한 제도적 개선방향은 다음과 같다.

① 어업유형·어장 의존도·계절성 등 현실을 반영한 맞춤형 보상 기준 마련

② 실적 중심 보상에서 벗어나 무실적 어업인·조업일수 제한업종 등에 대한 별도 기준 마련

③ 어업 조정에 따른 폐업보상, 어업전환 교육, 생계지원까지 포함된 종합 보상 패키지화

④ 피해 입증 책임을 어민에게 전가하지 않고 사업자가 사전 조사 및 피해 예측자료 제출 의무화

⑤ 기존 법령의 한계('수산업법'의 실적 중심 보상)를 보완하여 '공익사업을 위한 토지 등의 취득 및 보상에 관한 법률' 수준의 정당보상 원칙 적용

각종 언론에서도 고창, S군, 영광 등 대부분의 갈등은 '보상 문제에서 촉발'되었고 '보상 불공정이 갈등 확산의 직접적 원인'으로 보고

있다.

(4) 주민 참여형 공론화 프로세스 제도화

해상풍력 갈등의 공통된 문제는 주민 참여가 사후적·형식적으로 이뤄진다는 점이다.

공론화 매뉴얼과 해외사례분석에서도 반복적으로 제시되는 핵심 해법은 "사전 공론화(proactive public deliberation)" 제도화이다.

이와 관련된 필요한 제도적 기반은 다음과 같다.

① 사업 검토 단계에서 시민·어업인·주민이 참여하는 사전 공론장 개최 의무화

② 공론화 전용 전문기관 도입

③ 숙의형 참여 과정을 제도화하여 단순 설명회가 아닌 의견 반영 구조 설계

④ 공론화 결과를 인허가 절차에 반영하도록 법적 절차화

⑤ 의견 수렴 결과의 투명 공개(주민 신뢰 회복)

해양수산부 해상풍력발전사업 갈등영향분석에서도 "해상풍력은 사후적 설명과 조치가 아니라, 사전적 공론장이 필수"라고 평가한 바 있다.

(5) 이익공유 및 지역 기여 모델 확대

주민과 어업인이 해상풍력 개발로 인해 직간접 피해를 받는데도 불

구하고, 현재의 이익공유 모델은 매우 제한적이다.

언론보도 등에서도 "지역사회 환원 미흡이 불신의 근본 원인"임을 지적하고 있다.

① 이와 관련된 개선 방향은 다음과 같다.

② 발전수익 일부를 지역사회에 공유하는 지분참여·주민펀드·지방정부 지분참여 방식 표준모델 확대

③ 해상풍력단지 주변 마을 대상 전기요금 인하

④ 지역발전기금 조성, 어촌계 소득사업 연계

⑤ 공익적 기여사업(환경정화·수산자원 조성·지역인프라 개선) 의무화

⑥ 이익공유 수준을 발전사업자 재량이 아닌 법제도화하여 예측 가능성 제고

(6) '해풍법'을 통한 수용성 확보 의무화

현재 주민수용성 확보를 위한 법적 장치는 매우 제한적이다. '해풍법'의 취지는 주민수용성 확보를 제도화하려는 것이지만, 아직 미흡한 부분이 많다.

① 이와 관련된 필요한 부분은 다음과 같다.

② 사업자의 주민수용성 확보를 법적 의무로 규정

③ 민관협의회 구성·운영의 법적 기준 명확화

④ 보상기준 세분화 및 어업인 보호장치 명시

⑤ 계획입지제 정착을 위한 주민 참여 절차 강화

⑥ 실시계획 승인 전 실질적 갈등조정 절차 선행 의무화

기존 집적화단지 관련 민관협의회구성 및 운영에 관한 내용을 '해풍법' 하부 법령(시행령/시행규칙/지침/규정)에 거의 유사하게 반영한다면, 과거 2019년부터 운영되어 온 집적화단지의 민관협의회의 과오를 그대로 답습하는 결과를 초래할 것이다. 이에 더 진일보하고 획기적인 하부 법령이 제정 시행되어야 할 것이다. 그리고 이러한 과정에는 반드시 충분한 시간을 두고 이해관계인의 공론화 과정을 거쳐 내용이 확정되어야 할 것이다.

해상풍력의 갈등은 단순한 '보상 문제'가 아니라 정보·참여·보상·제도·책임·이익공유가 결합된 구조적 문제이다. 따라서 이런 복잡하고 구조적인 문제를 해결하기 위해서는 사전조사-공론화-협의-보상-이익공유-법제화를 아우르는 종합적 제도 구성이 필수적이다.

7) 결론 및 정책 제언

(1) 통합적 거버넌스 기반 마련의 필요성

해상풍력발전사업은 단순한 전력 생산을 넘어 해양 공간의 재배치, 지역경제 구조의 변화, 어업권과 생태계 보전 등 다양한 이해관계를 포괄하는 복합 행정 분야다. 현재는 기후에너지환경부, 해양수산부, 국방부, 지방자치단체 등이 각기 다른 권한과 입장을 가지고 있어, 사업 추진 과정에서 인허가의 중복, 정책 목표 간 충돌, 책임 회피 등의 문제가 반복되고 있다.

이를 해결하기 위해서는 부처 간 권한을 통합 조정하고, 기획 단계에서부터 통합적 관점에서 갈등을 조율할 수 있는 거버넌스 체계를 구축해야 한다. 예를 들어, '통합인허가제' 또는 '원스톱 해양입지조정협의체'와 같은 실질적 협의구조가 제도화되어야 한다. 또한, 사후 조정이 아닌 사전 갈등영향분석을 통한 선제적 갈등 대응체계가 정립되어야 한다.

특히, 지역 단위에서는 지자체·지방의회·수협·어민·주민이 모두 참여하는 지역 상생협의체 또는 민관협치 플랫폼을 제도화함으로써, 중앙-지방 간, 산업-지역 간의 수직적·수평적 거버넌스를 동시에 설계해야 할 필요성이 높다.

이에 '해풍법'에서는 기후에너지환경부에 해상풍력발전추진단을 구성하여 각 부처 실무 담당자를 파견 받아 사전조율 및 인허가 간소화를 위하여 제도적 장치를 마련하고 있으며, 국무총리실에 해상풍력발전위원회를 구성하여 갈등조정 업무를 수행할 수 있도록 규정하고 있다. 특히 해상풍력발전위원회의 갈등조정 역할을 원만하게 수행하기 위해서는 지금부터 전문 분야별 갈등조정가를 교육하고 양성하는 일부터 추진하여야 할 것이다.

(2) 지속가능한 재생에너지 확대를 위한 사회적 합의 모델 정립

해상풍력은 에너지 전환의 핵심이자, 기후위기 대응을 위한 필수적 인프라로 주목받고 있다. 그러나 주민수용성 확보 실패로 인한 갈등 장기화는 전체 에너지 전환 시계마저 지연시키는 요인이 되고 있다.

지속가능한 확산을 위해서는 단순한 보상 중심 모델에서 벗어나, 사회적 합의 기반의 이익공유 모델로의 전환이 필요하다.

　유럽의 경우, 지역주민이 발전사업의 지분을 보유하거나, 전기요금 할인, 지역기금 참여, 지역고용 보장 등의 혜택을 제도화함으로써 사회적 수용성을 확보하고 있다. 한국에서도 단순한 금전적 보상을 넘어, 어촌계 단위의 수익모델, 지역 주민 참여형 신재생에너지 사업, 청년고용연계형 정책 설계 등 다양한 방식의 지역환원형 에너지 모델이 논의되어야 한다.

　결론적으로, 갈등을 통과의례로 여기며 방치하는 것이 아니라, 갈등을 통해 더 나은 제도와 정책을 설계해가는 계기로 삼아야 한다. 갈등은 에너지 전환의 장애물이 아니라, 정당성과 정의로움을 담보하는 필수적 과정이라는 인식 전환이 요구된다.

제1장 건강한 사회 사례 평가

1. 건강한 사회의 내용과 척도

제1부 제5장에서 건강한 사회의 실천 전략을 4단계, 즉 인식 단계, 소통 단계, 해결 단계, 관계 단계로 수립하였다. 이에 따라 건강 사회를 측정하는 척도를 표 3.1.1과 같이 설계할 수 있다. 단계별 측정 내용은 2가지씩 기입하였고 평가 척도는 ① ~ ⑤까지 5점 척도로 만들어서 선택하게 하였다. 측정 내용에 부합하는 정도가 아주 낮으면 ①번, 아주 높으면 ⑤번을 선택하되 단계별로 2.5점 만점을 부여하였다. 총 합계 10점 만점을 만들기 위해 단계별 2.5점, 총 4단계를 합하면 10점이 되는 구조이다.

표 3.1.1 건강한 사회의 내용과 척도

척도 구분	측정 내용	척도	점수
1. 인식 척도	-인간의 존엄성 -다름의 인정과 존중	① ② ③ ④ ⑤	( )/2.5점
2. 소통 척도	-경청과 공감의 소통 -체면 존중의 소통	① ② ③ ④ ⑤	( )/2.5점
3. 해결 척도	-갈등의 해결 -양보와 타협	① ② ③ ④ ⑤	( )/2.5점
4. 관계 척도	-관계의 구축 -윈윈 협상	① ② ③ ④ ⑤	( )/2.5점
합계			( )/10점

①=아주 낮음(0.5점), ②=낮음(1점), ③=중간(1.5점), ④=높음(2점), ⑤=아주 높음(2.5점)

2. 사례별 건강한 사회 측정 결과

제2부에서 소개한 사례는 분야별 2개씩 총 16개이다. 각 사례에 대해 건강성 척도를 산출한 결과는 표 3.1.2이다. 각 사례의 저자가 있지만 보다 공정한 평가를 위해 8명의 저자가 다 참여하였다.

표 3.1.2 사례별 건강성 척도의 측정 결과

사례	1. 인식 척도	2. 소통 척도	3. 해결 척도	4. 관계 척도	합계	평균
1.1 정치갈등1	12.0	14.0	16.5	15.5	58.0	7.2
1.2 정치갈등2	19.0	18.0	18.5	17.0	72.5	9.1
2.1 행정갈등1	7.5	6.5	7.5	7.5	29.0	3.6
2.2 행정갈등2	15.5	16.0	16.5	16.0	64.0	8.0
3.1 민원갈등1	13.5	16.0	19.0	18.0	66.5	8.3
3.2 민원갈등2	12.0	13.0	17.5	16.0	58.5	7.3
4.1 비즈니스1	17.5	17.0	19.0	19.5	73.0	9.1
4.2 비즈니스2	8.0	9.0	9.5	8.5	35.0	4.4
5.1 조직갈등1	15.0	15.0	19.5	18.5	68.0	8.5
5.2 조직갈등2	8.0	9.0	7.0	5.5	29.5	3.7
6.1 노사갈등1	11.5	12.5	14.0	13.5	51.5	6.4
6.2 노사갈등2	7.0	11.0	13.0	12.0	43.0	5.4
7.1 학교갈등1	13.5	17.5	16.5	17.0	64.5	8.1
7.2 학교갈등2	9.0	10.5	16.5	14.5	50.5	6.3
8.1 공공갈등1	8.5	10.0	11.5	9.0	39.0	4.9
8.2 공공갈등2	10.0	11.0	12.0	10.5	43.5	5.4

주: 척도별 숫자=8명의 2.5점 만점 중 평가 점수의 합산
　　합계=8명의 척도별 합산 점수의 합계
　　평균=8명의 10점 만점 평균 점수

표 3.1.3 평가 등급별 건강성 척도 결과의 재배치

등급	사례	1. 인식 척도	2. 소통 척도	3. 해결 척도	4. 관계 척도	합계	평균
상위	4.1 비즈니스1	17.5	17.0	19.0	19.5	73.0	9.1
	1.2 정치갈등2	19.0	18.0	18.5	17.0	72.5	9.1
	5.1 조직갈등1	15.0	15.0	19.5	18.5	68.0	8.5
	3.1 민원갈등1	13.5	16.0	19.0	18.0	66.5	8.3
	7.1 학교갈등1	13.5	17.5	16.5	17.0	64.5	8.1
	2.2 행정갈등2	15.5	16.0	16.5	16.0	64.0	8.0
중위	3.2 민원갈등2	12.0	13.0	17.5	16.0	58.5	7.3
	1.1 정치갈등1	12.0	14.0	16.5	15.5	58.0	7.2
	6.1 노사갈등1	11.5	12.5	14.0	13.5	51.5	6.4
	7.2 학교갈등2	9.0	10.5	16.5	14.5	50.5	6.3
하위	8.2 공공갈등2	10.0	11.0	12.0	10.5	43.5	5.4
	6.2 노사갈등2	7.0	11.0	13.0	12.0	43.0	5.4
	8.1 공공갈등1	8.5	10.0	11.5	9.0	39.0	4.9
	4.2 비즈니스2	8.0	9.0	9.5	8.5	35.0	4.4
	5.2 조직갈등2	8.0	9.0	7.0	5.5	29.5	3.7
	2.1 행정갈등1	7.5	6.5	7.5	7.5	29.0	3.6

부록에 수록한 원 자료에 확인해보면 각 사례의 평가 점수는 평가자별로 점수가 큰 차이 없고 사례별 점수는 3점에서 9점까지 상당한 점수 차이로 분포되어 있음을 알 수 있다. 그래서 표 3.1.3에서는 평균 점수를 상위, 중위, 하위, 3등급으로 구분하여 재정리하였다. 평균 점수가 8~9점이면 상위 등급, 6~7점이면 중위 등급, 3~5점이면 하위 등급으로 구분하였다. 등급별 분포에 의하면 상위 등급에는 6개 사례, 중위 등급에는 4개 사례, 하위 등급에는 6개 사례가 각각 속해 있다.

부록. 건강성 척도의 측정 원자료

사례	1. 인식 척도				2. 소통 척도				3. 해결 척도				4. 관계 척도				합계			
1.1 정치갈등1	1.0	2.0	1.5	1.5	1.5	2.0	2.0	2.0	2.0	2.0	2.0	2.0	2.0	2.0	2.0	1.5	6.5	8.0	7.5	7.0
	1.5	1.5	1.5	1.5	1.5	1.5	2.0	1.5	2.5	2.0	2.0	2.0	2.0	2.0	2.0	2.0	7.5	7.0	7.5	7.0
	12.0				14.0				16.5				15.5				58 (7.2)			
1.2 정치갈등2	2.5	2.5	2.5	2.5	2.5	2.5	2.5	2.5	2.5	2.5	2.0	2.0	2.5	2.5	2.0	2.0	10.	10.	9.0	9.0
	2.0	2.5	2.5	2.0	2.5	2.0	1.5	2.0	2.5	2.5	2.5	2.0	2.0	2.0	2.0	2.0	9.0	9.0	8.5	8.0
	19.0				18.0				18.5				17.0				72.5 (9.1)			
2.1 행정갈등1	0.5	0.5	1.0	1.5	0.5	0.5	1.0	1.0	1.0	0.5	1.0	1.0	1.0	0.5	1.0	0.5	3.0	2.0	4.0	4.0
	1.0	1.0	1.0	1.0	1.0	0.5	1.0	1.0	1.0	1.0	1.0	1.0	1.0	1.0	1.5	1.0	4.0	3.5	4.5	4.0
	7.5				6.5				7.5				7.5				29 (3.6)			
2.2 행정갈등2	1.5	2.0	2.0	2.5	2.0	2.0	2.0	2.0	2.5	2.0	2.0	2.0	2.0	2.0	2.0	2.0	7.0	8.0	8.0	8.5
	2.0	2.0	1.5	2.0	2.0	2.0	2.0	2.0	2.0	2.0	2.0	2.0	2.0	2.0	2.0	2.0	8.0	8.0	7.5	8.0
	15.5				16.0				16.5				16.0				64 (8.0)			
3.1 민원갈등1	1.5	1.5	1.5	2.5	1.5	2.5	2.0	2.5	2.0	2.5	2.5	2.5	2.0	2.5	2.5	2.0	7.0	9.0	8.5	9.5
	1.5	1.5	1.5	2.0	2.5	1.5	1.5	2.0	2.5	2.5	2.5	2.0	2.5	2.5	2.5	2.0	9.0	8.0	8.0	8.0
	13.5				16				19				18				66.5 (8.3)			
3.2 민원갈등2	1.5	1.5	1.5	1.5	1.5	2.0	2.0	1.0	2.5	2.0	2.0	2.0	2.0	2.0	2.0	1.5	7.5	8.0	7.5	6.0
	1.5	1.5	1.5	1.5	2.0	1.5	1.5	1.5	2.0	2.5	2.5	2.0	2.5	1.5	2.5	2.0	8.0	7.0	8.0	7.0
	12.0				13.0				17.5				16.0				58.5 (7.3)			
4.1 비즈니스1	2.0	2.5	2.0	2.5	2.0	2.5	2.0	2.5	2.5	2.5	2.5	2.0	2.5	2.5	2.5	2.5	9.0	10.	9.0	9.5
	2.5	2.0	2.0	2.0	2.5	2.0	1.5	2.0	2.5	2.5	2.5	2.0	2.5	2.5	2.5	2.0	10.	9.0	8.5	8.0
	17.5				17.0				19.0				19.5				73 (9.1)			
4.2 비즈니스2	1.0	1.0	1.0	1.0	1.5	1.0	1.0	1.0	1.5	1.0	1.5	0.5	1.5	1.0	1.0	0.5	5.5	4.0	4.5	3.0
	1.0	1.0	1.0	1.0	1.0	1.5	1.0	1.0	1.0	1.5	1.5	1.0	1.0	1.0	1.5	1.0	4.0	5.0	5.0	4.0
	8.0				9.0				9.5				8.5				35 (4.4)			
5.1 조직갈등1	2.0	1.5	2.0	2.0	2.0	1.5	2.0	2.0	2.5	2.5	2.5	2.5	2.5	2.5	2.0	2.5	9.0	8.0	8.5	9.0
	2.0	2.0	1.5	2.0	2.0	1.5	2.0	2.0	2.5	2.5	2.5	2.0	2.5	2.5	2.0	2.0	9.0	8.5	8.0	8.0
	15.0				15.0				19.5				18.5				68 (8.5)			
5.2 조직갈등2	0.5	1.5	1.0	1.0	1.0	1.5	1.0	0.5	0.5	1.5	1.0	1.0	0.5	0.5	0.5	0.5	2.5	5.0	3.5	3.0
	1.5	0.5	1.0	1.0	2.0	1.0	1.0	1.0	0.5	0.5	1.0	1.0	0.5	0.5	1.5	1.0	4.5	2.5	4.5	4.0
	8.0				9.0				7.0				5.5				29.5 (3.7)			
6.1 노사갈등1	1.5	1.0	1.0	2.0	2.0	0.5	2.0	2.5	2.5	0.5	2.0	2.0	2.0	1.0	2.0	2.0	8.0	3.0	6.5	8.5
	1.0	2.0	1.0	2.0	1.0	1.5	1.0	2.0	1.0	2.5	1.5	2.0	1.0	1.5	2.0	2.0	4.0	7.5	5.5	8.0
	11.5				12.5				14.0				13.5				51.5 (6.4)			
6.2 노사갈등2	1.0	0.5	1.0	1.5	1.5	1.0	1.5	1.5	2.0	1.5	1.5	2.0	1.5	1.5	1.5	1.5	6.0	4.5	5.5	6.5
	0.5	0.5	1.0	1.0	1.0	2.5	1.0	1.0	1.5	2.0	1.5	1.0	1.5	1.5	2.0	1.0	4.5	6.5	5.5	4.0
	7.0				11.0				13.0				12.0				43 (5.4)			
7.1 학교갈등1	1.5	1.5	2.0	2.5	1.5	2.5	2.0	2.5	2.5	2.0	2.0	2.5	1.5	2.5	2.0	2.5	7.0	8.5	8.0	10.
	1.5	2.0	2.0	2.0	2.5	2.0	2.5	2.0	2.0	2.0	1.5	2.0	2.0	2.0	2.5	2.0	8.0	8.0	8.5	8.0
	13.5				17.5				16.5				17.0				64.5 (8.1)			
7.2 학교갈등2	1.0	1.0	1.0	2.0	1.0	1.0	1.5	1.5	2.5	2.0	2.0	2.0	1.5	2.0	2.0	1.5	6.0	6.0	6.5	7.0
	1.0	0.5	1.5	1.0	1.5	1.0	2.0	1.0	2.0	2.5	2.0	1.5	2.0	2.0	2.0	1.5	6.5	6.0	7.5	5.0
	9.0				10.5				16.5				14.5				50.5 (6.3)			
8.1 공공갈등1	1.0	1.0	1.0	1.5	1.0	1.5	1.5	1.0	1.5	1.5	1.5	0.5	1.0	1.0	1.0	1.0	4.5	5.0	5.0	4.0
	1.0	0.5	1.5	1.0	1.5	1.0	1.5	1.0	1.5	2.0	2.0	1.0	1.0	1.0	2.0	1.0	5.0	4.5	7.0	4.0
	8.5				10.0				11.5				9.0				39 (4.9)			
8.2 공공갈등2	0.5	1.5	1.0	2.0	1.0	1.5	1.5	1.5	1.5	1.5	1.5	1.5	1.0	1.5	1.5	1.5	4.0	6.0	5.5	6.5
	1.5	1.0	1.0	1.5	1.5	1.0	1.5	1.5	1.5	2.0	1.5	1.0	1.5	1.0	1.0	1.5	6.0	5.0	5.0	5.5
	10.0				11.0				12.0				10.5				43.5 (5.4)			

주: 각 사례의 척도별 평가자는 다음의 순서로 점수가 기입되었다: 원창희, 이강수, 이혜경, 류경선, 조윤근, 권희범, 김용섭, 김용춘.

제2장 사례 기법과 교훈 분석

1. 사례의 기법 특징

1) 사례별 기법의 조사

제2부 16개 사례 분석에서 언급된 협상 기법을 4개의 건강성 단계별로 요약하면 표 3.2.1과 같다.

표 3.2.1 사례별 건강성 단계별 협상 기법

사례	1. 인식 단계	2. 소통 단계	3. 해결 단계	4. 관계 단계	공통/기타
1.1 정치갈등 1	-입장과 이해관계 인정	-현직 관리 우선 원칙 적용	-퇴직 관리와 타협 -배분방식 합리화	-퇴직 관리 생활 안정, 관계 유지' -이해관계 조정	
1.2 정치갈등 2	-상대 존중 -다름 인정 -오픈 마인드	-상대 말 경청 -평가 없는 질문 -브레인스토밍	-모든 정당 참여 -시나리오 작성	-인정과 참여의 관계 구축 -시나리오 평가와 합의	-시나리오 합의에 토대한 정책 방향
2.1 행정갈등 1	-입장만을 고려한 승리 지향	-판결에 집중	-중재안 거부, 행정소송 진행	-상대와 동반성장 무시	
2.2 행정갈등 2	-지역주민 입장 제시	-적극적 경청을 통한 중재	-11차례의 협의 테이블 운영 및 중재	-양측 의견 반영 합의로 관계 구축	-중립적 제3자의 적극적 개입
3.1 민원갈등 1		-주민설명회, 공청회, 1:1 설득	-사업자-주민 간 갈등의 중재, 인허가 행정간소화	-사업자와 주민 관계 구축	-주민 이익공유제
3.2 민원갈등		-민관협의체 구성	-주민수용성 기반 상생협약		

2		-주민설명회	(악취저감설비, 지역발전기금, 주민감시단)		
4.1 비즈니스 1	-상호존중 전제 합의 -상호강점 인정 프레임	-데이터 기반 투명소통 -문제 중심 대화	-공동리스크 관리모델 -단계적 양보 설계	-장기 파트너십 선언 -공동목표· 지표 설정	-상생브랜드 공동구축
4.2 비즈니스 2	-상대가치 미존중 -문화차이 과소평가	-일방적 지시소통 -실무배제 의사결정	-통합 전략 부재 -대안 없는 강행 전략	-신뢰형성 활동 부재 -관계 단절	-이해관계 분석 미흡
5.1 조직갈등 1	-상대방 장점 인정	-상대를 배려, 존중하는 소통 현장 자율개선 소통	-개인적 소통으로 오해 풀고 신뢰 형성	-상호 존중과 배려의 신뢰관계 구축	
5.2 조직갈등 2	-타인 다름 불인정	-대화 아닌 일방 지시	-자기 입장에 고착 -코칭 권유 거절		
6.1 노사갈등 1		-노사협의회에 서 요구사항 토론과 대화	-상호 이해와 양보		-노사협의회 제도 안정적 운영으로 직원 경영참여 확대
6.2 노사갈등 2	-노조 설립 후 무시하다가 인정	-대화할 수 있는 신뢰 형성	-노조 요구 무시하다가 외부 전문가 자문을 받아 성과급 기준 공개		
7.1 학교갈등 1		-중재자를 통한 간접 대화	-반성과 사과 화해중재합의 문 -학교장 자체해결 동의서	-상호 대화와 저녁식사	
7.2 학교갈등 2		-학폭심위원회 의 사실관계 확인	-가해자, 피해자의 상호 사과 -학교장 자체해결 동의서		
8.1 공공갈등 1		-일부 대표자만을 대상으로 주민설명회 개최	-주민투표로 주민 반대 입장 확정		
8.2 공공갈등 2		-지자체의 호의적 어업인 중심 의견청취, 설명회 -발전사업자의 피해당사자 일부와 소통, 협상			

2) 건강성 상위 그룹 기법

위의 16개 사례 중 평가에서 상위 등급으로 분류된 6개 사례의 기법
을 중점으로 살펴보는 것이 의미가 있을 듯하다. 표 3.2.2는 이 상위
그룹의 협상 기법만 별도로 요약하였다.

표 3.2.2 건강성 상위 그룹의 협상 기법

사례	1. 인식 단계	2. 소통 단계	3. 해결 단계	4. 관계 단계	공통/기타
4.1 비즈니스1	-상호존중 전제 합의 -상호강점 인정 프레임	-데이터 기반 투명소통 -문제 중심 대화	-공동리스크 관리모델 -단계적 양보 설계	-장기 파트너십 선언 -공동목표· 지표 설정	-상생브랜드 공동구축
1.2 정치갈등2	-상대 존중 -다름 인정 -오픈 마인드	-상대 말 경청 -평가 없는 질문 -브레인스토밍	-모든 정당 참여 -시나리오 작성	-인정과 참여의 관계 구축 -시나리오 평가와 합의	-시나리오 합의에 토대한 정책 방향
5.1 조직갈등1	-상대방 장점 인정	-상대를 배려 존중하는 소통 -현장 자율개선 소통	-개인적 소통으로 오해 풀고 신뢰 형성	-상호 존중과 배려의 신뢰관계 구축	
3.1 민원갈등1		-주민설명회, 공청회, 1:1 설득	-사업자-주민 간 갈등의 중재, 인허가 행정간소화	-사업자와 주민 관계 구축	-주민 이익공유제
7.1 학교갈등1		-중재자를 통한 간접 대화	-반성과 사과 -화해중재합의 문 -학교장 자체해결 동의서	-상호 대화와 저녁식사	
2.2 행정갈등2	-지역주민 입장 제시	-적극적 경청을 통한 중재	-11차례의 협의 테이블 운영 및 중재	-양측 의견 반영 합의로 관계 구축	-중립적 제3자의 적극적 개입

표 3.2.3 건강성 상위 그룹의 핵심 협상 기법

사례	1. 인식 단계	2. 소통 단계	3. 해결 단계	4. 관계 단계
핵심 기법	-상호 존중 -상대방 장점과 다름 인정 -오픈 마인드	-투명 소통 -문제 중심 대화 -적극적 경청 -상대 존중 소통 -브레인스토밍 -다수 참여 주민설명회 -중재자 통한 대화	-단계적 양보 -모든 당사자 참여 -개인적 소통으로 신뢰 형성 -반성과 사과 -중재에 의한 해결	-공동목표 설정 -시나리오 평가와 합의 -파트너십과 신뢰 관계 구축 -상호 인정과 합의에 의한 관계구축

표 3.2.3은 건강성 상위 그룹의 협상 기법들을 압축 요약한 핵심 기법들을 정리한 표이다. 이들을 단계별로 요약해보면 다음과 같은 점들로 협상 기법을 정리하여 건강한 사회 모습을 그릴 수 있다.

(1) 인식 단계

오픈 마인드로 상대를 존중하고 서로 다름과 강점을 인정하는 인식이 건강한 사회의 인정 모습이다.

(2) 소통 단계

적극적 경청, 투명·존중·문제 중심의 소통, 다수 참여 주민설명회, 중재자 통한 소통이 건강한 사회의 소통 모습이다.

(3) 해결 단계

양보와 타협, 사과와 용서, 참여와 신뢰, 중재에 의한 해결이 건강한
사회의 해결 모습이다.

(4) 관계 단계

상호 인정과 합의에 의한 관계구축, 파트너십과 신뢰관계 구축, 공
동목표 설정이 건강한 사회의 관계 모습이다.

2. 사례의 교훈 특징

1) 사례별 교훈의 조사

제2부 16개 사례의 교훈을 단계별로 구분하여 정리하면 표 3.2.4와
같다.

표 3.2.4 사례별 건강성 단계별 교훈

사례	1. 인식 단계	2. 소통 단계	3. 해결 단계	4. 관계 단계	공통/기타
1.1 정치갈등1			-자원제약 속 우선순위에 의한 해결 -타협적 보완책은 갈등 완화	-기득권 저항 관리, 조정으로 관계 유지	-장기적 안정 위한 단기적 불만감수 -이해관계 토대로 국가정책 합의
1.2 정치갈등2	-열린 마음으로 문제 해결	-의견 달라도 대화를 통한 합의	-진행자는 중립적 태도	-각 계 지도자들의 참여와 행동	-이념 차이를 극복하고 경제훈련
2.1 행정갈등1	-국책사업의 상생발전 도모 필요.	-사전 계획단계에서 합의구조 확립	-협상력 향상 필요 -중재기능 강화 -제로섬 게임 지양 필요	-국책사업의 상생발전 도모 필요	
2.2 행정갈등2	-비용과 편익의 불균형 해소 필요	-적극적 경청의 중재 노력 -사전 소통의 선행 필요	-비용과 편익의 불균형 해소 -절충안 도출	-양측 의견 반영으로 관계 구축	-중립적인 제3자 적극적 개입. -절차적 공정성 통한 신뢰 구축
3.1 민원갈등1		-민관협의체 구성 -주민설명회	-주민수용성 기반 상생협약 (악취저감설비 지역발전기금, 주민감시단)		
3.2 민원갈등2	-성숙한 주민 의식과 태도	-사전 참여와 투명한 정보공개	-공동체 기반의 보상체계가		-민관협의체 의 제도적 안정화

			지속가능한 수용성 확보, -지방자치단체는 중립적 조정자 역할		
4.1 비즈니스1	-다름 인정이 혁신 촉진 -존중이 협력 기반 형성	-투명소통이 신뢰 창출 -경청이 문제를 구조화	-공동과제 해결이 성과 확장 -단계적 타협이 속도 확보	-관계투자가 지속성 확보 -동반성장이 브랜드 강화	-신뢰는 계약보다 강함
4.2 비즈니스2	-가치를 모르면 실패 -문화무시가 파국 초래	-일방통보는 관계 파괴 -안전감 부재가 침묵 초래	-조건강요는 협상 붕괴 -대안 없는 통합은 실패	-관계부재는 통합 실패 -사후관리 부재의 대가	-통합은 계약 아닌 '관계'
5.1 조직갈등1	-상대 오해, 성급 판단 지양과 이해 노력		-건설적 갈등관리는 성과에 기여 -	-상호보완적 협력은 시너지 효과 창출 -이해관계에 집중한 갈등해결	
5.2 조직갈등2	-상대방 이해노력이 필요			-열정은 조직구성원들이 함께 할 때 가치 있다.	-조직 내 협상코칭 전문가 육성 필요
6.1 노사갈등1	-노사 상호 존재 인정 -노사 위원들의 공동책임과 공동체 의식 확립 필요	-건강한 노사관계 공감하는 사람들과 교류, 조직문화 확산		-성장과 경쟁에만 몰두하면 노사관계 문제 발생	-노조결성과 단체교섭 필요성 발생
6.2 노사갈등2	-노사 양측 인정	-외부 전문가 도움을 받아 노사대화	-상대 요구에 대해 입장과 근거 제시	-손상된 관계 치유와 회복 훈련 필요	-회사 입장을 지지해주는 직원과 부서 확대
7.1 학교갈등1			-가해자의 사실 인정과 사과를 통해 피해자의 고통을 회복	-진정한 사과를 통해 가해 및 피해 학생의 관계를 회복	-경미한 사안은 약식 조정, 화해 절차 마련 필요
7.2 학교갈등2	-당사자들의 사실 인정과 사과를 통해 책임감 공감		-피해자 심리적 회복과 가해자 반성 부모들이 사과 용기 필요	-분쟁조정은 피해 학생의 학교생활 적응 지원	-학교폭력사건은 자동적으로 관계개선프로그램 개입
8.1 공공갈등1		-주민소통을 원활히 해야 공공사업 성공 -공공갈등	-공공사업은 주민의견 수렴으로 추진		-주민공동체 의견수렴 기구 상설

		사업을 공개적 추진			
8.2 공공갈등2		-주민 참여형 공론화 프로세스 제도화	-중립적 갈등조정 기구 구성 -어업인 중심의 실질적 보상체계		-갈등영향분 석 제도 의무 도입 -이익공유 및 지역 기여 모델 확대

4가지의 단계에서 나타난 교훈들 중에서 좋은 평가를 받은 사례의 모범적 교훈들과 나쁜 평가를 받은 사례의 반면교사의 교훈들을 정리하면 다음과 같다.

(1) 인식 단계

인식 단계의 교훈의 공통점들을 요약 정리하면 다음과 같다.
존재와 다름 인정
상호 존중
열린 마음
상생 의식
책임 의식

(2) 소통 단계

소통 단계에서 교훈의 공통점들을 요약 정리하면 다음과 같다.
적극적 경청
투명한 정보공개와 소통
대화를 통한 합의

주민설명회와 주민소통
주민 참여와 민관협의체 구성
외부 전문가 도움
사전합의구조 확립

(3) 해결 단계

소통 단계에서 교훈의 공통점들을 요약 정리하면 다음과 같다.
타협과 절충안 도출
우선순위에 의한 해결
공동과제 해결
입장과 근거 제시
주민의견 수렴과 주민수용성 제고
가해자와 부모의 사실 인정과 사과
중립적 조정중재인 역할

(4) 관계 단계

관계 단계에서 교훈의 공통점들을 요약 정리하면 다음과 같다.
당사자의 참여와 의견 반영
이해관계에 집중한 갈등해결
관계 투자와 유지
관계 치유와 회복 훈련
동반성장과 상생발전

2) 개별-집단 갈등구분별 교훈

위에서 단계별 교훈을 개별 갈등과 집단 갈등으로 구분하여 요약
정리하면 표 3.2.5와 같다. 개별 갈등은 정치갈등, 행정갈등, 비즈니
스, 조직갈등, 학교갈등을 포함하고 집단 갈등은 민원갈등, 노사갈
등, 공공갈등을 포함한다. 이렇게 구분한 것은 개별적 갈등이냐 집단
적 갈등이냐에 따라 교훈의 성격이 달라지기 때문이다.

표 3.2.5 개별-집단 갈등구분별 교훈 요약

갈등구분	1. 인식 단계	2. 소통 단계	3. 해결 단계	4. 관계 단계
개별 갈등	-상호 존중 -열린 마음 -상생 의식	-적극적 경청 -투명한 소통 -대화를 통한 합의	-타협과 절충안 도출 -공동과제 해결 -사실 인정과 사과	-이해관계에 집중한 갈등해결 -동반성장과 상생 발전 -사과로 관계 회복
집단 갈등	-상호 인정 -공동체 의식	-투명한 정보공개 -다수 참여 주민설명회 -외부 전문가 도움	-주민의견 수렴 -주민수용성 제고 -중립적 조정중재인 역할	-당사자 참여와 의견 반영 -관계 치유와 회복 훈련

개별 갈등: 정치갈등, 행정갈등, 비즈니스, 조직갈등, 학교갈등
집단 갈등: 민원갈등, 노사갈등, 공공갈등

3. 기법과 교훈의 실천적 요소

협상의 기법은 갈등해결과 협상의 성공 사례를 살펴보았을 때 실제 사용한 기법들이다. 반면 협상의 교훈은 갈등해결과 협상의 성공 여부와 관계없이 건강한 사회가 되기 위한 의식과 행동을 제안하는 교훈들이다. 이제 종합적으로 건강한 사회를 향한 단계별 실천적 요소를 도출할 필요가 있다. 기법과 교훈이 개별적 갈등과 집단적 갈등에 따라 선명한 차이가 나타나기 때문에 개별 갈등과 집단 갈등으로 구분하여 살펴보겠다.

1) 개별 갈등의 기법과 교훈의 실천적 요소

앞의 16가지 사례 중 개별 갈등과 협상 사례 분석에 의해 도출된 건강한 사회의 협상 기법과 교훈을 정리하면 표 3.2.6과 같다.

표 3.2.6 개별 갈등 사례의 건강성 단계별 기법과 교훈

사례	1. 인식 단계	2. 소통 단계	3. 해결 단계	4. 관계 단계
기법	-상호 존중 -상대방 장점과 다름 인정 -오픈 마인드	-투명 소통 -문제 중심 대화 -적극적 경청 -상대 존중 소통 -브레인스토밍 -중재자 통한 대화	-단계적 양보 -모든 당사자 참여 -개인적 소통으로 신뢰 형성 -반성과 사과 -중재에 의한 해결	-공동목표 설정 -시나리오 평가와 합의 -파트너십과 신뢰관계 구축 -상호 인정과 합의에 의한 관계구축
교훈	-상호 존중 -열린 마음 -상생 의식	-적극적 경청 -투명한 소통 -대화를 통한 합의	-타협과 절충안 도출 -공동과제 해결 -사실 인정과 사과	-이해관계에 집중한 갈등해결 -동반성장과 상생발전 -사과로 관계 회복

실천적 요소	-상호 존중 -상호 다름의 인정 -열린 마음 -상생 의식	-적극적 경청 -투명 소통 -문제 중심 대화 -중재자 통한 대화	-단계적 양보와 타협 -절충안 도출 -공동과제 해결 -반성과 사과 -조정중재에 의한 해결	-파트너십과 신뢰관계 구축 -공동목표 설정 -옵션 개발과 평가 -동반성장과 상생발전

건강한 사회를 달성하기 위해 개별 갈등을 관리하는 실천적 요소는 다음과 같다.

(1) 인식 단계
-상호 존중
-상호 다름의 인정
-열린 마음
-상생 의식

(2) 소통 단계
-적극적 경청
-투명 소통
-문제 중심 대화
-중재자 통한 대화

(3) 해결 단계
-단계적 양보와 타협
-절충안 도출
-공동과제 해결
-반성과 사과

-조정중재에 의한 해결

(4) 관계 단계
-파트너십과 신뢰관계 구축
-공동목표 설정
-옵션 개발과 평가
-동반성장과 상생 발전

2) 집단 갈등의 기법과 교훈의 실천적 요소

앞의 16가지 사례 중 집단 갈등과 협상 사례 분석에 의해 도출된
건강한 사회의 협상 기법과 교훈을 정리하면 표 3.27과 같다.

표 3.2.7 집단 갈등 사례의 건강성 단계별 기법과 교훈

사례	1. 인식 단계	2. 소통 단계	3. 해결 단계	4. 관계 단계
기법		-다수 참여 주민설명회		
교훈	-상호 인정 -공동체 의식	-투명한 정보공개 -다수 참여 주민설명회 -외부 전문가 도움	-주민의견 수렴 -주민수용성 제고 -중립적 조정중재인 역할	-당사자 참여와 의견 반영 -관계 치유와 회복 훈련
실천적 요소	-상호 인정 -공동체 의식	-투명한 정보공개 -다수 참여 주민설명회 -외부 전문가 도움	-주민의견 수렴 -주민수용성 제고 -중립적 조정중재인 역할	-당사자 참여와 의견 반영 -관계 치유와 회복 훈련

　건강한 사회를 달성하기 위해 집단 갈등을 관리하는 실천적 요소는 다음과 같다.

　(1) 인식 단계
　-상호 인정
　-공동체 의식

　(2) 소통 단계
　-투명한 정보공개
　-다수 참여 주민설명회
　-외부 전문가 도움

　(3) 해결 단계
　-주민의견 수렴
　-주민수용성 제고
　-중립적 조정과 중재

　(4) 관계 단계
　-당사자 참여와 의견 반영
　-손상된 관계 치유와 회복

제3장 건강한 사회를 위한 제언

1. 건강한 사회의 이론 모델과 경험 사례의 비교

1) 건경한 사회의 이론적 요소와 실천적 요소

표 3.3.1 건강한 사회의 이론적 요소와 실천적 요소

건강한 사회 단계	이론적 구성 요소	실천적 요소	
		개별 갈등	집단 갈등
1. 인식 단계	-인간의 존엄성 -다름의 인정과 존중	-상호 존중 -상호 다름의 인정 -열린 마음 -상생 의식	-상호 인정 -공동체 의식
2. 소통 단계	-경청과 공감의 소통 -체면 존중의 소통	-적극적 경청 -투명 소통 -문제 중심 대화 -중재자 통한 대화	-투명한 정보공개 -다수 참여 주민설명회 -외부 전문가 도움
3. 해결 단계	-갈등의 해결 -양보와 타협	-단계적 양보와 타협 -절충안 도출 -공동과제 해결 -반성과 사과 -조정중재에 의한 해결	-주민의견 수렴 -주민수용성 제고 -중립적 조정중재인 역할
4. 관계 단계	-관계의 구축 -윈윈 협상	-파트너십과 신뢰관계 구축 -공동목표 설정 -옵션 개발과 평가 -동반성장과 상생발전	-당사자 참여와 의견 반영 -관계 치유와 회복 훈련

건강한 사회의 이론적 구성 요소는 건강성 평가를 위한 척도에 제시되어 있는 기본 원칙과 방법들이다. 그리고 실천적 요소는 16개의 사례 분석을 통해 도출한 건강한 사회의 개별적 및 집단적 실천 방법들이다. 건강한 사회의 단계별로 이론과 실천적 요소를 비교해봄으로써 좀 더 분명한 건강한 사회의 모습을 그려볼 수 있다.

2) 건강한 사회의 실천적 요소 분석

(1) 인식 단계

인식 단계는 갈등이 발생했을 때 상대와 상황을 어떻게 인식하느냐인데 이론에서는 인간의 존엄성과 다름의 인정과 존중으로 제시되어 있다. 실천적 요소 중 개별 갈등에서는 상호 존중, 상호 다름의 인정, 열린 마음, 상생 의식으로 파악되어 유사하지만 열린 마음과 상생 의식이 추가되어 있다. 집단 갈등에서는 상호 인정, 공동체 의식으로 파악되어 존중보다는 인정. 개인적 마음과 의식보다는 집단적 공동체 의식이 강조되고 있다.

(2) 소통 단계

소통 단계는 갈등이 발생했을 때 상대와 어떻게 소통하느냐 인데 이론에서는 경청과 공감 그리고 체면 존중의 소통을 제시하고 있다.

실천적 요소 중 개별 갈등에서 요소는 적극적 경청, 투명 소통, 문제 중심 대화, 중재자 통한 대화로 제시되어 경청 외에 소통이 잘 되기 위한 현실적인 방법들이 제시되어 있다. 집단 갈등에서는 투명한 정보 공개, 다수 참여 주민설명회, 외부 전문가 도움이 필요한 것으로 파악되어 주민들이 정보를 알 수 있도록 공개하고 참여형의 설명회를 실시해야 하고 집단적 소통에 도움을 줄 수 있는 외부 전문가의 도움도 필요한 것으로 제시되었다. 그래서 이론적 소통 단계의 방법이 개별적 소통 중심으로 된 점을 고려하면 집단적 소통의 차이점이 선명하게 제시되었음을 주시할 필요가 있다.

(3) 해결 단계

해결 단계는 갈등이 발생했을 때 상대와 갈등을 어떻게 해결하느냐인데 이론에서는 갈등의 해결과 양보와 타협을 제시하여 원론적 요소들이다. 개별 갈등에서 실천적 요소는 단계적 양보와 타협, 절충안 도출, 공동과제 해결, 반성과 사과, 조정중재에 의한 해결로 식별되고 있다. 집단 갈등에서는 주민의견 수렴, 주민수용성 제고, 중립적 조정 중재인 역할이 실제로 요구되고 있는데 이론적 요소에서는 고려하지 못한 집단적 특수성을 나타내는 현실적 방법들이라 보인다.

(4) 관계 단계

관계 단계는 갈등이 발생했을 때 상대와 관계가 어떻게 구축되어야 하는지 인데 이론에서는 관계의 구축과 원원 협상을 제시하였다. 이는 원칙적 방향을 나타낸 것인데 반해 개별 갈등에서 실천적 요소는 파트너십과 신뢰관계 구축, 공동목표 설정, 옵션 개발과 평가, 동반 성장과 상생 발전의 방법들이 사용되고 있다. 집단 갈등에서는 당사자 참여와 의견 반영, 관계 치유와 회복 훈련이 제시되고 있다. 주민들과 갈등이 되는 집단적 갈등에서 관계 구축과 윈윈 협상을 만들어내기가 매우 어렵고 타협에 의한 해결이 최선일 수 있음을 짐작할 수 있다.

2. 건강한 사회를 위한 제언

1) 정치갈등 분야의 제언

(1) 인식 단계

1-1. 상대의 다름을 인정하고 존중하라!

정치에서는 상대가 옳고 그름이 아니라 이념이나 노선에서 다를 뿐이기 때문에 그 다름을 인정하고 존중할 때 서로 접점을 찾을 수 있다. 이념과 노선이 다르면 문제를 해결하는 방향과 방법이 다를 뿐이다.

(2) 소통 단계

1-2. 공격의 반사이익보다 국민편익의 명성을 도모하라!

정치갈등에서 가장 쉽게 반사이익을 얻을 수 있는 방법은 상대를 부정하고 흠집을 내는 공격이다. 국민의 편익을 주는 발언과 행동으로 정치인의 명성을 쌓도록 함이 건강한 정치환경을 조성하는 길이다.

(3) 해결 단계

1-3. 입장의 근거를 제시하고 타협하라!

상대방 입장이 다르지만 그 근거를 이해하면 정서적 긴장감을 완화하고 새로운 대안을 모색할 수 있기 때문에 해결점을 찾기 쉽다.

(4) 관계 단계

1-4. 국가가 위기일수록 이념차이를 극복하고 국가안녕과 국민복리를 도모하라!

국가가 위기일수록 서로 다른 이념을 표방하는 정치단체라도 국가안녕과 국민복리라는 공동의 목표를 달성하기 위해 이념차이를 극복하고 힘을 모으는 모습이 바람직하다.

2) 행정갈등 분야의 제언

(1) 인식 단계

2-1. 행정갈등을 '이익의 충돌'이 아닌 '삶의 조건의 차이'로 인식하라!

행정갈등에서 상대를 이익충돌의 장애물로 보지 않고 공존해야 할 서로 다른 삶의 조건과 현실로 인식함으로써 상호 존중하고 문제 해결의 출발선에 설 수 있다.

(2) 소통 단계

2-2. 상대의 말을 '경청'함으로써 갈등 해결의 문으로 들어가라!

체면을 중시하는 우리 사회에서 상대의 말을 끊지 않고 끝까지 들음으로써 갈등의 절반은 해소되고 듣는 시간은 갈등 해결 과정에서 가장 비용이 적으면서도 효과적인 투자이다.

(3) 해결 단계

2-3. 승패의 소송으로 가지 말고, 타협의 조정으로 합의하라!
일방이 승리하는 소송은 감정의 골이 깊어지고 관계가 무너지지만 상호 양보를 촉진하는 중립적 제3자의 조정에 의한 자율적 합의가 법적 판결보다 훨씬 더 강력한 집행력을 가진다.

(4) 관계 단계

2-4. 갈등이 종료된 후에도 다시 마주 앉을 수 있는 관계를 설계하라!
지자체와 주민들은 갈등이 끝난 후에도 같은 공간에서 함께 살아가야 할 이웃이다. 갈등을 '끝내는 기술'보다 중요한 것은 '갈등 이후 관계를 설계하는 능력'이다.

3) 민원갈등 분야의 제언

(1) 인식 단계

3-1. 갈등의 본질을 파악하고 다층적 이해관계를 직시하라!

민원갈등은 경제적 이해관계, 환경적 권리, 심리적 불안감, 문화적 정체성 등이 복합적으로 얽힌 다층적 구조이므로 사전에 잠재적 갈등 요소를 분석하고 모든 이해관계자의 관점에서 깊이 이해해야 한다.

(2) 소통 단계

3-2. 진정성 있는 경청으로 신뢰를 구축하고 대화의 판을 열어라!

민원 갈등을 풀 수 있는 열쇠는 진정성 있는 소통이다. 민원인의 목소리에 담긴 우려와 불안에 진심으로 귀 기울이고 공감하는 태도가 갈등 당사자 간의 심리적 장벽을 허무는 결정적인 역할을 할 것이다.

(3) 해결 단계

3-3. 주민 수용성에 기반한 상생 해법을 만들어라!

갈등 당사자들이 상대를 극복해야 할 대상이 아닌 공동과제를 해결해야 할 파트너로 인식하고 모두가 납득하고 수용할 수 있는 합리적이고 지속 가능한 대안을 함께 만드는 상생 해법을 찾아야 한다.

(4) 관계 단계

3-4. 신뢰를 기반으로 지속 가능한 관계를 구축하라!

갈등 과정에서 훼손된 신뢰를 회복하고, 더 나아가 건강하고 지속 가능한 공동체 관계를 구축하기 위해 결과를 투명하게 공개하고 갈등 해결 경험을 공유하는 갈등 관리 시스템을 제도화할 필요가 있다.

4) 비즈니스 협상 분야의 제언

(1) 인식 단계

4-1. 상대를 '자원'이 아니라 '사람'으로 인식하라!

성공한 빠른배송 사례에서 성과를 만든 힘은 조건이 아니라 서로의 역할과 한계를 인정한 태도였고, 실패한 인수합병 사례에서는 기술과 재무만 분석되고 사람과 문화는 배제되고 관계로 이어지지 못했다.

(2) 소통 단계

4-2. 설명보다 경청이 먼저 작동하는 구조를 만들라!

성공한 거래에는 발표보다 질문이 많았고, 설득보다 경청이 길었다. 상대의 우려와 두려움을 말할 수 있는 구조가 먼저 만들어질 때 신뢰가 쌓인다. 말을 잘하는 쪽이 아니라 잘 듣는 쪽이 관계를 만든다.

(3) 해결 단계

4-3. 가격이 아니라 '공동과제'로 협상의 판을 바꿔라!

성과를 만든 거래들은 출발점을 "얼마인가"가 아니라 "무엇을 함께 해결할 것인가"로 옮겼다. 단계적 양보와 공동 리스크 관리는 상대를 파트너로 수용하고 숫자보다 공동과제에 집중한다.

(4) 관계 단계

4-4. 계약보다 관계를 먼저 설계하라!

성공 사례들은 계약 이후를 함께 그렸다. 공동 목표와 지표, 갈등 시 협의 채널 같은 장치들은 계약서 밖에 있어도 거래를 지탱한다. 관계를 고려하지 않은 계약은 체결과 동시에 신뢰를 소진한다.

5) 조직갈등 분야의 제언

(1) 인식 단계

5-1. 갈등은 제거 대상이 아니라 관리되어야 할 대상임을 명심하라!

갈등은 이해관계와 역할, 기대의 차이가 드러나는 자연스러운 신호로서, 이를 구조적으로 관리하면 잠재된 위험을 조기에 드러낼 수 있어서 갈등을 제거하지 않고 관리하는 조직이 건강한 조직이다.

(2) 소통 단계

5-2. 자신과 상대의 강점을 발견하고 존중하라!

상대의 방식이 다를 뿐 조직에 기여하는 강점일 수 있음을 인정하면 감정적 대립은 완화되고 조직 관점에서 자원을 재배치하는 판단이며, 강점에 기반한 존중은 체면을 지켜주고 관계 회복의 토대를 만든다.

(3) 해결 단계

5-3. 갈등을 개인의 성격 문제가 아닌 '구조의 신호'로 해석하라!

많은 조직 갈등은 개인 간 감정 문제가 아니라 목표, 평가, 권한, 정보 흐름의 구조적 불일치에서 발생하기 때문에 갈등이 발생한 지점을 통해 조직 설계의 취약성을 점검하는 관점이 필요하다.

(4) 관계 단계

5-4. 갈등 이후의 관계 회복을 공식적으로 설계하라!

갈등 이후 신뢰 회복, 협업 방식 재정의, 재발 방지 약속을 공식적으로 다루지 않으면 갈등은 형태만 바뀌어 재등장한다. 해결 이후의 관계 관리까지 포함할 때 갈등은 조직 성숙의 계기가 된다.

6) 노사갈등 분야의 제언

(1) 인식 단계

6-1. 서로 생각과 주장은 다르지만 공동체 의식을 가져라!

노사 양측은 모두 생각과 주장이 서로 다를 수 있어 대립적인 긴장 관계에 있지만 회사의 구성원으로서 공동체 의식으로 공동 목표를 도모하면 함께 발전할 수 있다.

(2) 소통 단계

6-2. 노사 간 소통이 원활하지 못하면 중립적 제3자의 도움을 받아라!

노사 당사자가 의견의 격차를 좁히지 못해 교착상태가 될 경우 객관성과 공정성 그리고 전문성을 가진 중립적 제3자의 도움을 통해 다시 당사자가 대화할 수 있는 상황을 만들 수 있다.

(3) 해결 단계

6-3. 상대방 요구사항에 대해 다양한 대안 제시를 통해 수용성을 제고하라!

노사 한 측이 무리한 요구를 주장하기보다는 시급성과 중요성에 대해 공감할 수 있는 요구가 필요하다. 이 요구사항에 대해 다양한 대안을 개발하면 노사 모두가 만족할 수 있는 협상이 된다.

(4) 관계 단계

6-4. 노사갈등 이후의 장기적 관계 차원에서 파트너십을 구축하라!

노사당사자는 동일 사업장에서 계속 근무하는 한 관계가 지속되므로 갈등상황 이후에 노사관계를 유지, 발전시키는 것이 더욱 중요하므로 단기적인 협상보다 장기적인 관계의 관점에서 바라보아야 한다.

7) 학교갈등 분야의 제언

(1) 인식 단계

7-1. 상대가 어떤 마음으로 가해했는지, 어떤 고통의 피해인지 이해하는 노력을 하라!

학교폭력 당사자들이 스스로 갈등해결을 못하는 경우 조정중재인은 가해자은 피해자의 고통을, 피해자는 가해자의 환경과 심정을 이해하도록 촉진하는 역할이 갈등해결의 기초를 닦는다.

(2) 소통 단계

7-2. 상대방의 말을 서로 경청하도록 조정중재인의 촉진적 역할을 충실히 하라!

피해자가 얼마나 힘들고 두려웠는지, 가해자가 왜 그런 폭력을 행사했는지를 서로 경청하도록 조정중재인이 중립적 입장에서 촉진하는 역할을 함으로써 상대를 이해하는 소통을 조성할 수 있다.

(3) 해결 단계

7-3. 피해자가 상처를 어떻게 회복할 수 있을지에 대해 가해자가 진정한 사과를 하고 배려하도록 조정하라!

조정중재인은 "어느 정도로 처벌해야 하는가"보다 "누가 어떤 상처

를 입었고, 그 상처를 어떻게 함께 회복할 수 있을까"의 회복적 정의가 구현되도록 노력하는 것이 필요하다

(4) 관계 단계

7-4. 학교갈등 이후 당사자들 간 관계회복이 되도록 관찰하고 지원하라!

학교갈등 후 일정 기간 동안 피해학생의 심리·학업·관계 상태를 꾸준히 살펴보고 학급 분위기와 친구 관계의 변화를 점검하고, 필요하다면 당사자들을 생활지도함으로써 관계가 회복되게 해야 한다.

8) 공공갈등 분야의 제언

(1) 인식 단계

8-1. 주민 수용성과 사회적 신뢰를 확보하라!

공공갈등은 정책의 효율성을 위한 민원 처리 대상이 아니고 주민 수용성과 사회적 신뢰 확보가 정책실행 성공의 중요한 과제로 부상하고 있어서 갈등관리를 정책 설계의 핵심으로 다루어야 한다.

(2) 소통 단계

8-2. 양방향 대화 기반의 소통 전략을 수립하고 실행하라!

공공갈등을 효과적으로 해결하기 위해서는 단순한 설명회나 공청회 수준의 소통이 아닌, 양방향 대화를 촉진하는 소통 전략을 구사해야 주민의 참여와 수용성을 확보할 수 있다.

(3) 해결 단계

8-3. 이해관계자 구조와 니즈 기반 갈등해결의 조정 프로세서를 제도화 하라!

당사자 간 직접해결이 어려운 공공갈등은 이해관계자의 만족과 수용을 촉진하는 중립적인 제3자(공공갈등조정센터 등)의 갈등조정 프로세서를 구축하는 제도적 노력이 필요하다.

(4) 관계 단계

8-4. 공공갈등 후 지역사회 이해관계자의 관계 회복에 노력하라!

갈등해결 과정에서 발생한 긴장과 투쟁을 해소하고 지역사회의 안정을 위해 이해관계자의 관계 회복과 유지가 중요한데 관계구축프로그램 등의 갈등관리지원이 필요하다.

9) 분야별 제언의 요약

표 3.3.2 분야별 제언의 요약

건경한 사회 단계	1. 정치갈등 분야
인식 단계	상대의 다름을 인정하고 존중하라!
소통 단계	공격의 반사이익보다 국민편익의 명성을 도모하라!
해결 단계	입장의 근거를 제시하고 타협하라!
관계 단계	국가가 위기일수록 이념차이를 극복하고 국가안녕과 국민 복리를 도모하라!

건경한 사회 단계	2. 행정갈등 분야
인식 단계	행정갈등을 '이익의 충돌'이 아닌 '삶의 조건의 차이'로 인식하라!!
소통 단계	상대의 말을 '경청'함으로써 갈등 해결의 문으로 들어가라!
해결 단계	승패의 소송으로 가지 말고, 타협의 조정으로 합의하라!
관계 단계	갈등이 종료된 후에도 다시 마주 앉을 수 있는 관계를 설계하라!

건경한 사회 단계	3. 민원갈등 분야
인식 단계	갈등의 본질을 파악하고 다층적 이해관계를 직시하라!
소통 단계	진정성 있는 경청으로 신뢰를 구축하고 대화의 판을 열어라!
해결 단계	주민 수용성에 기반한 상생 해법을 만들어라!
관계 단계	신뢰를 기반으로 지속 가능한 관계를 구축하라!

건경한 사회 단계	4. 비즈니스 협상 분야
인식 단계	상대를 '자원'이 아니라 '사람'으로 인식하라!
소통 단계	설명보다 경청이 먼저 작동하는 구조를 만들라!
해결 단계	가격이 아니라 '공동과제'로 협상의 판을 바꿔라!
관계 단계	계약보다 관계를 먼저 설계하라!

건경한 사회 단계	5. 조직갈등 분야
인식 단계	갈등은 제거 대상이 아니라 관리되어야 할 대상임을 명심하라!
소통 단계	자신과 상대의 강점을 발견하고 존중하라!
해결 단계	갈등을 개인의 성격 문제가 아닌 '구조의 신호'로 해석하라!
관계 단계	갈등 이후의 관계 회복을 공식적으로 설계하라!

건경한 사회 단계	6. 노사갈등 분야
인식 단계	서로 생각과 주장은 다르지만 공동체 의식을 가져라!
소통 단계	노사 간 소통이 원활하지 못하면 중립적 제3자의 도움을 받아라!
해결 단계	상대방 요구사항에 대해 다양한 대안 제시를 통해 수용성을 제고하라!
관계 단계	노사갈등 이후의 장기적 관계 차원에서 파트너십을 구축하라!

건경한 사회 단계	7. 학교갈등 분야
인식 단계	상대가 어떤 마음으로 가해했는지, 어떤 고통의 피해인지 이해하는 노력을 하라!
소통 단계	상대방의 말을 서로 경청하도록 조정중재인의 촉진적 역할을 충실히 하라!
해결 단계	피해자가 상처를 어떻게 회복할 수 있을지에 대해 가해자가 진정한 사과를 하고 배려하도록 조정하라!
관계 단계	학교갈등 이후 당사자들 간 관계회복이 되도록 관찰하고 지원하라!

건경한 사회 단계	8. 공공갈등 분야
인식 단계	주민 수용성과 사회적 신뢰를 확보하라!
소통 단계	양방향 대화 기반의 소통 전략을 수립하고 실행하라!
해결 단계	이해관계자 구조와 니즈 기반 갈등해결의 조정 프로세서를 제도화 하라!
관계 단계	공공갈등 후 지역사회 이해관계자의 관계 회복에 노력하라!

제4장 건강한 사회의 실천 원칙

1. 실천 원칙의 수립 방법

제3장의 분야별 제언을 토대로 하여 건강한 사회를 구현할 실천 원칙을 수립하고자 한다. 제2부에서 8명의 저자들이 8개 분야를 담당하여 사례를 작성하였고 제3부에서도 협상의 기법과 교훈 그리고 제언도 8개 분야로 나누어 제시하였다. 또한 건강한 사회의 모습을 인식, 소통, 해결, 관계의 단계로 구조화하여 기법, 교훈, 제언을 정리하였다.

이제 건강한 사회를 구현하기 위한 실천 원칙은 어떻게 도출하고 제시하는 것이 적절할까. 몇 가지 기준을 토대로 이 작업을 하기로 합의하였다.

① 8개 분야의 8명의 저자가 모두 참여하여 실천 원칙을 공동으로 작업하여 완성하기로 한다.

② 가능하면 분야를 포괄하는 실천 원칙을 제시한다. 업종별로 특성이 달라서 업종의 특화된 사항을 모두 언급하는 것은 매우 복잡하기 때문에 특별한 경우를 제외하고는 업종을 통합한 공통의 실천 원칙을 제시하기로 한다.

③ 건강한 사회의 기본 구조는 인식, 소통, 해결, 관계의 4단계로 구성되어 있어서 단계별 업종 공동의 실천 원칙을 수립한다.

④ 단계별로 너무 많은 원칙을 제시하거나 원칙의 숫자가 차이가 나면 균형이 잡히지 않아서 단계별로 3가지씩 실천 원칙을 제시한다. 또한 해서는 안 될 원칙도 필요해서 단계별로 3가지씩 금지 사항을 제시한다.

⑤ 각 원칙은 한 줄의 선언식 문장으로 제시하고 이를 설명하는 두 줄의 설명문을 추가한다.

8명의 저자는 이러한 작성 기준에 합의하고 단계별 2명씩 팀을 이루어 원칙의 초안을 작성하고 서로 교차하여 작성된 원칙을 확인, 수정하여 완성하였다.

2. 건강한 사회의 실천 원칙

앞의 실천 원칙 작성 기준에 따라 도출된 건강한 사회의 실천 원칙을 요약하면 표 3.4.1과 같다.

표 3.4.1 건강한 사회의 실천 원칙 요약

단계	(1) 실천 사항	(2) 금지 사항
1) 인식 단계	① 상호 이해와 존중 ② 상대방 다름 인정 ③ 열린 마음과 공동체 의식	① 갈등은 억제와 제거 대상 ② 상대의 틀림과 편견 의식 ③ 상대는 통제나 관리 대상
2) 소통 단계	① 상대 의견 경청 ② 입장 존중과 주장 객관화 ③ 소통 애로에 조정인 요청	① 지나친 감정 표출 ② 인격 모독과 인신공격 ③ 정보 은폐와 소수와 소통
3) 해결 단계	① 양보와 사과로 타협과 화해 ② 의견 수렴과 수용성 제고 ③ 해결 애로에 조정중재 의뢰	① 법적 소송에 의존 ② 승패의 이분법 사고 ③ 형식적 요건 몰입
4) 관계 단계	① 당사자 참여와 의견 반영 ② 공동 목표의 설정과 협력 ③ 장기적 공존 관계 추구	① 지나친 단기 성과에 의존 ② 갈등해결과 거래는 완결 간주 ③ 상대의 손실과 상처 무관심

1) 인식 단계

(1) 실천해야 할 사항

① 상호 이해와 존중을 바탕으로 갈등을 인식해야 한다.

갈등은 서로를 이해하고 존중해야 개인의 성격이 아니라 문제 해결의 대상으로 인식할 수 있고 사람과 쟁점을 분리할 수 있다.

② 상대방의 다름을 인간의 고유성으로 보고 사실로 인정해야 한다.

갈등은 인간의 고유함에서 나타나는 차이에서 비롯되는데 이를 인정함으로써 객관적이고 공정하게 해결할 수 있다.

③ 상대에 대한 열린 마음과 공동체 의식을 권장해야 한다.

공동체내 갈등은 열린 마음과 공동체 관점이 있어야 사적인 충돌이 아닌 공동의 과제로 인식하고 모두에게 이익을 줄 수 있다.

(2) 금지해야 할 사항

① 갈등을 억제하거나 제거해야 할 문제로만 인식해서는 안 된다.

갈등을 없애려는 태도는 문제를 숨길 뿐 해결하지 못한다. 억제된 갈등은 더 큰 갈등으로 재등장한다.

② 상대의 의견이 틀렸다거나 편견의식으로 판단해서는 안 된다.

상대를 '틀렸다'거나 '원래 그런 사람이야' 라고 규정하는 순간 대화의 가능성은 사라지고 갈등을 고착화시킨다.

③ 상대를 통제하거나 관리해야 할 대상으로 인식해서는 안 된다.

갈등 상황에서 통제는 저항을 낳고 관리는 자율성을 파괴한다. 통제와 관리는 상대의 참여와 창의성을 얻지 못한다.

2) 소통 단계

(1) 실천해야 할 사항

① 상대방 의견을 경청하며 대화하려는 노력이 필요하다.
　상대방의 의견을 경청하며 소통함으로써 상호 신뢰가 생기게 되어 더욱 의미 있는 대화가 가능하다.

② 상대방의 입장을 존중하되 주장의 근거를 객관화해야 한다.
　상대방 입장은 그 자체로서 존중해야 하지만 주장의 근거는 객관적 자료를 토대로 평가되어야 한다.

③ 당사자 간 소통이 어려울 경우 조정인 도움을 받을 필요가 있다.
　당사자 간 소통이 어려우면 소통을 촉진하기 위해 중립적인 제3자 조정인에게 도움을 요청할 수 있다.

(2) 금지해야 할 사항

① 지나친 감정의 표출은 갈등을 증폭시키므로 삼가야 한다.
　협상 중 감정이 폭발하면 상대방도 감정이 폭발하여 소통이 어렵고 문제에 집중할 수 없기 때문에 삼가야 한다.

② 상대방의 인격을 모독하거나 인신공격을 해서는 안 된다.

서로 인격을 모독하거나 부정적인 공격을 지속한다면 관계의 심각한 손상이 되어 결국 소통에 실패하게 된다.

③ 공동체 갈등에서 정보의 은폐와 소수와의 소통은 삼가야 한다.

공동체 갈등에서 당사자에게 정보를 은폐하거나 일부만 소통을 하면 신뢰를 상실하게 되고 파국으로 갈 수 있다.

3) 해결 단계

(1) 실천해야 할 사항

① 양보와 사과를 통한 타협과 화해를 실천해야 한다.

거래에서 타협을 하려면 서로 조금씩 양보를 해야 하고 상처가 있는 갈등에서 화해하려면 사과가 필요하다.

② 구성원의 의견 수렴을 통해 상호 수용성을 높인다.

공동체 구성원들의 의견을 충분히 수렴하여 모두가 수용할 수 있는 최적의 합의점을 도출해야 한다.

③ 자율 해결이 어려울 경우 조정과 중재를 활용한다.

당사자들의 자율적 해결이 어려울 경우 중립적 제3자의 조정이나 중재를 활용할 필요가 있다.

(2) 금지해야 할 사항

① 법적 소송에만 의존하는 태도를 지양해야 한다.

　모든 문제를 법적 소송으로 해결하면 당사자들의 자율적 해결 기회를 박탈하고 관계를 손상시킨다.

② 승패의 이분법 사고를 지양해야 한다.

　일방적 승리는 상대에게 상처를 주고 미래 관계를 파괴하므로 승패의 이분법적 사고는 지양해야 한다.

③ 형식적 요건과 절차에만 몰입해서는 안 된다.

　소통을 외면한 채 규정상 요건을 충족시키는 형식적 절차만 도모하면 구성원들의 불만과 소외감을 초래한다.

4) 관계 단계

(1) 실천해야 할 사항

① 당사자의 참여와 의견 반영으로 관계를 구축해야 한다.

　당사자가 배제된 관계는 오래가지 못한다. 당사자의 참여와 의견 반영은 책임을 낳고, 그 책임이 관계를 지탱하는 힘이 된다.

② 공동 목표를 설정하고 협력 구조를 함께 만들어야 한다.

　공동 목표는 갈등을 대립이 아닌 연합의 지혜로 작동한다. 이를 달성하기 위한 협력적 구조를 조성함으로써 상생 관계를 구축할 수 있다.

③ 지속 가능한 장기적 공존 관계를 추구해야 한다.
　관계는 한 번의 거래가 아니라 반복되는 상호작용 속에서 평가된다. 지속 가능한 관점이 있어야 신뢰와 협력의 선순환이 유지된다.

　(2) 금지해야 할 사항

① 단기 성과에 지나치게 의존해서는 안 된다.
　즉각적인 성과를 앞세우면 신뢰가 가장 먼저 상실된다. 단기 성과 중심 사고는 관계를 무시하고 협력을 일회성 사건으로 만들어버린다.

② 갈등 해결이나 거래를 바로 완결이라고 간주해서는 안 된다.
　합의와 계약은 끝이 아니라 관계가 시험받는 출발점이다. 사후 관리가 생략되면 갈등은 더 큰 비용으로 되돌아올 수 있다.

③ 상대의 손실과 상처를 외면해서는 안 된다.
　관계는 논리가 아니라 감정의 기억 위에 유지된다. 무시된 손실과 상처는 잠복된 갈등이 되어 관계와 공동체의 신뢰를 훼손한다.

에필로그

1. 건강한 사회의 세계표준을 꿈꾸며(원창희)

'모든 길은 로마로 통한다(All roads lead to Rome.)'는 말을 우리는 알고 있다. 현대적 의미는 로마법, 로마의 가치관 등이 세계 여러 지역의 문화와 사고방식에 영향을 미쳤음을 나타낸다. 20세기에 세계의 표준과 선망의 대상이었던 미국, 독일, 일본, 이스라엘 등의 선진국들이 문화와 이성은 팽개치고 강대한 무력으로 이웃을 침범하여 약육강식의 세계를 추구했거나 또 새로이 그런 질서로 나아가고 있다.

수천 년의 침범과 약탈에 시달림에도 살아남은 우리나라가 21세기에 문화와 경제 및 기술에서 세계를 선도하는 국가가 되고 있음을 보면서 정말 기적이라는 느낌을 받는다. 이를 뒷받침하기 위해 우리는 이성과 합리성에 토대한 세계표준의 질서를 세우는 '건강한 사회'를 건설하는 노력으로 이 책을 집필하였다. 한국은 건강한 사회의 세계표준이라는 비전을 그려본다.

2. 사람의 관계에서 다시 시작하는 건강한 사회(류경선)

건강한 사회를 고민하며 다양한 갈등의 현장을 다시 들여다보는 과정에서, 한 가지 사실을 분명히 확인하게 되었다. 갈등의 크기나 형태와 무관하게, 결과를 바꾼 것은 언제나 조건이 아니라 관계였다. 관계가 단절되면 갈등은 깊어졌고, 관계가 회복되는 순간 해결의 실마리는 자연스럽게 모습을 드러내었다. 건강한 사회는 제도나 절차가 아니라, 사람을 중심에 세울 때 비로소 시작된다는 확신은 이 작업 전반을 관통한 결론이기도 하다.

기업거래 협상 사례 역시 같은 메시지를 전해주었다. 숫자와 계약조항이 아무리 정교해도, 서로를 함께 살아갈 존재로 인식하지 않는 순간 거래는 흔들렸다. 반대로 관계를 존중하고 신뢰를 먼저 쌓은 장면에서는 협상이 관계로 확장되며 지속 가능한 성과로 이어졌다. 이 책이 담아낸 갈등의 이야기들이 독자에게 문제를 피하는 법이 아니라, 관계를 다시 세우는 용기를 건네기를 바란다. 그 작은 태도의 변화가 모여, 우리가 바라는 '건강한 사회'를 현실로 만들어갈 것이라 믿는다.

3. 갈등을 사건이 아니라 과정으로 바라보는 사회(조윤근)

지난 1년간 '건강한 사회는 어떠한 모습일까?' 에 대해 저자들과 함께 고민하였다. 사회 각 분야에 존재하는 갈등은 대부분 갑작스럽게 시작되지 않는다. 회의실에서 높아진 목소리, 메신저에 남아있는 짧은 문장, 협업이 중단된 어느 순간과 같이 조직갈등은 이미 오래전부터 쌓여온 오해와 침묵의 결과였다. 조직에서 발생하는 갈등은 종종 개인의 성향이나 일시적인 사건으로 설명되기도 한다. 하지만 갈등의 본질은 사람이 아니라 구조와 관리방식에 있다.

같은 갈등이라도 어떤 조직에서는 장기화되고, 어떤 조직에서는 학습과 전환의 계기가 되는데 그 차이는 갈등을 '문제'로 보느냐, '관리해야 할 과정'으로 보느냐에 달려 있는 것이다. 조직갈등은 피해야 할 사건이 아니라, 조직의 작동 방식을 점검하는 신호이다. 이 책에서 제시한 사례와 분석이 독자에게 '갈등을 없애는 방법'이 아니라, '갈등을 통해 조직을 성숙시키는 관점'으로 이해되기를 바란다. 건강한 사회는 갈등이 없는 곳이 아니라, 갈등을 다룰 줄 아는 조직들로 이루어진 사회이기 때문이다.

4. 갈등 너머, 함께 만드는 공존의 테이블(이강수)

갈등의 한복판에서 해결의 실마리를 찾는 과정은 마치 안개 속에서 길을 내는 일과 마찬가지일 것이다. 집필에 참여하며 가장 깊이 고민했던 지점은 '왜 대화의 테이블 형성이 어려울까' 그리고 잘 되는 곳은 '무엇이 사람들을 대화의 테이블로 이끄는가'였다. 해당 사례를 분석하고 해결 단계를 정리하면서 얻은 결론은 명확했다. 갈등해결은 상대의 논리를 무너뜨리는 기술이 아니라, 서로의 다름을 인정하고 그 사이에 다리를 놓는 진심의 과정이라는 사실이다.

책에서 강조한 양보와 사과, 창의적 대안의 모색은 결코 쉬운 선택이 아니다. 법적 절차나 형식적인 요식 행위에 기대어 당장의 불편함을 해결하는 것이 더 쉬울 수 있다. 하지만 승패의 이분법에 매몰되는 순간, 문제는 해결될지 몰라도 사람과 사람 사이의 신뢰는 영구히 파괴되는 것을 목격해 왔다. 그렇기에 우리는 '누가 옳은가'를 가리는 심판관의 옷을 벗고, '우리가 무엇을 해결해야 하는가'를 고민하는 파트너로서 마주 앉아야 한다.

이 책의 사례들과 행동원칙은 갈등이라는 거센 파도 앞에서 우리가 놓치지 말아야 할 최소한의 나침반이다. 작은 성공(Small Win)을 쌓아가는 인내가 때로는 법정의 판결보다 강력한 힘을 발휘하며, 형식적인 서류보다 따뜻한 소통 한마디가 닫힌 마음을 연다는 진리를 우리는 알아야 한다.

이 책의 사례들이 삶과 현장에서 갈등을 매듭짓는 도구가 아닌, 새로운 관계를 시작하는 마중물이 되기를 진심으로 바란다. 갈등은 우리를 갈라놓는 벽이 아니라, 더 깊은 이해로 나아가는 문이 될 수 있다. 그 문 앞에 서 있는 당신의 용기 있는 첫걸음을 응원한다.

5. 공동체적 상생의 소통과 관계로 만드는 건강한 사회(권희범)

한국 사회가 과거에 비해 경제적으로 풍요로워지고 국가의 위상도 높아졌다. 그러나 과연 우리 한국 사회는 건강한 상태인가? 과거에 비해 현재는 사람과 사람 간의 공동체적 관점에서 건강하지 못한 것인가? 라는 의문이 든다. 건강한 사회는 물질적으로만 풍요롭다기보다는 사회의 구성원들의 관계가 건강해야만 가능하다는 사실을 깨닫게 된다.

노사갈등 해결 사례에서도 건강한 사회를 만들기 위한 방법을 찾을 수 있다. 회사라는 작은 사회에서 공동의 목표를 위해 서로 의견을 교환해 가며 지속적으로 관계를 형성해 나간다. 때로는 한정된 예산과 시간으로 인해 그 배분에 있어서 갈등과 분쟁이 발생하기도 한다. 이

책의 노사갈등해결 사례는 경영자, 근로자 그리고 노동조합이 다른 이해관계를 가지고 있지만 어떠한 방법으로 공동체적 상생관계를 구축했는지 보여주고 있다. 여기에 우리는 '건강한 사회'의 모습을 찾을 수 있었다.

6. 갈등의 문턱을 넘어 다시 아이들의 시간으로(김용섭)

지난 6년간 학교폭력대책심의위원회 위원과 소위원장, 그리고 화해중재위원의 자리에서 마주한 학교는 때로 차가운 법정이었고, 때로는 간절한 치유의 현장이었다. 우리는 흔히 학교폭력이 발생하면 '처벌'의 수위와 '결과'의 공정함에 매몰되곤 한다. 하지만 현장에서 목격한 진정한 해결은 차가운 서류 뭉치 속에 있지 않았다. 그것은 서로의 눈을 피하며 잔뜩 움츠러들었던 가해 학생과 피해 학생이 '화해중재'라는 용기 있는 문턱을 넘어, 마침내 '미안함'과 '아픔'을 발견하던 그 순간에 있었다.

학교폭력의 종착지는 누군가의 승리가 아니라, 우리 아이들이 평범한 일상으로 무사히 돌아가는 '회복'이어야 한다. 법적인 잣대로만 재단된 심의결과는 당장의 소란을 잠재울 수는 있을지언정, 아이들의 마음속에 있는 아픔까지 씻어내지는 못한다. 날카로운 갈등의 가시를 하나씩 걷어내고, 상처 난 그 자리에 사과와 용서가 새살처럼 우정을 돋아나게 하는 것, 그것이 우리가 해야 할 일이다. 학교는 실수를 통해 배우고, 갈등을 통해 타인의 삶을 이해하는 성장의 공간이다.

하지만 오늘날의 학교 현장은 너무나 쉽게 법적 공방의 장으로 변질

되어 아이들의 성장을 가로막곤 한다. 우리가 징벌적 정의를 넘어 회복적 정의로 한 걸음 더 나아갈 때, 아이들은 비로소 타인의 고통에 공감하는 법을 배우고 자신의 책임을 마주할 용기를 얻는다. 갈등의 끝에서 우리가 마주해야 할 것은 처벌의 기록이 아니라, 한 뼘 더 성장한 아이들이 다시 함께 학교를 향해 걸어가는 모습이다. 학교 안의 갈등이 차가운 논리가 아닌 따뜻한 회복적 대화로 녹아내리고 아이들의 웃음소리가 가득한 평화로운 학교 공동체를 꿈꾸며. . . .

7. 두려움을 넘어, '동반자'와 함께 만드는 미래(김용춘)

탄소중립과 에너지 안보라는 국가적 명운이 걸린 이 거대한 프로젝트들이 왜 수년째 제자리걸음을 하고 있는 것일까? 현장에서 마주한 답은 의외로 기술의 부족도, 자본의 결핍도 아니었다. 그것은 바로 정책을 입안하고 실행하는 주체들이 상대 집단을 바라보는 '잘못된 시선'에 있었다.

그동안 우리는 주민과 이해당사자들을 정책의 '걸림돌'이나 설득해야 할 '두려움의 대상'으로만 여겨왔다. 두렵기에 피했고, 피하려다 보니 밀실에서 결정했으며, 뒤늦게 통보하는 방식을 택하게 된 것이다. D변전소와 해상풍력 단지에서 벌어진 갈등의 본질은, 바로 이 '불통의 악순환'이었다. 빠른 길이니 서둘러 가자고 했지만, 결과적으로 지난 수년은 갈등관리의 부실함 속에 멈춰버린 시간이 되고 말았다.

이제 우리는 뼈아픈 교훈을 인정해야 한다. 민주적 절차를 생략한 '속도전'은 가장 느린 길이었고, 주민을 배제한 '효율성'은 가장 비효율적인 결과를 낳았다는 아이러니를 보았다.

이 책을 통해 제안하는 것은 '시선의 대전환'이다. 반대하는 주민은 제압해야 할 적이 아니라, 사업의 성공을 위해 함께 리스크를 관리해야 할 '동반자(Partners)'이다. 그들의 목소리는 단순한 민원이 아니라, 정책의 빈틈을 메우는 소중한 피드백이다.

진정한 해결책은 '거버넌스(Governance)'에 있다. 정부와 지자체, 사업자, 그리고 주민이 동등한 주체로 테이블에 마주 앉아야 한다. 정보를 투명하게 공유하고, 이익을 공정하게 나누며, 책임을 함께 지는 '협치'의 구조가 만들어질 때, 비로소 멈춰 섰던 풍력발전기가 돌아가고 끊어졌던 전력망이 이어질 것이다.

서로를 향한 두려움을 거두고, 그 자리에 신뢰라는 벽돌을 쌓아 올리자. 이 책이 그동안의 부실했던 갈등관리를 성찰하고, 공공정책의 목표와 수단이 '상생'이라는 하나의 지향점에서 만나는 데 작은 디딤돌이 되기를 소망한다.

8. 건강한 사회의 필수 조건 '신뢰'(이혜경)

공공·행정·민원 분야의 갈등은 공공기관이 직접 당사자로 참여하는 갈등으로서 정책 입안과 집행 과정에서 발생하기에 그 영향 범위가 사회 전반에 걸쳐 넓게 확산된다. 갈등의 근본 원인은 단순한 이해관계 충돌을 넘어 주민을 비롯한 정책·행정 관계자, 이해당사자 등 다양한 주체 간의 '가치 충돌'에 기인한다.

이러한 갈등은 상대적으로 사회적 비용이 큰 갈등관리 비용을 수반하며, 해결 과정 또한 장기화되는 경향이 있다. 이러한 점이 바로 효과적이고 효율적인 갈등관리가 더욱 강조되는 이유인 것 같다.

공공·행정·민원 분야의 모든 사례를 관통하는 갈등관리의 핵심은 '신뢰'이다. 정책과 행정의 입안 단계부터 주민들과의 신뢰를 구축할 수 있다면, 갈등의 크기, 시간, 그리고 해결에 소요되는 사회적 비용까지 모두 최소화할 수 있을 것이다.

신뢰는 하루아침에 구축되지 않는다. 신뢰는 작은 약속의 이행과 투명한 소통, 그리고 진정성 있는 경청이 쌓여 만들어지는 것이다. 공공 정책과 행정은 주민 입장에서 그 타당성을 확보해야 하며, 무엇보다 수없이 반복되는 정책과 행정 과정에서 일관성을 유지해야 할 것이다. 그 일관성이 주민들에게 예측 가능성을 제공하고, 예측 가능성은 안정감으로, 안정감은 궁극적으로 신뢰에 도달할 것이다.

주석

제1부 건강한 사회의 개념과 비전

제1장 건강한 사회의 개념

1) 위키백과, 사회.
2) 이상영 외(2013), **한국사회의 갈등 및 병리현상의 발생현황과 원인분석 연구**, 한국보건사회연구원, 207.
3) 김윤태(2010), "[기고]과잉경쟁의 저주," **한겨레**, 2010.07.16.
4) 원익선(2025), "철학 없는 한국 교육의 위기," **경향신문**, 2025.07.24.
5) 이원석(2021), "'양날의 검' 네거티브, 점점 더 힘 잃는 이유," **시사저널**, 2025.07.19.
6) 상게서.
7) 한국민족문화대백과사전, "집단 이기주의(集團 利己主義)."
8) 이택호(2024), "[사설] 집단이기주의, 결국 누구에게 피해를 주는가?" **통합뉴스**, 2024.08.23.
9) 이택호(2024), 전게서; 송자(1996), "[시론(時論)]집단이기주의, 국가발전 막는다," **국정신문**, 1996.12.02.
10) 나무위키, "인간의 존엄성."
11) 나무위키, "세계 인원 선언."
12) Amena Amer and Sandra Obradović(2022), "Recognising recognition: Self-other dynamics in everyday encounters and experiences," *Journal for the Theory of Social Behaviour*, June 2022.
13) Wikipedia, "Self-expansion model."
14) Wikipedia, "Nonviolent Communication,"; Marshall B. Rosenberg(2015), *Nonviolent Communication: A Language of Life: Life-Changing Tools for Healthy Relationships*, PuddleDancer Press.
15) 이상영 외(2013), 전게서.
16) 원창희(2012), **갈등관리의 이해**, 한국문화사, 106-107; Kneeland, Steven(1999), *Effective Problem Solving*, Oxford, UK: How to Books.
17) 원창희(2024), **성공하는 협상의 10가지 핵심역량**, 개정판, 한국협상경영원, 34-36, 78-81.

제2장 건강한 사회의 문헌 연구

18) Erich Fromm(1955), *The Sane Society*.
19) SoBrief, "Key Takeaways of The Sane Society."
https://sobrief.com/books/sane-society
20) Amartya Sen(1999), *Development as Freedom*.

21) Charles Taylor(1994), "The Politics of Recognition," in *Multiculturalism: Examining the Politics of Recognition*, ed. Amy Gutmann,
22) Marshall Rosenberg(2003), *Nonviolent Communication*.
23) John Paul Lederach(2005), *The Moral Imagination: The Art and Soul of Building Peace*.
24) Parker J. Palmer(2004), *A Hidden Wholeness: The Journey Toward an Undivided Life*.

제3장 해외 건강한 사회 제도 및 운동

25) Chapman, A. R. "Truth commissions and intergroup forgiveness: The case of the South African Truth and Reconciliation Commission." *Peace and Conflict: Journal of Peace Psychology*, vol. 13, no. 1, 2007.
26) Government of Canada, Truth and Reconciliation Commission of Canada. https://www.rcaanc-cirnac.gc.ca/eng/1450124405592/152910606 0525
27) Hedeen, Timothy(2004), The Evolution and Evaluation of Community Mediation: Limited Research Suggests Unlimited Progress. Conflict Resolution Quarterly. 22. 101 – 133. 10.1002/crq.94.
28) Martina Rotolo(2019), The Japanese Way of Urban Planning: the Machizukuri Approach, The Urban Media Lab, Nov 7, 2019.
29) Salmivalli, C. et al.(2011) "Counteracting bullying in Finland: The KiVa program and its effect on different forms of being bullied." International Journal of Behavioral Development, 35(5),

제4장 한국의 건강한 사회 제도 및 운동

30) KOPI 회복적정의교육센터, "회복적 정의 역사." https://kopi.or.kr/60?utm_source=chatgpt.com
31) 박숙영(2017), "회복적 생활교육(Restorative Discipline), 현장 적용 사례를 통한 확산 방안을 말한다." 슈타이너사상연구소, https://steinerinstitute.tistory.com/entry/"회복적-생활교육 Restorative-Discipline"-현장-적용-사례를-통한-확산-방안을-말한 다?utm_source=chatgpt.com
32) 평화 비추는 숲, 걸어온 길, https://peacelight.co.kr/page102
33) 한국NVC센터, 갈등해결사업 제7회 NVC MEDIATION 갈등해결컨퍼런 스 "열린공간, 마을중재-일상에서 공감을 말하다!" 2023.11.08
34) 박지영, 김영주(2018), 공기업의 직장 내 갈등관리 제도화 사례연구:

한국전력공사의 인권경영과 직장 내 괴롭힘 예방제도를 중심으로, 『한
국인사관리학회지』 42(2), 53-75.
35) 김지은(2020), 금융권 조직문화와 직장 내 괴롭힘 예방을 위한 회복적
접근, 『노사관계연구』 30(3), 115-140.

제5장 건강한 사회의 자치와 비전

36) 나무위키, 니코마스 윤리학.
37) 상게서.
38) AI 개요, "행복의 요소."
39) 임광철(2025), "행복한 나라를 꿈꾸며," 제주일보, 2025.04.27.
40) 상게서.

제2부 건강한 사회의 갈등해결과 협상 사례

제1장 정치갈등 해결 사례

41) 나무위키, 과전법.
42) 상게서.
43) 한국사 대사전, 과전법/과전제도.
44) 변태섭, **한국사통론**(삼영사, 1999), 257-260.
45) 이이화(1992), **한국사 이야기 7: 조선 왕조의 성립과 태종·세종 시대**,
한길사, 143-148.
46) 한영우(2000), **다시 찾는 우리 역사 2**, 경세원, 45-47.
47) 국사편찬위원회(1985), **한국사 19: 조선 전기 정치사**, 탐구당,
112-117.
48) 강만길(2006), **고쳐 쓴 한국 근대사 전사**, 창작과비평사, 38-40.
49) 변태섭, 전게서; 정두희(1979), 조선초기의 토지제도와 그 운영, **한국
사연구**, 25, 43-45.
50) 변태섭, 전게서.
51) 이이화, 전게서.
52) 국사편찬위원회, 전게서.
53) 변태섭, 전게서, 261-264.
54) 국사편찬위원회, 전게서, 115-119.
55) 이이화, 전게서, 153-158.
56) 변태섭, 전게서, 261-264.
57) 국사편찬위원회, 전게서, 115-119.
58) 정두희, 전게서, 43-47.
59) 이이화, 전게서, 153-158.
60) 콘퍼런스의 배경은 원창희, 정주영, 권희범(2022), **역사 속 위대한 협
상가 이야기**, 한국협상경영원, 43-77를 참조하였다.
61) Wikipedia, "Nelson Mandela."
62) 상게서.
63) Mandela, Nelson(1995), *Long Walk to Freedom*, Back Bay
Books, 785.
64) 원창희, 정주영, 권희범, 전게서, 51-52.

65) Mandela, Nelson, 전게서, 813; 원창희, 정주영, 권희범, 전게서, 58.
66) Pieter le Roux, Vincent Maphai, et al.(1992), "The Mont Fleur Scenarios," *Deeper News*, Vol 7. No 1, Global Business Network.
67) 상게서.
68) 상게서.
69) 상게서.
70) 상게서.
71) 상게서.
72) 상게서.
73) Mandela, N.(1994), *Long Walk to Freedom: The Autobiography of Nelson Mandela*, Boston: Little, Brown and Company, 520-523.
74) Sparks, A.(1994), *Tomorrow is Another Country: The Inside Story of South Africa's Road to Change*, Chicago: University of Chicago Press, 112-118.
75) Lodge, T.(2002), *Politics in South Africa: From Mandela to Mbeki*, Bloomington: Indiana University Press, 64-70.
76) Giliomee, H., & Schlemmer, L.(1994), *From Apartheid to Nation-Building*, Cape Town: Oxford University Press, 201-207.
77) Friedman, S., & Atkinson, D.(1994), *The Small Miracle: South Africa's Negotiated Settlement*, Johannesburg: Ravan Press, 88-93.
78) Southall, R.(2013), *Liberation Movements in Power: Party & State in Southern Africa*, Pietermaritzburg: University of KwaZulu-Natal Press, 152-158.
79) Butler, A.(2009), *Contemporary South Africa*, New York: Palgrave Macmillan, 45-50.
80) 상게서.

제2장 행정갈등 해결 사례

81) '새만금'이란 전국 최대의 곡창지대인 만경평야와 김제평야를 합친 만큼의 새로운 땅이 생긴다는 뜻의 말로, 만경평야의 '만'(萬)자와 김제평야의 '금'(金)자를 따서 새만금이라 하였다. 전북특별자치도 김제시의 김제·만경평야는 예부터 '금만평야'로 불렸는데, 새만금은 이 '금만'이라는 말을 '만금'으로 바꾸고, 새롭다는 뜻의 '새'를 덧붙여 만든 말이다. 오래전부터 옥토로 유명한 만경·김제평야와 같은 옥토를 새로이 일궈내겠다는 의미가 담겨 있다(새만금개발청).
82) 지역의 이니셜은 임의로 지정하였다.
83) 주상현(2001), 지방정부간 정책갈등에 관한 연구, 전북대학교 박사학위 논문.
84) 고려사에 의하면 고종 43년(1256년)에 방축(防築)을 하여 좌,우 둔전(屯田)으로 삼았다는 기록이 있다.(고려사, 지 권제3십3,

https://db.history.go.kr/goryeo/compareViewer.do?levelId=kr)

85) 전북일보(2016.3.23.), [새만금 사업 과거.현재 그리고 미래 ①사업의 시작] 1970년대 식량자급 위한 대규모 간척농지 확보 첫발.
86) 노태우 민정당 대통령 후보는 1987년 년 대선을 6일 앞 둔 시점에 전주역 유세에 나섰다. '광주 학살 주범 물러나라'는 정권교체 열망에 대한 시민들의 분노로 전주 시내의 한 호텔로 자리를 옮겨 기자회견을 가졌다. '서해안 지도를 바꾸게 될 새만금 지구 대단위 방조제 축조사업을 최우선 사업으로 선정, 신명을 걸고 임기내 완성하여 전북 발전의 새 기원을 이룩하겠습니다.'는 새만금 개발새업을 공약을 발표하였다(경향신문, 2006.4.24., 새만금서 기억해야 할 이름들; 전북일보, 2012.12.27, '새정부는 새만금 공약 지켜야').
87) 당시 쌀 자급률 100% 달성과 이웃 중국의 급부상 등 사회·경제적 여건 변화로 농지조성 위주의 내부토지이용계획 변경의 필요성이 높아지면서 내부개발 논의는 전북도를 중심으로 진행되었다. 전북일보(2016.4.27.), [새만금 사업 과거.현재 그리고 미래 ⑤내부개발·토지이용계획] 오랜 논의 끝에 '농지 확보'서 '복합용도 개발'로 전환.
88) 전북의 소리(2025.4.26.), 박주현 기자.
89) 전북의 소리(2025.4.26.), 박주현 기자.
90) 주상현(2001), 지방정부간 정책갈등에 관한 연구, 전북대학교 박사학위논문.
91) 노컷뉴스(2025.11.11.), '새만금 관할권 해법 모색, 제5차 대토론회' 11일 개최'송승민 기자.
92) 당연직 : 5명(기획재정부 차관, 행정안전부 차관, 산업통상자원부 차관, 환경부 차관, 국토교통부 차관)
93) 옥정호는 섬진강댐이 위치한 지명, 임실군 강진면 옥정리의 마을 이름을 따서 옥정호(玉井湖)로 명명하였다.
94) 지명 이니셜은 임의로 지정하였다.
95) 1925년 착공해 1928년 준공한 운암댐을 통해 섬진강의 물길을 동진강으로 돌린 유역변경식 댐을 만들어 식량수탈을 위해 쌀 생산기지인 호남평야에 농업용수를 공급하기 위한 목적으로 더 많은 물을 공급하기 위해 2km 떨어진 곳에 1940년 섬진강댐을 건설하기 시작했는데 1965년 한국최초의 다목적 댐을 완공하였다. 섬진강댐의 완공으로 운암댐은 수몰되었다.(전북특별자치도 공식블로그; 전북 아이와 가볼만한 곳 - 정읍 칠보 수력발.. : 네이버블로그)
96) 섬진강다목적댐 안내 현판 (위키백과, 섬진강댐)
97) 갈등의 전개과정은 김길수(2009)의 '지방정부간 갈등의 성공적인 조정에 관한 연구: 옥정호 상수원보호구역의 갈등 조정사례를 중심으로'의 자료를 활용하여 작성하였다.
98) 김길수(2009), 지방정부간 갈등의 성공적인 조정에 관한 연구: 옥정호 상수원보호구역의 갈등 조정사례를 중심으로, 한국정책학회보, p5.

제3장 민원갈등 해결 사례

99) 공공데이터포털, N시 축산농가현황, 2024.9.
100) N시청, 「가축분뇨공공처리시설 설치 기본계획」, 2019.
101) 대전MBC, 「N시 가축분뇨처리시설 주민 반발」, 2020.6.12.
102) 충청남도청, 「지자체 갈등관리 우수사례집」, 2022, p.43.
103) 법제처, 가축분뇨의 관리 및 이용에 관한 법률, 제3조(국가·지방자치
    단체·축산업자의 책무)
104) N시의회, 「제219회 정례회 회의록」, 2020.
105) 충청뉴스, 「N시, 주민과 함께하는 환경시설 추진」, 2021.2.3.
106) N시 주민대책위원회 성명서, 2019.7.
107) N시의회 보도자료, 2020.5.
108) N시 민관협의체 회의록, 제2차(2020.8).
109) 충청남도청, 「지자체 갈등관리 우수사례집」, 2022, pp.44-45.
110) 논산시 보도자료, 「주민과 상생하는 환경시설 추진」, 2021.3.10.
111) 충청메시지, N시, 장마철 대비 가축분뇨 배출·처리시설 합동단속 나
    서, 2022.06.07.
112) JBS, 논산시, 스마트 축산 선도모델 구축… 가축분뇨 에너지화로 악
    취 문제 해결과 에너지 자립 동시 달성, 2025.05.22.
113) 비공개문서와 주민대책위 발언 등에서 확인될 수 있다.
114) 행정안전부, 「공공갈등 예방과 관리 매뉴얼」, 2022, p.67.
115) 충청남도청, 「지자체 갈등관리 우수사례집」, 2022, p.45.

제4장 비즈니스 협상 사례

116) 라스트 마일(last mile)은 원래 사형수가 집행장까지 걸어가는 거리를
    가리키는 말이다. 요즘 유통업에서는 택배 상품이 목적지에 전달되기까
    지의 마지막 과정과 요소를 뜻한다. 한경비즈니스, '[해시태그 경제 용
    어] 라스트 마일(last mile).'
117) 빅블러(Big Blur)는 여러 측면에서 동시다발적인 힘이 작용하여 생산
    자와 소비자 및 기업 별 규모, 가상 세계와 현실 세계, 각종 서비스 분
    야를 중심으로 서로의 경계가 급속하게 허물어지는 현상을 뜻한다. 위
    키백과, '빅블러.'
118) 애자일(agile) 방식은 1990년대 중반에 등장했는데 기존의 무겁고 규
    범적인 방법론에서 탈피하여 가벼운 방법론을 지향하는 방식이다. 현장
    에서는 빠르고 기만한 개발 방식을 의미하고 있다. 나무위키, '애자일.'

제7장 학교갈등 해결 사례

119) 패드립은 부모 등 가족을 모욕하는 욕설을 가리키는 한국의 신조어로
    가족을 의미하는 패밀리(family)의 앞 글자 '패'와 애드리브(ad lib)에서
    파생되어 농담을 의미하는 신조어 '드립'이 합쳐진 말이다. 위키백과,
    '어머니 모욕.'

120) 국책기관의 발표자료에 의하면 전국 연안해역의 80%가까이 어업인들
의 조업구역과 중첩된다.
121) 폐업보상 받기 이전 어업권자로서 선주였으나, 강제 폐업보상 받고
재산을 탕진한 이후 고향에 돌아와 선원 생활을 하는 경우가 많다.
122) 집적화단지 관련 민관협의회 구성 및 운영 사례를 살펴보면, 이해관
계 어업인들이 너무 다양하고 인원수가 많아 의견조율 및 조정에 상당
한 시간과 어려움을 겪고 있는 것으로 보인다. 따라서 다양한 의견을
중립적이고 전문가로서 제3자 입장의 갈등조정전문가를 민관협의회위원
장으로 두는 방안도 있을 수 있으며, 이와 더불어 다양한 어업인들의
대표기관으로서 어업인들의 지도업무를 담당하고 있는 수협이 어업인
대표기관으로 참여시킴으로서 조금 더 효율적으로 민관협의회를 운영할
수 있을 것으로 보인다. 이를 위해서는 수협의 역할을 강화하고 수협
조직의 인적 개편과 담당직원의 교육과 역량강화가 수반되어야 할 것이
다.

저자 원창희 프로필

[학력/경력]
고려대학교 경영대학 경영학학사
미국 오하이오주립대(The Ohio State University) 경제학박사
한국노동교육원 교육본부장, 교수
아주대학교 경영대학원 겸임교수
단국대학교 경영대학원 협상론 강사
국회 환경노동위원회 전문위원
한국갈등조정가협회 회장
서울중앙지방법원 / 서울가정법원 조정위원(현)
고려대학교 연구교수(현)
한국협상경영원 대표/원장(현)

[저서/기타]
갈등코칭과 협상코칭(한국문화사, 2019)
조직갈등해결의 실무와 사례(한국협상경영원, 2023, 공저)
한국의 위대한 협상가(한국협상경영원, 2024, 공저)
성공하는 협상의 10가지 핵심역량(개정판)(한국협상경영원, 2024)
성공하는 조정의 10가지 핵심요소(한국협상경영원, 2025)

저자 류경선 프로필

[학력/경력]
고려대학교 경영대학원(MBA) 석사
마스터협상가(한국협상경영원, KNMI)
협상최고위과정(세계경영연구원, IGM)
CPSM(Certified Professional in Supply Management, ISM)
GLSC(Global Logistics & SCM Consultant, KPC)
커리어코칭전문가과정(한경닷컴)
코칭심리연구소 전문코치(True HR)
시니어취업컨설턴트 1급 / 은퇴설계전문가 1급 (한국장학진흥원)
롯데인재개발원 등 기업 및 대학, 협상·조직·커리어 분야 강의 다수
롯데e커머스(현)

[저서/기타]
비즈니스 협상의 실무와 사례(한국협상경영원, 2024, 공저)
사례로 보는 협상과 갈등해결(한국협상경영원, 2025, 공저)
고령화 사회의 정년제 문제와 대안 연구(고려대학교 경영대학원, 2004)

저자 조윤근 프로필

[학력/경력]
단국대학교 경영학 학사
고려대학교 경영대학원 경영학석사(MBA), 인사조직전공
협상가 1급, 마스터협상가(한국협상경영원, KNMI)
전문코치 KAC (한국코치협회)
한국협상경영원 전문위원(현)
대한민국 육군 중위 전역(ROTC)
서울시 영등포구 환경거버넌스 위원
롯데제과(주) 노사협력팀 팀장
롯데(중국)투자유한공사 인사팀 팀장
롯데(상해)식품유한공사 관리부 부장
롯데웰푸드(주) 안전경영팀 수석
국무총리 표창 2회(근로자의 날 유공, 산재예방 유공)
(주)제우스 CHRO(현)

[저서/기타]
조직갈등해결의 실무와 사례 (한국협상경영원, 2023, 공저)
사례로 보는 협상과 갈등해결 (한국협상경영원, 2025, 공저)

저자 이강수 프로필

[학력/경력]
전북대학교 경상대학 경영학사
전북대학교 대학원 경영학석사
전북대학교 대학원 경영학박사
전북대학교 강사
원광대학교 초빙강사
KS갈등분쟁해결연구소 소장
한국협상경영원 협상마스터
한국협상경영원 전문자문위원
한국갈등조정중재그룹 갈등조정전문가
한국갈등조정협회 협상전문가
전북특별자치도 노사민정실무협의회, 노사상생분과위원회, 노사민정 분쟁조정위원회 위원

[저서/기타]
조직갈등해결의 실무와 사례(한국협상경영원, 2023, 공저)
사례로 보는 협상과 갈등해결(한국협상경영원, 2025, 공저)
다중스케일 상호작용과 상생형 지역일자리 사업의 굴절: 전주형일자리 모델 중심
    으로(산업노동연구, 2025, 교신저자)

저자 권희범 프로필

[학력/경력]
서강대학교 일반대학원 법학박사과정 수료(노동법)
서강대학교 경영전문대학원 경영학 석사(인사조직, 전략 전공)
공인노무사(16기)
인사노무컨설팅그룹 서중 대표 노무사
네이버, 현대제철, LG유플러스, LG전자 하이로지스틱스 사내노무사 근무
서울특별시 공익감사단
서울특별시 시민참여옴부즈만
행정안전부 지방공기업 경영평가 평가위원

[저서/기타]
역사 속 위대한 협상가 이야기(파인협상아카데미, 2022, 공저)
사례로 보는 협상과 갈등해결(한국협상경영원, 2025,공저)
고용관계윤리측면에서의 퇴직분쟁 개선방안에 관한 연구(서강대학교 경영전문대
    학원, 2016)

저자 김용섭 프로필

[학력/경력]
경기도교육청 학생인권심의위원
경기도 화성오산교육지원청 학교폭력대책심의위원
경기도 화성오산교육지원청 화해중재위원
경기도 시흥교육지원청 학교폭력대책심의위원
경기도 수원교육지원청 학교폭력대책심의위원
경기도 수원교육지원청 학교폭력 전담조사관
경기도 평택교육지원청 교권보호위원
충청남도 천안교육지원청 학교폭력 전담조사관

[저서/기타]
사례로 보는 협상과 갈등해결(한국협상경영원, 2025, 공저)

저자 김용춘 프로필

[학력/경력]
한국해양대학교 대학원 법학박사
감정평가사/부동산투자자문사
한국협상경영원 마스터협상가(협상가 1급)
LH아산신도시 총괄계획가(Master Planner)
㈜중앙감정평가법인 이사
한국감정평가사연수원 전담교수
한국부동산연구원 연구위원
국토교통부 신도시 자문위원
국방부 군공항이전 자문위원
수협중앙회 어업피해보상 자문위원

[저서/기타]
부동산공법의 이해 (부연사, 2009)
어업손실보상 이론과 실무 (부연사, 2015)
사례로 보는 협상과 갈등해결(한국협상경영원, 2025, 공저)
도로공간 입체적 활용방안 및 관련 제도 연구 (국토교통부, 2019)
공공재생e확대를 위한 진단과 정책 방안(해상풍력을 중심으로)(전국전력산업노동
    조합연맹, 2024)

저자 이혜경 프로필

[학력/경력]
목포대학교 한약자원학 학사
전남 영암군청 팀장(현)
영암서울농장 총괄감독
영암귀농귀촌지원센터장
영암군 개발행위·농지전용허가협의 행정원
전남 장흥군청 행정원
농촌진흥청 국립식량과학원 바이오에너지작물센터 행정원
목포대학교 행정사무실 행정원
협상가 1급 자격증(한국협상경영원)
마스터협상가 자격증(한국협상경영원)

[저서/기타]
한국의 위대한 협상가(한국협상경영원, 2024, 공저)
사례로 보는 협상과 갈등해결(한국협상경영원, 2025,공저)